オルタナティブ・ソサエティ

時間主権の回復

佐々木政憲

現代企画室

オルタナティブ・ソサエティ
目次

第1章　労働社会の終焉

第2章　情報ネットワーク資本主義とシビル・ソリューション

第3章 ポスト・フォード主義と時間主権の回復――マルクスの自由時間論と現代

第6章　新しいソシエタル・パラダイムとしての現代市民社会

第1章 労働社会の終焉

はじめに

出口の見えない不況の中で、〝カイシャ〟が揺らいでいる。

一九九七年は、日本経済にとって象徴的な年だった。この年の一一月、明治以来の伝統をもつ北海道拓殖銀行が経営破綻に陥り、四大証券の筆頭にあった山一証券も創業一〇〇年の記念すべき年を自主廃業で飾った。一九九七年は、日本経済の中枢部でバブルを演出した一部上場の大手金融機関・ゼネコン・不動産などの破綻が相次いだ。それは戦後の日本経済にとって未曾有の経験であった。だが、それは日本経済を牽引してきた自動車・電気・機械等の基幹産業における中核的企業の本格的なリストラの前兆でもあった。バブル経済の中で製造業もまた、私たちの消費生活の容量を著しく越える過剰な生産能力をつくりだしたからである。この年以降、日本企業の多くは「雇用より収益」という方向へ舵を切ることになった。

その雇用である。一九九〇年代後半以降、徐々に上昇した失業率も、九七年はまだ三％台で推移していたが、九八年に入って急激に深刻の度を増し、その年の一一月にはアメリカの四・三％を上回る四・四％を記録した。アメリカをわずか〇・一ポイント超えただけだが、その内容は深刻である。アメリカの場合は失業者の中心が若年層で、二四歳以下の一〇％台から五五歳以上の二％へと右肩下がりの傾向を示している。また失業期間も短く、失業者の七割が三カ月程度で再就職している。だが、日本では事情が全く異なる。第一に、世代別では二四歳以下で最高の八・九％と最も高いが、家計を支える中高年男性で職を失う例が急増した。五五―六四歳の失業率は六・六％と平均をはるかに上回っている。また失業期間については、今ほど失業が深刻でなかった九七年度でも二〇％以上の人が一年を越える失業である。いったん失業すると再就職は困難を極める。最近では、就職難から職探しをあきらめる人が増え、非労働力人口は女性や中高年齢者層を中心に過去最多を記録し続けている。統計数値以上に日本の雇用情勢は厳しい。

日本ではこの一〇年間で約一〇〇万人の勤労者が製造業から放出された。政府の公共投資政策もあって、そのうち約七〇万人が建設部門に吸収されたといわれる。しかし、需要創出のための公共投資は景気刺激に役立たず、膨大な財政赤字を生み出すだけに終わった。問題は需要不足ではない。著しく過剰な生産能力にある。現在の日本経済が抱える過剰生産能力は四〇兆に達すると推定される。潜在的ＧＤＰの八％にも及ぶ（池尾和人「需要刺激路線と決別を」日本経済新聞一九九九年三月五日）。

だから、「経済戦略会議」の答申を受けた政府は、一九九九年三月末に「実行機関」ともいうべき「産業競争力会議」を発足させた。日本経済を再生させるには、膨大な過剰設備の処理と新たなリーディング産業の創出という「供給サイドの改革」によって製造業の体質改善と生産性向上を目指す以外にないとの判断である。これは大きな痛みをともなう。今後、企業が余剰人員を本格的に整理し始めるなら、失業率は一〇％を記録することもありうる。こうして、一九九九年は「過剰雇用と過剰設備」の調整を開始する「企業リストラ元年」（日本経済新聞三月一一日）となった。だが、これは戦後の日本経済を支えたサラリーマンのアイデンティティを大きく揺るがすことになった。

企業倒産やリストラは決してめずらしいことではない。まだ日本的経営の神話が闊歩していた時でも、決して雇用が無条件に守られていたわけではない。私たちはこれまでも不況のたびに多くの企業倒産や厳しい失業を身近に経験してきた。事実、戦後最悪を経験した一九八四年の企業倒産件数は二万件を超え、大量失業が巷の話題になり始めた一九九八年の一万九千件を上回っていた。また、この倒産で職を失った従業員数についても一九八五年は二〇万人を突破したが、一九九八年は一七万人弱であった。企業倒産件数もそれによる失業者数も、一五年前の一九八四―八五年の方が現在を上回っていたのである。

しかし、それでも当時は〝カイシャが揺らぐ〟という感覚はなかった。多くのサラリーマンにとって、カイシャは単なるビジネス上の利益集団ではなかったからである。企業倒産はあっても、カイシャそのものは永遠（ゴーイング・コンサーン）である。それはサラリーマンのアイデンティティの核心にあって、人びとを社会的に統合する中心的枠組みであった。カイシャが社会であり、その外に社会は存在しない。だから、もし〝カイシャが消える〟ということがあるとすれば、それは〝日本が消える〟というのに等しい。これが、つい数年前までの多くのサラリーマンの意識だった。

しかしバブル崩壊後、金融機関や大手ゼネコンの倒産・破綻が金融不安や雇用不安を増殖し、景気低迷に拍車をかけ、さらに多くの倒産・破綻を誘発するという悪循環が続く中で、人びとは日本の企業社会に変化が起こりつつあることを感じ始めた。今ではサラリーマンの多くは、身をもってカイシャの揺らぎを経験しつつある。それとともに、マスコミは「日本が消える」（日本経済新聞一九九七年一月一日）と警告し始めた。かつてソ連・東欧諸国における「社会主義国家」の消滅は、日の昇るバブル・ニッポンのサラリーマンにとって酒の肴でしかなかった。その一〇年後の今日、バブル崩壊とともにカイシャとニッポンが一緒に消滅しそうな現実である。

〝夢から覚めて、自分を回復できた〟。山一のある証券マンの言葉である。自分固有の名前をもつ職業人ではなく、〝山一の名前を冠することに誇りをもつサラリーマンであった〟と言う。その山一が自主廃業し、自らも失業という人生の大危機の中にある。そして、家族離散と家庭崩壊に直面した。にもかかわらず、〝偽りの自分〟に終止符が打たれたという奇妙な〝安堵感〟を語る。そして、利益至上主義の過去を振り返りつつ、企業の社会的責任（CSR：Corporate Social Responsibility）を問い直し始めた。また、カイシャと夫に我が身を預けてきた妻たちの中には、家族の危機に直面しながらも、暮らしを変える良い機会と思う女性たちが現れている。そして、正社員の夫に代わるパートとしての身分ながらも、自ら働き手としての覚悟を固める女性も多くいる。〝夫がいつ辞めてもいいように、まず私が受け皿づくりを〟、と。〝何とかなるわよ〟という妻の一言ではじめて自分の姿に気づくサラリーマンたち。カイシャを離れた男たちの支えになるのは、カイシャでもクミアイでもなく、実はカイシャの外の妻たちであり、そしてカイシャの枠にとらわれない社会的個人の自律と連帯のネットワークだった。

1 「国民のサラリーマン化」

一九九五年の統計によれば、日本の「サラリーマン」（非農林漁業雇用者）人口は約六〇〇〇万人。就業人口六五〇〇万人の約九二％である。今では、〝サラリーマン〟は働く人びとの代名詞になった。誰もが自分を「会社員」ないしは「サラリーマン」と呼ぶ[1]。文字通り、国民的アイデンティティといってもよい。一九九五年度の『国民生活白書』は「戦後五〇年の自分史」と副題し、産業構造の変化に伴う就業構造の変化を「国民のサラリーマン化」と特徴づけている。高度成長が始まる直前の一九五〇年の時点では、農林漁業の就業者数はまだ五〇％近くを占めていた。N・カルドアは、国内用食料供給に従事する人口比率が八〇％以上を後進国、四〇〜五〇％を中進国、一〇％以下を先進国と規定したが、(2)この指標で見ると一九五〇年代の日本は中進国であった。四〇％を割るのは、高度成長が始まる一九五五年頃である。そして、先進国の一〇％水準に達したのは一九八〇年。さらに、一九九〇年には七％にまで減少した。先進国の多くは四〇％台から一〇％台の水準になるのに六〇年から一〇〇年以上を要しているが、日本はわずか二五年である。白書のいう「国民のサラリーマン化」は、この極めて短い期間の出来事である。「戦後五〇年の自分史」は激変というにふさわしい。

この国民化したサラリーマンの生きる時間と空間が日本では〝カイシャ〟と呼ばれる。そして、彼らのライフサイクルを設計してきた制度のひとつがカイシャにおける年功序列の秩序である。今では死語だが、〝勤め上げる〟という表現がぴったりの制度である。カイシャに自分の人生を預けて最後まで尽くす限りは、係長・課長と昇進し、定年時には部長程度で退職する。これが年功制を生きる平均的サラリーマンの神話であった。社会開発研究所の調査報告「二〇〇〇年に向けて激動する労働市場」（一九八五年三月）によれば、「現在（一九八五年——引用者）五〇歳から五四歳の大学卒のサラリーマンは、幸いにも九一・八％が部課長の職に就いている」という。もしこの数字が真実なら、年功序列の夢を生きることのできた幸福な世代である。このサラリーマン層は一九三〇年代に生まれ、高度成長の始まる一九五五年頃に大学を卒業して働き始めた世代である。高度成長期には、課長の平均年齢が三五歳、次長が四二歳、部長が四九歳であった。だから、一九八五年時点で部課長を経験した五〇歳から五四歳のサラリーマンは、ほぼこの年功序列を生きてきたことになる。

だが、それにしても奇妙である。年功序列型人事構成はピラミッド型の組織に構成されているのだから、同世代のサラリーマンの九〇%以上が部課長を経験することなど本来的に不可能なはずである。たとえば、次のような単純なピラミッド型モデルを考えてみよう。一人の部長とその下に二人の次長、四人の課長、さらに課長一人の下に平社員七人という構成なら、一つの「部」は合計三五人（平社員二八人）からなるピラミッド型の人事構成をとる。この組織が今後も同じ条件で維持されるとすれば、平社員二八人に対して、管理職ポストは課長四、次長二、部長一で、七つしか用意されていない。つまり、役職に就ける確立は七／二八＝二五%で、四人に一人でしかない。にもかかわらず、高度成長期に同世代のサラリーマンが九〇%以上も部課長を経験したというのは、どういうことなのか。いわゆる日本的経営なるものが従業員を温かく処遇する何らかの仕組みを備えていたからなのか。

宮崎義一［一九九五］はこの問題に対して「ノー」と答えて、次のように言う[3]。それは〝従業員重視の日本的経営〟の成果であるよりも、急速な経済成長の下で企業規模が急拡大し、それとともに人員ポストも増加するという例外的な過程の結果にすぎない、と。たとえば、高度成長期は毎年一〇%近い成長率だったが、このスピードで成長するとGDPは七年間でほぼ二倍になる。この間、ミクロレベルにおける個々の企業はさらに数倍のスピードで成長するだろう。たとえ規模拡大が二倍にとどまったとしても、それに応じてポストは二倍の一四に増加する。当初の平社員二八人のうち二人に一人以上は、七年後に部課長のいずれかに就くことができる。確率は五〇%だが、実際は例の調査報告に近い数字になるだろう。同一時点では固定的なピラミッド型人事構成も、時間の経過の中で人員の新陳代謝（参入・昇進・退出）を繰り返しながら急速に企業規模を拡大していくなら、九〇%以上のサラリーマンが管理職を経験するのも不可能なことではない。

つまり、年功序列制が維持されうるのは、経済の規模が年率一〇%を越える速いスピードで成長する限りにおいてである。逆に、この条件が消滅すれば年功制も維持しえなくなる。高度成長が終わり、一九七〇年代以降の低成長とバブル以後の限りなくゼロに近い成長では、この雇用慣行は絶対的に維持できない。上記の調査報告も予測している。二〇〇〇年には、大学卒が五〇歳から五四歳までに管理職を経験できるのは二六%、すなわち四人に一人に激減するだろう。そして、「第二次ベビーブームの団塊世代二世が就職戦線に登場してくると、雇用環境は激変し、二〇〇〇年までに日本的経営を支えていた年功序列制の企業内秩序は崩壊する」、と。

マイナス成長の深刻な不況が続く中で、私たちは今この現実に向き合っている。この不況は従来の循環型不況とは全く異なる。宮崎義一は、それを「複合不況」と定義し、戦後五〇年の日本を支えてきた経済的政治的枠組みが変容しつつあると指摘する。その構造的変化を、私たちはいま足元で感じている。日本的経営を核とした企業集団によるモノづくり、そこにマネーを供給する間接金融制度、この市場セクターの産業構造を調整する政府の役割、これらが相互に前提し補完しあう枠組みとしての「国民経済/国民国家」のシステム。[4]「国民のサラリーマン化」はまさに、この日本型「国民経済/国民国家」のシステムを統合する集団的アイデンティティであり、日本の「国民社会」を形成する最も重要な根幹であった。カイシャ中心にサラリーマン化した人びとの働き方と暮らし方が国民的社会の支配的なパラダイムとなり、「国民経済/国民国家」の枠組みを日々再生産してきたからである。[5]このハラダイムは、それによって多くの国民が互いに自己を同一化し、それ以外の多様な働き方や暮らし方を排除する強力な意味づけの体系として機能した。だが、八〇年代の金融自由化と急激な円高の直撃によって日本型「国民経済／国民国家」の枠組みが空洞化し、従来の雇用慣行も根本的組み替えを迫られる中で、この国民的アイデンティティも揺らぎ始めた。そしてカイシャ中心の働き方と暮らし方が問い直されてきた。それがポスト・バブルの「複合不況」のひとつの意味である。[6]

2 国民的アイデンティティとしての「勤労」

戦後日本の国民的なサラリーマン社会は豊かさを求めて疾走し、ひたすら労働にのめり込んだ社会である。そして、労働へののめり込みを強いる欲望増殖の社会である。より豊かな生活のためには、より多く生産しなければならない。より多く生産するには、より多く働かなければならない。だから、より多く働くことがより豊かに生きるための基礎である。このサイクルが私たちの働き方と暮らし方との関係であり、戦後日本の体制的原理である。このように、より多く働くことが国民的な行事となり、それゆえ生活規範として要請される社会、この意味でのワーカホリックな（労働中心の）社会を「労働社会」というなら、私たちは今もなおそのような社会を生きているといってよいだろう。このことは、必ずしも日本だけの特徴ではない。程度の差はあれ、先進資本主義諸国に共通する。

だが、戦後の日本における労働社会の規範は、「勤労」という一種独特な精神文化としてはるかに徹底している。「労働」は多少とも階級的・階層的響きを伴うが、「勤労」は国民的＝民族的な後光を放つ。そこに日本的経営をミクロ基軸とする産業君主大国・日本の姿がある。労働時間短縮が議論されるとき、時短に異議を唱える側（経営側だけでなく、多くの労働者）が必ず持ち出すのは、この「勤労規範」であった。欧米人とは異なり、日本人にとって「勤労」は苦役ではない。それは日本人の生きがいであり、人格性のしるしであり、日本の強さの根源でさえある、と。たとえば、次のように。

「日本的経営を欧米と比較して、誇れるものは数多くあるが、その一つは労働についての考え方である。欧米では生活のために働くという意識が強いとされるが、日本人はむしろ働くことに生きがいを見いだしてきた、と言えないだろうか。職場は教育の場であり、人間形成の場でもある。…時短は進める必要があるが、その議論が進む過程で、勤労を美徳とする伝統的な価値観を軽視するような傾向が強まることは、好ましいことではない」(関西経済同友会代表幹事山本信孝、朝日新聞一九九二年八月一八日)

勤労を美徳とする伝統的価値観。カイシャが揺らぐ中で、この価値観は国民的理念としての統合力を弱めつつあるが、それでも私たちは美徳としての勤労という言葉の前で襟を正す。が、この価値観が「日本の伝統」となったのは、そう古いことではない。「生活のために働く」という「欧米的な労働」から「勤労」を区別し、それを「生きがい」とすべき生活規範、あるいは崇高な人格性を意味する国民的価値として位置づけたのは、一九四〇年代の戦時総動員体制である。日中戦争が長期化の様相を帯び始めるなかで、この長期戦を維持するには戦争を積極的に担いうる国民意識と組織が形成されなければならなかった。長期戦への国民的統合は、労資の利害対立の調整という枠を超えたレベルでの政治的実践である。一九四〇年、政府は全国民に向かって「勤労新体制」を呼びかける。「勤労は国家に奉仕するとみられる時は全国民は等しく勤労者であり、勤労に上下、貴賤はない」(「勤労新体制確立要綱」)、と。この体制においては「労働者も経営者も国家に奉仕する勤労者として初めて真の国民たりうるとされたのである」(佐口和郎［一九九一］一九一頁)。

ここで「勤労者」とは、雇用労働者のことではない。経営者もまた、同じ「勤労者」なのである。労働者も経営者も、「勤労」する主体として、「陛下の赤子」たる栄誉を与えられた平等な存在となる。国民はすべて「勤労」を通じて国家に貢献する主体であるがゆえに、国家によって等しくその人格を尊重される。重要なことは、「勤労」という行為が単に生産力の経済的主体として道具主義的に位置づけられているのではないということだ。この行為のなかに国民の全人格性が意味され、その崇高な行為と報国の行為とが直接に同一化されるのである。勤労は「皇国民の奉仕活動」として「国家性、人格性、生産性」を一体的に具現する最高度の活動なのである。こうして国民一人ひとりが、あらゆる中間的媒介項を飛び越えて、裸のままで国家の懐に平等に抱かれ、自ら国家的存在として「勤労」に励む。その「勤労」は苦役ではない。自ら自発的に行う崇高な行為である。それが国民的理念としての「勤労規範」である(7)。

とはいえ、この全人格性を象徴する勤労規範が国家の号令だけで単純に人びとを金縛りにできたわけではない。国家総動員体制による勤労者としての強制的均質化は、敗戦とともに一度は挫折する。それが戦後民主主義の下で、高度成長を支える勤労規範として甦るには、労働をめぐる凄まじい闘争がある。一九六〇年代においてさえ、「仕事を生きがい」とする「伝統的価値観」なるものは、いまだ経営者の願望でしかなかったのである。当時の日本の経営者を最も悩ませた問題のひとつは、職場に蔓延する労働者の〝砂利意識〟であったことを思い起こせばよい。たとえば、今では日本的労務管理の古典となったソニーの小林茂『生き甲斐を生かす管理』は、厚木工場における労働者のモラールの荒廃に悩み、職場を支配する労働の空虚感や高い離職率の改善に取り組む経営者の格闘を記録している。職場に戦闘意識がなく、仕事の意欲がわかない。勤労意欲の欠如である。もともと勤労を民族的特性として備えていたわけではない。その働く人びとに勤労意欲を植え込むべく格闘し、大々的な人間改造に取り組んだのが一九六〇年代の日本の経営者たちであった(8)。日本型生産システムの顔となったトヨタも同じである。

世界にはすでにフォードやGMなど欧米の強力な自動車産業がテーラーの科学的管理法やコンベアーシステムなどのノウハウを確立し、大量生産・大量消費の生産システムを確立していた。だが、日本にはこのノウハウもなければ、大量消費の市場もない。こうした状況の中では、フォード的大量生産は不可能である。それゆえ、「多品種少量生産という日本的風土から発想された生産システム」（大野耐一［一九八六］六八頁）を確立しなければならない。そのためには、人間を作り変える「意識革命」が必要だった。テーラー・フォード主義を日本の生産と消費の条件にふさわしい形で作り変えること、日本的経営の戦後的構築はここから始まる。テーラー・フォード主義的生産システムに学びつつ、それを「日本型」と称される生産システムに改造していく。仕事を通じて熟練を積み、市場の動向に応じたフレキシブルな作業をし、積極的に提案・改善に取り組む。「ニンベンのついた自働化」で知的熟練労働を編成し、内部労働市場を作り上げる。この作り変えが個別企業の枠を超え、モノづくり（生産資本循環）と資金供給（貨幣資本循環）の両面からひとつの蓄積体制に結実し、国家の産業政策を含めた調整様式の構築につながっていく。それが、戦後日本が国民経済として自立し、キャッチアップを遂げていった歴史過程にほかならない。

働く人びとが「仕事を生きがい」とする「伝統的な価値観」を内面化していくのは、この改造過程においてである。「産業報国の精神」と一体化したカイシャ内「勤労規範」は、戦後日本のサラリーマンが経営者と共に社訓として仰いだ最も重要なもののひとつであり、国民的アイデンティティをなしている。[9] 勤労規範が国民化し、人格性の核にすえられた社会。戦後の日本はそのような勤労社会であるといえよう。[10]

3 過剰労働社会としての二〇世紀資本主義

だが、生活のための労働であれ、人格性としての勤労であれ、労働と非労働との間に仕切りをつくり、前者を国民的価値の中心にまで高めたのは二〇世紀の資本主義である。ここでは、労働領域に属する人びとと非労働の領域に属する人びと（主婦・障害者・高齢者など）との間に社会的序列が形成される。後者の人びとは社会人ではない。勤労国民によって養われる人びとである。その意味で、「勤労規範」で国民を統合し、総力戦への枠組みを構築した「一九四〇年体制」（野口悠紀雄［一九九五］）は、二〇世紀資本主義のひとつの典型をなしたといえる。

二〇世紀資本主義における労働の一般的な形態は、経済という戦争を戦う企業戦士のそれであった。たとえば、J・ショアー［一九九三］は、いつも深夜まで事務所に居残って「週一〇〇時間」も働き、「一日の休みもとらずに何カ月も働いて、命を擦り減らす」といった「働き過ぎアメリカ人」の過剰労働社会を分析している（二六頁）。そこには日本のサラリーマンに劣らず自らを労働に駆り立てる労働社会の姿がある。だが、この社会はまだ一〇〇年の歴史を経験していない。それは自由時間への欲求が侵食され、過剰労働と過剰消費の国民的サイクルが出来上がって初めて成立した。今世紀初頭の二度にわたる世界的総動員体制とその後のフォード主義的蓄積体制の成立過程における出来事である。その分水嶺は一九二〇年代であると、ショアーはいう。[11] だから、日本型

「勤労」社会の特殊性を語る前に、ワーカホリックな社会のグローバル性を確認しておく必要がある。日本の過労死社会は、その先頭を走っていたと考えるべきなのだ。

この過剰労働社会は、つい数年前までニッポンの元気の象徴でさえあった。毎日数時間の通勤地獄でウォーミングアップし、〝自己申告〟のノルマ達成を目指して凄まじい業績競争を戦う。この基準に達しなければ雇用契約は打ち切られるという〝脅かし〟が自らを奮い立たせるし、その基準を越えることが自らの誇りとして内面化されてもいる。このように、労働にのめり込ませると同時に自らのめり込む過剰労働社会の装置について、青木昌彦は日本企業における「業務調整の非ヒエラルキー的管理とインセンティブ体系のヒエラルキー的統合」という命題で定式化している。この社会的装置の中では「従業員は怠けることで得る短期的な利益と、解雇やその結果としての格下げによる長期的潜在的な損失とを比較しなくてはならなくなる。『終身』雇用と『年功序列』による昇進は自動的に得られるというわけではない。さもなければ、そうした制度はインセンティブとして効果を発揮しないであろう」（青木昌彦［一九九三］一二五七頁）。

現在、日本のサラリーマンにもこの元気に陰りが見えている。代わって、女性たちの一部にこの過剰労働が浸透しつつある。そして国境を越えてアジアに広がりつつある。望むなら、それもよい。が、問題は、この社会の標準男性労働者の働き方にすべての人が合わせなければならないということである。この元気な経済戦士の働き方を標準としてすべての人間が格付けされる。だから、労働社会では高齢者は労働能力を喪失したお荷物となるし、女性の身体は本来的に非効率な二流の労働力でしかない。女性が基幹労働力となるには男性になりきらなければならない。労働社会の効率性はジェンダーや世代に対して決して中立的ではない。それは女性たちの方が一番よく知っている。

均等法第一世代の女性たちはいう（『ＡＥＲＡ』一九九八年三月二日）。〝会社は所詮、男社会。そこで女を意識されたら仕事はできない。男に同化することだ。仕事は徹底的に男の手法を真似ること〟、と。戦闘服のスーツに身を固め、ノートパソコンと携帯電話を抱えて出張・転勤・単身赴任を引き受ける。そして、内心はどうあれ、接待の酒やゴルフを付き合い、社内の飲ミニケーションも取り仕切る。もちろん、深夜まで残業をこなす。上司は足元を見透かして、女性の深夜業制限の建前を持ち出す。それだけに、残業は男性以上にサービス残業とならざるをえない。労働の流動化をめざす規制緩和は、この過剰労働社会をジェンダーを越えて徹底するだろう。

勤労国民としての同質化とそれにもとづく効率化、それがサラリーマン化した戦後日本の労働社会の現在であり、二〇世紀資本主義の姿である。これが戦後的で日本的であるのは、労働生産性の上昇と私的欲望の無限増殖がカイシャ社会の中でつながり、累進的な経済成長を可能にしたからである。(12)

4 カイシャ社会における労働と欲望の回路

高度成長期を通じて賃金水準は名目・実質ともに上昇したが、それは生産性の上昇率を下回っていた。賃金上昇が生産性上昇を後追いし、それを取り戻すという形である。たとえば、一九五五年を一〇〇とした製造業の賃金指数は六〇年には一三四に上昇したが、労働生産性は一五五に上昇している。それだけ労働分配率は低下したわけだが、この低下分は資本の超過利潤（生産性→利潤）となり、それが資本の強蓄積を促進し（利潤→投資）、技術開発投資となって再び生産性上昇を可能にした（投資→生産性）。他方、生産性上昇の一部分は実質賃金の上昇分として配分され（生産性→賃金）、これが国内市場を著しく増大させた。市場の拡大は規模の経済の拡大という形で生産性を上昇させ（国内市場→生産性）、再び資本蓄積が進展した（遠山弘徳［一九九〇］六七頁）。戦後日本の資本主義は、フォード主義的蓄積体制に参入する過程でこの好循環を実現した。そして、カイシャ中心の働き方と暮らし方の諸制度（調整様式）が、この好循環の蓄積体制を媒介した。

一方でこの生産システムは、労働生産性を引き出す社会的制度をカイシャの内と外に備えている。カイシャの内では働く者の能動性を引き出すフレキシブルな労働編成と競争促進的な内部労働市場が構築され、働きすぎが内面化され日常化している。日々の勤労に過剰適応することが積極的に評価され、人事考課が適応状況を管理する。こうして男性正社員たちの能力主義競争が展開する。そしてこの制度を外から支えるのが、生活時間のすべてをカイシャのリズムに一体化し、勤労者のケアを積極的に引き受ける女性のアンペイド・ワーク（無償労働）および家計補助労働である。〃働く男性とケアする女性〃のフレキシブルな性別役割分業は絶妙に機能し、両者ひとつになってカイシャ社会の労働とその生産性を支える。ジェンダー的権力関係としての家父長制はミクロの家庭を貫くと同時に、家庭を越えてカイシャ社会全体を再生産する制度的装置である。[13]

他方、生産性上昇の成果は労働時間の短縮ではなく、所得の増加という形で、カイシャの枠の中で配分される。それは〃働く男性とケアする女性〃がこの生産システムを積極的に受容し、生産性向上に貢献した代償としての意味をもつ。家父長制を前提した資本と労働の政治的妥協といってよい。[14]〃生産性の配当〃は所得上昇ではなく、労働時間短縮という道もありえたが、それは選択肢たりえなかった。時短ではなく賃金上げが選択されたということ、この点で企業内労働組合はカイシャ社会の安定装置としての機能をいかんなく発揮した。生産性の配当を所得の上昇で担保する制度は、私的欲望の増殖にマネーの裏づけを与えることによって高度成長を需要面から支えると同時に、欲望しつつ主体的に働くヒトを拡大する規模で供給することになったからである。それこそ、近代的家父長としてのサラリーマンの拡大再生産である。家父長的年功賃金と終身雇用の下で勤労に励むサラリーマンが、この社会の標準的労働者となる。そして、カイシャ社会の枠の中で豊かさを競うサラリーマン家族の暮らしが、その働きぶりを正当化する[15]。

要するに、労働生産性の上昇はカイシャのフレキシブルな労働編成に自らの生活時間すべてを一体化することによって可能になったのであり、この生産システムを積極的に受け入れる代償として、サラリーマン戦士とその家族は所得購買力の上昇を手にし、不安な老後のために貯蓄を積み上げてきた。職能化された年功賃金、その家父長制的維持、そしてカイシャに吸収された社会の典型的なライフスタイル。ヒトの誕生から成長・結婚、そして老後という生活のライフスタイルは、このカイシャ社会における所得のサイクルにほぼ完全に一体化していた。カイシャ社会の序列競争を学校と家庭で学習する子供たち、猛烈な競争ゆえにお荷物となり早期の余生を強いられる高齢者、その高齢者と子供とサラリーマン戦士をケアするパート主婦。これがカイシャに吸収された戦後五〇年の暮らしと働き方の現在である。

5 雇用の総入れ替えと労働社会の二極化

いま、雇用の総入れ替えが進んでいる。そして〝脱会社人間〟が社命として訓示されている。〝大競争時代〟だからである。いわく。右肩上がりの成長経済においては、企業の方は新卒採用・社内教育・終身年功の雇用慣行で発展し、従業員の方も自らの生活設計を会社任せにして勤め上げる

〝生涯一社主義〟で満足してきた。しかし、冷戦体制の崩壊に伴って、旧社会主義諸国が再資本主義化し、途上諸国が参入し、大競争時代が到来した。情報化は先進―後進の落差を縮め、グローバルな地平での凄まじい資本主義間競争を迫る。この大競争の中で、従来の安定的な終身雇用と年功処遇を柱とする日本型雇用システムは機能不全を起こしている。新しい時代には新しい経営と新しい雇用システムを、そして創造的で自立した専門的職業人へ、という旗印である。要するに、終身雇用と年功制で戦後五〇年の生産システムを支えた中高年サラリーマンに対する解雇通告である。

一九九五年、日経連は「新時代の『日本的経営』」と題する報告をまとめた。この報告ではスリムで効率的な企業体質づくりに向けた雇用システムが提起され、労働の規制緩和の必要性が強調されている。不確実な経済環境の変化にフレキシブルに対応するには、雇用を多様化し流動化する必要があるというわけである。労働者は雇用形態によって二つのグループに編成替えされる。

第一は「長期蓄積能力活用型」といわれる。企業経営に参画する頭脳集団で、従来の終身雇用形態はこの部分に限定される。いわばストック型従業員集団の少数精鋭化である。第二のグループは短期雇用契約のフロー型従業員集団で、①営業や研究開発を担当する「高度専門能力活用型」集団と②定型的な日常業務を時間給で担う「雇用柔軟型」集団からなる。いずれも外部調達の雇用資源だが、前者は残業時間規制などに縛られない裁量労働制で働く少数の専門家集団だろう。それに対して、後者は〝必要なときに必要なだけ〟調達されるカンバン方式労働者となる。恐らく、仕事と家庭の両方を担う女性たちの多くが、カンバン方式の格好の雇用資源として活用されるだろう。

このように「新時代の日本的経営」では中核部分を少数精鋭集団に絞り、定型的な日常業務の圧倒的部分を派遣労働者やパートタイマーに委ねるという構想が提起されている。その一環として、例えば派遣労働者の対象業務の原則自由化が要請されている。これまで秘書など一六業務に限定されていたが、その規制を撤廃すべきだという。現に、個々の企業ではこうした方向での動きが加速している。たとえば、トヨタ自動車は成熟産業となった自動車へのモノカルチャー状態から脱却し、通信や航空機などの新規事業への比重を現在の二％から一〇％に高めていく計画である。そうした分野の人材を終身雇用で抱えるには負担が大きいとの判断から、契約社員のように終身でない従業員の割合を将来は全社員の三〇％程度にまで広げるという（朝日新聞一九九五年七月一四日）。この方向はいま凄まじい勢いで進展している。そして一九九八年の現在、長引く不況の中で人材派遣会社の売上高が軒並み過去最高を記録している。「事務系の女性を中心に、人件費の安い派遣社員に置き換える動きが進んだためである」（日本経済新聞一九九八年三月三日）。

このような労働の規制緩和と日本型生産システムの再構築の先に展望される社会はどのようなものだろうか。それは恐らく、賃金生活者が二極に分裂した社会である。A・リピエッツ［一九九〇］の適切な比喩を借りるなら、「砂時計型の社会」（六五頁）である。中央部分がくびれて狭くなり、少数のエリートからなる上層部分と大量のノン・エリートで構成される下層部分へと両極に分裂した状態である。通信・情報など科学技術のイノベーションと生産性上昇の成果は、競争の勝利者である上層部分が特権的に享受する。彼らは科学技術の専門家、システムの構想と決定の権限を集中する精鋭部隊、ビジネスとしての仕事に賭ける攻撃的人間集団である。他方、中央部分に位置する人びとは特別の専門能力をもたないゼネラリスト労働者の集団で、二極分解の進展につれてその地位も次第に不安定化し、多くは徐々に下方へ移動する。おそらく少数精鋭化するストック型雇用集団の周辺に配置され、雇用は保障されても生産性上昇の成果を所得上昇として享受することはない。

そして、この中央部分からの脱落集団は不断に下層部分へ流入し、圧倒的な数のフロー型雇用集団を構成する。それはカンバン方式の不安定な雇用状況の中で、一方ではストック型雇用の末端部分に食い込む競争に奔走し、他方では失業者からの挑戦を受け、不安定雇用と失業との間を揺れ動く。

労働の規制緩和で好景気に沸く現在のアメリカが、それを先取りしている。アメリカでは雇用形態の多様化が一段と進み、労務管理請け負い企業に転籍して働く「リース社員」や企業にプロジェクトごとに雇われる「契約労働者」などの非正規社員層が増加し、パートタイム労働者層を除いても一〇〇〇万人台に達している。この仕組みの活用で、企業は余剰人員を抱えずに「必要な時に必要なだけの人材」を集める「人の無在庫化」（つまりカンバン方式）を進め、生産性を向上させている。そしてこの仕組みが、好景気と物価安定のアメリカ経済を支えている（日本経済新聞一九九七年六月八日）。

このようなカンバン方式によるヒトの無在庫化は、女性を動員した雇用の流動化を加速するだろう。これまでも女性労働力は雇用調整のバッファーとして貢献させられ、フレキシブルな生産システムの労働資源を構成してきた。日本型生産システムが順調に機能していたときは、景気変動にともなう雇用の調整弁は新卒採用者部分を中心にしていたが、一九八〇年代には明らかに中高年女性がその役割を担うようになった。九〇年代以降パートタイム労働者は急増しているが、そのうち女性パートは七割を占める。しかも、パート女性の平均勤続年数は四・八年で、半数近くは有期雇用のため平均九・五回も契約更新している。半年に一度の割合である。不安定なカンバン労働者化が急速に進行しているといってよい。そして今度は、ストック型雇用の高コスト性を理由にリストラされた中高年男性がカンバン労働者の役割を分担するに至った。いままでは周辺化された女性労働力のさらなる周辺部に中高年男性が配置されつつある。女性失業率の減少と中高年男性失業率の急増という最近の失業率の内容が、それを象徴している。

6　労働運動の新しい潮流

ポスト・バブルの不況にあえぐ日本経済には、グローバル・スタンダードと国際競争力の標語ばかりが飛び交い、規制緩和とリストラの旗が一方的に振られている。その内容は多くの場合、市場経済主導の新自由主義という「アメリカ・モデル」の焼き直しである。経済学の世界では新古典派的普遍主義として大きな影響力をもっている。しかし、世界で起きている動きを冷静に見つめるなら、この市場中心主義に包摂されない多様な潮流が存在していることに気づく。

規制緩和の先進国アメリカにおいてさえ、市場主義一辺倒の論理に意義を唱える潮流が力を増しつつある。その動きはＮＰＯ・ＮＧＯなどの市民運動や社会的剰余資本の転換を通じて新しい市民的公共空間を創造しようとする社会的責任投資の活動などに見られるが[16]、労働運動においても同様の動きを見ることができる。七〇年代以降、フォード主義からの離脱をめざすアメリカは明確に新自由主義型のグローバル化戦略の方向を選択した。他方、労働運動の影響力は低下し、労働争議も顕著な減少傾向を示してきた。そして、八〇年代には規制緩和が凄まじい勢いで進展し、市場主導の「アメリカ・モデル」の構築に成功したかに見えた。だが、まさにそのモデルに対抗する労働運動がいま再び着実に力を増しつつある。しかもその労働運動は従来の「ビジネス・ユニオニズム」を脱して、新たな「社会運動的な労働運動」としての性格を帯びてきている。それは、一方で、際限のないダウンサイジングと不安定雇用の激増という現実の中で、パートタイム労働を強いられる人間の「尊厳と正義」を回復しようとする。一九九七年八月、二週間の闘争の末、その要求をほぼ完全に勝ち取ったユナイテッド・パーセル・サービス（UPS）の労働闘争に、その象徴を見ることができる。他方、新自由主義がグローバル資本主義として展開する中で、この労働運動は国境を越えたグローバルな労働の連帯を模索すると同時に、グローバル資本主義に対抗しうる新たなコミュニティづくりを提起する（詳細は本書第2章6を参照）。

同様の動きは、大西洋を越えたヨーロッパにおいても見られる。イギリスの労働党政権もサッチャー流の市場万能主義的政策を軌道修正し、EUの社会政策にそってパート労働者の権利保護や公正労働基準の法制化をめざしている。フランスのジョスパン内閣は「アメリカ・モデル」に対して明確に「ノー」を表明している。そして、ワークシェアリングによる雇用創出をめざし、一九九八年二月には労働時間短縮法案を成立させた。イタリアのプロディ政権も失業問題に取り組み、二〇〇一年までの週三五時間労働をめざしている[17]。ここでは、市場経済の前に頑迷ともいえる市民社会がある。要するに、グローバル競争の猛々しい叫びに対抗し、市民的自律と連帯を標榜する新しい社会運動の動きを確認できる。

日本はどうか。主流はアメリカ・モデルの規制緩和といってよいだろう。つい先日まで誇らしげに語られていた日本的経営の神話は廃棄物と化し、中高年サラリーマンに対する配転・出向・移籍・解雇などによる内部労働市場の解体と労働のアウトソーシング（委託・請負・派遣など外部労働市場への置き換え）やパートへの置き換えとが、凄まじい勢いで進んでいる。また、辛くも居残ることのできたサラリーマンには、〝自己責任〟原則の下に能力給・実績給・年俸制など生産性に応じた個別処遇化の勢いが止まるところをしらない。労働の流動化は企業内の労働者間競争をますます激化させている。今国会（一九九八年）に提出された労働基準法改正案は、この現実をほぼ追認する形である。これに対して、従来の企業内労働組合の多くはパートを排除した正社員の賃上げのための閉鎖的な利益集団と化し、労働の分断・孤立化の現実に何ら対処しえていない。そして、カイシャ社会に特徴的な過労死寸前の過剰労働状況に対する抑止力を完全に喪失している[18]。

私たちの社会では男性はカイシャ内の過剰な労働時間のゆえに家庭と地域の生活に参加できず、逆に女性は家庭内の過重な家事時間のゆえに職場生活に参加できないという現状が支配的である。いや、夫は仕事だけだが、妻は家事と仕事という「新・性別役割分業」を考えるなら、「世界一の働き者は日本の女性」というのも見当はずれではない。日本に関する限り、過剰労働状況は男性より、家事と仕事の二重負担を強いられる女性の方ではるかに深刻である[19]。だから、女性に対する雇用機会の均等ということ以上に、男性に対する家庭と地域生活の均等責任という法整備が必要である。そのためにこそ、労働時間短縮は不可欠だ。ところが今回の労働基準法改正では方向が逆である。労働の多様化・流動化や女性労働力の活用を理由に労働の女性保護規制が撤廃され、過剰労働の女性化を容認するものとなっている。

これまで女性の残業時間や深夜労働は「健康」や「福祉」を理由に規制されていた。しかし、これは性別に関係のない問題である。むしろカイシャに吸収された男性労働を女性なみに規制し、男性を地域社会に生きる健全な人間に戻すのが先決問題だろう。だから、森岡孝二［一九九五］は言う。「女性のみの保護規制を撤廃し、男性についても『女性並み』の規制を設けるという方向こそ探られるべきである」（二五五頁）、と。現在の女性労働に対する保護規制撤廃の方向は男性基準への女性の同化戦略であり、女性労働力の男性なみ活用である。そして、この資本の戦略はさしあたり成功しつつある。

しかし、それでもやはり新しい流れが労働運動の中にも登場している。それは九〇年代以降、労働の規制緩和路線に半ば強いられながら、にもかかわらずカイシャ社会からの自律をめざす運動である。各地のコミュニティ・ユニオン、管理職ユニオン、女性ユニオン、ジェネラル・ユニオンなどの活動が、ささやかながらも自律と連帯の力強い展開を見せている。[20] それはあらゆる意味で既成の枠を越えている。そのメンバーが派遣・パート・臨時職員なども含むという点で正社員の枠を超え、男性中心でないという点でジェンダーを越え、〝日本人〟だけでないという点で国境を越え、そして何よりもカイシャ社会から自律しているという点で個別企業の枠を超えている。この多元的で多様なネットワークとして、新しい連帯の芽が徐々に形成されている。

カイシャの塀に囲い込まれたサラリーマンがそこから踏み出して自己と向き合い、特権的で閉鎖的なカイシャ社会内労働組合にとどまるのでなく、人間の尊厳において働く者の権利を追求するとき、新しい自律と連帯の市民的公共空間が形成される。それは国民国家に吸収されず、カイシャの部分装置でもない新しい社会空間である。労働組合はそのような市民的社会形成の媒介項となりえて初めて、新しい時代を切り開く担い手となることができる。そのためには、カイシャ社会に吸収されたサラリーマンの「労働」概念が再審に付されなければならない。

7 労働のトランス・ジェンダーな地平へ

カイシャが揺らぐ中で「静かな革命」が進行しているという。革命の震源は女たちであり、その目標は「会社を撃つ」こと、そして「閉塞を突き破る」ことだという（日本経済新聞一九九八年一月一日)。だがこの「革命」がその名に値するには、カイシャ社会の男性的な働き方を変え、新しい暮らしを創造するのでなければならない。それには狭い意味での雇用機会均等問題を越えて、「労働」カテゴリーそのものが問い直されなければならない。

江原由美子［一九九二］は「既存の労働／非労働というカテゴリー分けそのもののもつ抑圧性」(七五頁)という問題を提起している。労働社会においては〝働くヒト〟と〝働かないヒト〟の非対称的関係は、強力な政治的権力作用をもって人間の尊厳を奪う。労働社会が認める「労働」とは「労働―賃金」範式にカテゴリー化されるペイド・ワークのみであり、アンペイド・ワークは排除される。だからこのカテゴリーに属さないヒトは〝働いていないヒト〟であり、社会形成の担い手としてカウントされることもない。それはせいぜい福祉国家によって恩恵的に養われるヒトにすぎない。このように労働社会は、一方で家事労働を含む地域社会のコミュニティ活動を非労働の領域に排除することによって性別役割分業（経済＝男と家事＝女）のヒエラルキーを再生産し、非労働領域に属するあらゆる人格（高齢者・障害者・失業者）を社会形成の担い手としての資格から排除する。他方、労働社会は非労働領域に女性を配置する性別役割分業によって、逆に標準男性労働者を基準とした労働領域を効率的生産システムとして編成する。だから労働社会は雇用機会均等を求めて労働領域に参入する女性に対して男性と同じ働き方を強制する。

労働社会に参加することが「社会人」の資格であるなら、男女の雇用機会均等は人間の尊厳の回復にとって最低限の条件である。この意味で労働の規制緩和とは、何よりもまず男性による雇用資源のジェンダー的規制を撤廃することである。だが他方、雇用資源への女性参加が従来の男性と同じ働き方をするだけなら、その働き方は労働社会における労働／非労働の権力作用をますます強化することになるだろう。そして、社会から排除された「非労働」や家事も含めた別の働き方や暮らし方に対する差別を再生産するだけに終わる。労働社会の権力作用を抑制し、自律性を奪わない多様な働き方の相互承認とその制度化を模索することが必要である。

そのためには雇用機会の均等のみならず、非労働領域の諸活動を賃金労働と対等な社会的活動として位置づける戦略が欠かせない。たとえば、アンペイド・ワークの経済計算という試みがある（経済企画庁［一九九七］）。この活動は賃金労働とは異なる。が、しかしそれを敢えてペイド・ワークと並ぶアンペイド・ワークとカテゴリー化し、経済的に貨幣換算する戦略は、労働社会に潜むジェンダー・バイアスを表面化させ、性別役割分業のヒエラルキー性を解体する上で不可欠である。それは社会的分業のトランスジェンダーな枠組みづくりに生かすことができる。だから「家事＝無償の愛」という労働社会の言説に対しては、臆することなく「家事労働に賃金を！」である。だが、重要なことは、どのように計算するのか、誰が評価するのか、どのような枠組みを構想するのかということである。これは労働のカテゴリー権をめぐるヘゲモニー闘争である。政府のみが公共性を代表するわけではないように、政府によるアンペイド・ワークの計算だけが唯一の公的計算なのでもない。それは市民社会の多様な諸集団の自主的な評価と計算によって検証される必要がある。その意味で、たとえどれほど不十分でろうと、神奈川ネットワーク運動のようなアンペイド・ワークの調査（新しい公・共圏をつくる政策・制度研究会［一九九八］）は、もう一つの公共性を創造する試みである。労働社会にとって最も基礎的であるにもかかわらず、この社会から疎外され、排除された人間の営みを賃金労働と対等なものとして再評価すること、つまり社会的総労働の平等な部分過程として位置づけること、これは社会的力を剝奪された（dis-empowered）諸人格が社会形成の対等な市民として承認され、社会的個人としてエンパワーしうるための不可欠な戦略である。

8 労働神話の再審と時間主権の回復

だが、雇用機会の均等やアンペイド・ワークの再評価の意義は、現代の労働社会における「労働」それ自体の問い直しにこそある。「労働」は私たちのアイデンティティの中心に位置している。カイシャ社会はこの「労働」優位の価値観を国民的理念にまで高めた。このように「労働」が最高の国民的理念となった現代は、しかし同時に「労働」が最も深刻な危機に陥った時代でもある。

第一に、より豊かに生きることとより多く生産することとの間に亀裂が生じている。一人当たりGDPが世界トップクラスの日本で、〝モノは多くなったが豊かではない〟と誰もがいう。豊かでないのは生産が不十分だからではない。生産も消費も過剰だが、豊かではないという経験である。豊かさと生産との絆は切れている。第二に、より多く生産することとより多く働くこととの間にも深刻な対立が生じている。今日、生産増加の主たる原因は労働生産性の上昇であり、労働の寄与度は加速的に減少している。そして生産増加と労働削減の対立は稀少な労働資源をめぐる激しい競争を引き起こし、この競争がまた労働社会の生活からゆとりと豊かさを奪っている。そして第三に、この矛盾した状況のなかで、豊かな生活とより多くの労働とは両立しないことがはっきりしてきた。とりわけ過労死するほどの苛酷な労働とその拘束時間が極端に長い日本では、豊かな生活の条件はより少ない労働にこそあるといえよう。豊かさを所得水準に還元する社会はワーカホリックな社会になる。カイシャ社会の日本ではこの傾向が極限化している。この日本でこそ、労働中心のパラダイムは変容を迫られているといえよう。

労働は依然として年々の生活を物質的に支える最も重要な要因である。また、それは人間の自己実現のひとつでもある。だが、人間の人格性をはかる特権的基準ではない。人間のアイデンティティのひとつではありうるが、それ以上のものではない。ましてや「労働は富や価値の唯一の源泉ではない」（マルクス）。徐々にではあるが、労働以外の多様な社会的活動の選択肢を評価する動きも現れている。労働神話は崩壊しつつあるし、労働社会は変容しつつある（本章第3章とその付論を参照）。そして、所得と消費の増大ではなく、自由時間を豊かさの指標とするような働き方と暮らし方が人びとの社会的欲求となりつつある。富としての自由時間の再発見である。これは客観的・絶対的要請でもある。私たちは過剰労働と過剰消費の悪循環が生み出す人間と自然の根源的危機に直面しているからである。自由時間を富とする新しい欲求主体としての自己形成と社会的交通関係の構築が迫られている。「より少なく働き、よりよく生きる」という「時間解放社会」（ゴルツ［一九九七］）の創造である。だから生産―再生産における社会的総労働のトランス・ジェンダーな再編成と同時に、近代の労働神話を越える自由時間の創造が課題である。(21)

おわりに――時間主権の確立に向けて――

冷戦体制の崩壊とともに、資本主義諸国は大競争が支配する市場経済に一元化されたように見える。それは膨大な商品資本循環の物象化された経済空間である。労働社会のシステム化された他律労働と消費社会の無限増殖する私的欲望、この両者が相互に前提し相互に促進しあう経済として、現代資本主義の循環＝蓄積体制はますますグローバル化しつつある。しかしこのグローバル経済の物象化された運動は私たち一人ひとりの社会的集合力であり、私たちの労働や欲求の表現であることも確かだ。資本の循環＝蓄積体制はそれ自体、所与の社会のテクノロジカル・パラダイム（技術水準と労働組織）によって、また社会的個人の生活欲求によって規定される。そして私たちが働かなければならない時間の長さが所与の労働組織や技術水準によって客観的に与えられた場合でさえ、どれだけを必要労働時間とし、どれだけを自由時間とするかは、私たちの社会的な合意の在り方によって決まる。この合意形成はそれ自体社会的文化的闘争であり、時間配分をめぐるヘゲモニー闘争である。それは社会的生産力の発展が生み出す膨大な剰余の循環を、商品資本循環に規定された労働─欲望の無限増殖にゆだねるのではなく、富としての自由時間を構想しつつ新しい自律労働と消費文化の創出に生かす運動である。自由時間を生きるということに最高の価値を置き、それを支える人間相互の多様な交通関係を豊かにすることで自分の存在を豊かにしようとする運動である。

賃金労働と私的欲望の動員に基礎を置いたフォード主義的蓄積体制から自由時間に基礎を置く新しい蓄積体制への転換とそれを方向づける市民社会のヘゲモニー形成。それは社会的に必要な他律的労働と個々人の自由な自律活動との新たな調整様式を模索する過程であり、社会的諸個人の自律的でかつ多様なアイデンティティの相互承認と多元的で複合的な社会形成の過程である。そのような時間と空間の再構築の努力こそ、豊かで洗練された市民社会の理性である。必要と剰余の時間総体に対する自己決定権の回復、時間主権の確立。それが市民社会としての社会の成熟と豊かさである。

付論　人間らしさ、自分らしさを生かせる暮らし方・働き方

経済白書が出た。今年（一九九九年）の白書はリストラ白書ということができる。日本経済は債務と設備と雇用の過剰状況にある。日本経済の再生とグローバルな市場での日本企業の生き残りのためにも、この三つの過剰の整理を迫られており、短期的な大きな痛みをこらえてリストラを断行しなければならないというわけだ。白書は企業が抱える過剰雇用を二二八万人と推定しているが、これは労働力人口の約三・四％に相当する。仮にこの潜在的過剰従業員がすべて解雇された場合、日本の失業率は八％を超えてユーロ圏の水準に接近することになる。そこで白書は過剰雇用解消策として職業紹介・能力開発など転職しやすい環境を整備しつつ、同時に年功賃金のフラット化や企業の再編などを促進すべきという。そして家計も企業も政府に頼らず自己責任でリスクを引き受ける強い体質になれと説教する。アメリカ流の市場重視型リストラ支援策といってよい。

これに対しては当然ながら、日本型システムの擁護派から批判が出ている。転職が難しい日本の雇用慣行を考慮するとき、アメリカ式のリストラは逆に経済の縮小均衡をもたらす。だから、安易な解雇支援策ではなく、むしろ営業部門への従業員の大量シフトなど企業内部での配置換えや、また能力重視型年功賃金への変更など、社員を人材として大切にした「人本主義」に基礎を置くリストラを実施すべきである、といった意見だ。おそらく、日本の雇用構造の今後の道筋は、これらの中間あたりで徐々に進行するのだろう。

しかし二一世紀を見据えた長期的展望の中で、私たちの働き方と暮らし方を考えるなら、私たちが解決すべき問題は右のような議論の先にあるというべきだろう。失業は人の尊厳を奪う最も深刻

な問題だが、しかし働き口があればよいということではない。また年功賃金の変更は確かに転職環境の整備に役立つだろうが、何のための転職なのか。たとえば、好景気に浮かれているアメリカでは確かに失業率が日本より低くなった。しかし、その陰で非正規の不安定雇用層が急速に増加し、働く人びとの間での格差が拡大している。八〇年代に始まった市場重視型経済再生策の中で、正社員の比率が下がり、パートや派遣が急増したからである。この非正規社員では各種手当や休日、保険・年金などが保障されず、暮らしは不安定になっている。しかも、このような働く人びとの間の格差は男性と女性の不平等に重なっている。〝フルタイムの正社員は男性、非正規の社員は女性〟と色分けされているからである。拡大する不安定雇用の問題に対して、従来の労働法や雇用機会均等法はうまく機能しえないでいる。この問題の背後には、従来の働き方と暮らし方の制度がある。単に仕事につくということを越えて、どのような働き方と暮らし方をするのかが問われている。

近代社会が生み出した分業システムのひとつに性別役割分業がある。男性は市場を通じて報酬のある仕事をして家族を養い、女性はその男性が安心して仕事ができるよう家庭を守り、出産や育児から子供・夫・親のケア役割を担う。このような男女の性別役割分業がひとつのユニットになって社会の暮らしが営まれるが、両者の関係は前者がシステムの中心部分で後者はその影の補助役割というように対等ではない。このシステムでは、社会生活の主導的部分は男性側の支配下にある。制度としてそうなっている。

二つの問題がある。ひとつはペイド・ワークとアン・ペイドワークの非対称的な役割分業だ。これはほぼ〝サラリーマン〟と〝専業主婦〟の分業に対応している。いずれも日本の高度経済成長期に大量生産された典型的な社会的役割である。男性〝サラリーマン〟の長時間労働を支えるものとして、女性の〝専業主婦〟役割が要請された。日本のM字型の年齢別女性労働力率は端的にそのことを示している。戦後日本の生産システムでは、一方で〝サラリーマン〟には会社内部の能力競争を組み込んだ〝終身〟雇用と〝年功〟賃金があり、長時間過剰競争と家父長的役割が制度化された。他方、〝専業主婦〟の存在を支える制度として配偶者控除という優遇税制や企業内の各種手当などが用意され、女性の社会的活動を家庭内に配置して性別役割分業を固定化してきた。このシステムの原型は一九四〇年代の総動員体制下で作られたため、〝皇国賃金〟システムとも呼ばれる。

もうひとつは、ペイド・ワーク内部での差別的序列。〝専業主婦〟を望まず積極的にペイドワークに携わろうとする女性たちに対しては、家族的責任の範囲内でのパートワークが用意され、景気変動と産業構造の調整弁として活用されてきた。パートは、文字どおりには短時間労働を意味するはずだが、日本でのいわゆる〝パートさん〟は、正社員から区別された臨時の補助労働者という身分で、労働社会の中の二級市民でしかない。日本の労働社会に蔓延するオストラシズムの象徴といってよい。そこでは働く者が働く者を差別するという構造だ（図1）。日本型生産システムの一翼を担った企業内組合は、この差別的労働を再生産してきたといっても過言ではない。現に、〝過剰雇用〟なるキャンペーンにたいして、

図1　差別的ワークのピラミッド

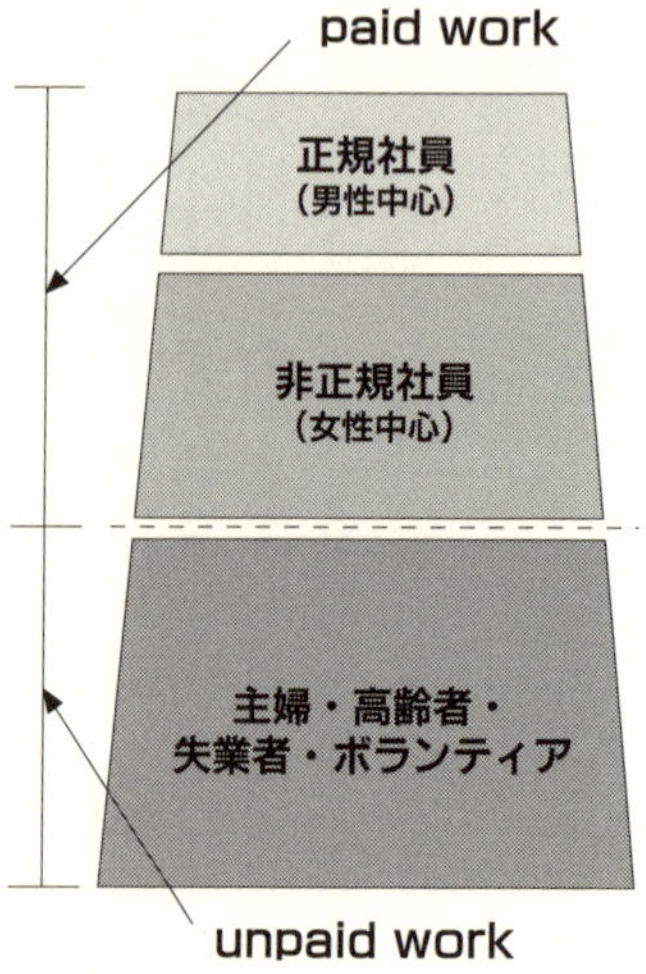

多くの労働組合はこの差別的構造を前提にして正社員の雇用を守ろうとしている。

いずれにせよ、私たちの多くはこのシステムの中でともかくも大量生産／大量消費を謳歌した。それが戦後日本の国民的働き方と暮らし方であり、二〇世紀の国民国家／国民経済を形成した。そしてバブル期には過労死と飽食死に行き着いた。ポスト・バブルの九〇年代不況の中で私たちが思い知らされたことは、このような国民的働き方と暮らし方が絶対的な限界に直面したということだ。三つの過剰を整理して新しい市場型システムへの転換を目指す経済白書も、この二〇世紀的システムの限界を克服しようとするひとつの試みと言える。そして世紀転換期の今、日本では就業形態については正社員を派遣労働・契約社員・アウトソーシングに置き換える動きが急速に進み、身分としての総パート化が進行している。また賃金については、時間より成果を合言葉に、年功制の見直しや短期能力主義にもとづく年俸制などの導入が進んでいる。さらに労働時間については裁量労働制・変形労働時間制が導入され、特に女性の残業時間規制や深夜労働規制が廃止されて、性差なしの厳しいサービス残業競争が展開しつつある。しかし、二一世紀の社会をこのような市場原理だけにまかせておいてよいのだろうか。市場原理の徹底は上に述べたような差別的労働の構造を解決しないだけでなく、むしろアメリカの状況に見られるように、この構造を一層拡大すると思われる。

これまでの働き方と暮らし方を変えるというのは、このような市場原理だけに頼るのではなく、むしろ社会の中に新しい協力のネットワークをつくり、市場経済を合理的に調整していくという方向が必要だ。現に、そのような試みは多くあり、そのための手掛かりもある。具体的には次のような点を考えるべきだろう。

第一に、労働社会における協力のネットワークづくりである。すでに述べたように、日本の「パート」は臨時の補助労働者 temporary worker という身分である。日本の労働社会はこの「正社員／非正社員」という差別を当然のものとして前提してきた。しかし、現在の市場経済化の流れの中で総パート化が進展するとき、働き方における平等を原理とした新しい協力のネットワークをつくることは決定的に重要である。これまで非正規の従業員を踏み台にしてきた正社員自身が、そのつけを払わされようとしている。具体的には、パートタイムを「労働時間が短いだけの正規労働者＝常勤労働者 permanent worker」とする制度づくりである。パート問題は雇用問題の単なる一部分なのではない。むしろシステムの基本問題だということを、普通のサラリーマンは知るべきである。

たとえばオランダのパート労働法（一九九六年）では、パートタイムもフルタイムも労働時間の長さが違うだけの同じ正規労働とされ、労働条件や社会保障などで平等に処遇されることになっている。人びとの労働は週五日・四〇時間から週二〇時間程度まで多様だが、働く人びとの協力によって「ワークシェアリング」「ジェンダーフリーの暮らし」「個人の社会参加」などの実現を目指している。基本には時間の人間的享受こそ最大の豊かさという思想がある。disposable income の増加ではなく、disposable time の増加といってよい。オランダではこの法律の効果もあってEUの中でも失業率が低く、それなりの成長率を維持している。経営側からのワークシェアリングの提起に労働組合が翻弄されている日本の状況に比べると、オランダはまるでユートピアのように見えてしまうが、手本があることは心強いことだ。

第二に、ジェンダーフリーな働き方と暮らし方に向けた協力のネットワークづくりが必要である。そのためには男女の間にペイドワークとアンペイドワークを配分し直し、ともに平等に家族責任を

図2　多様なワークの自由な転換

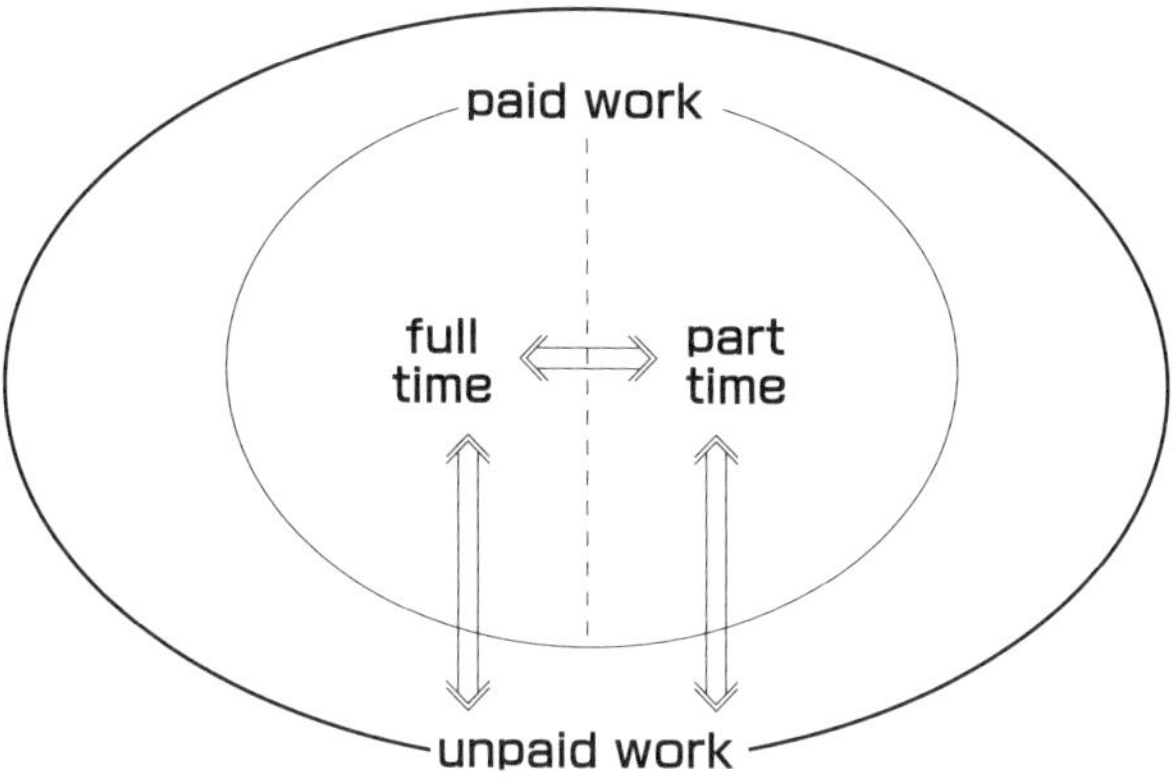

担い得るような環境整備が必要である。これはＩＬＯ一五六号条約や一六五号勧告がすでに提起していることだ。また労働基準法としては、時間外・休日・深夜労働の男女共通規制が必要である。また暮らしを支える賃金制度の基本は男性正社員の年功を基本とした生活賃金ではなく男女平等の同一価値労働同一賃金制度が望ましいだろう。これは暮らしの制度的単位を家族ではなく、個人に移すことを意味する。単身者／共働き／非正規労働者に不利な各種家族手当（配偶者手当／住宅手当など）は社会保障の形で整備すべきだろう。

労働時間差差別の撤廃とワークシェアリングによって、フルタイム／パートタイムを自由に転換できるなら、人びとは人生の各ステージに応じて働き方を変え、子供や高齢者や自分自身をケアする時間などを確保し、家族や友人と過ごす自由時間を享受できるはずである。それは時間主権への第一歩だ（図2）。

第2章 情報ネットワーク資本主義とシビル・ソリューション

はじめに

私たちは今、凄まじいスピードで疾走する資本の世界を生きている。グローバル資本主義の世界である。それは私たちの働き方や暮らし方のみならず、社会生活や政治権力の在り方をもドラスティックに転換しつつあるかに見える。このような経済還元主義的な言い方がさほど違和感を覚えないほど、その威力は凄まじい。それゆえ、グローバル資本主義のうねりの中で、それがあたかも宿命であるかのような言説が支配している。情報技術（ＩＴ）革命に支えられたグローバルな市場経済化は理屈を越えたメガトレンドであり、選択の余地はない、と。しかし、グローバル資本主義はグローバル化をめぐるひとつの方向でしかないことも確かである。それは自らを揺るがす深刻な矛盾と危機を孕んでおり、その克服なしに二一世紀の社会は存続しえないからである。

確かに、グローバル資本主義は二一世紀の世界を根底において規定する力となるであろう。しかし、そのことはグローバル資本主義が均質で均等に発展した単一の市場経済をつくりだすというのでは全くない。また、市場と国家の抗争やアメリカ化とジハード化の対立といった単純な二極図式の世界をつくりだすのでもない。グローバル資本主義は、むしろ、それらの諸要因が複雑に作用しあい、幾重にも重なり合う多様な空間を形成し、矛盾や衝突を孕みつつ変化していく動きである。それゆえ、グローバル資本主義はそれ自身の展開のなかで、深刻な矛盾と葛藤と危機を生み出し、「グローバル化されるべきグローバルな問い」（エルマンジュラ［一九九九］）を多様に提起せざるをえない。

1 グローバル資本主義の現在

冷戦体制の崩壊後、資本の循環＝蓄積過程はその生産と流通の諸過程において世界的な連動性をますます強めている。グローバル資本主義を、さしあたり、このような資本循環＝蓄積過程のグローバル化と理解しておこう。だが、よく言われるように、近代の資本主義経済は当初から世界システムとして登場したという意味では、現代のグローバル資本主義にとりたてて新しいことはない。にもかかわらず、今日「グローバリゼーション」が広く語られるとき、この概念とそれが指示する現実が歴史的性格を帯びていることは明らかである。この概念は冷戦体制の崩壊と旧社会主義諸国の再資本主義化、その結果としての世界的規模での資本主義的市場経済化という歴史的現実と結びついている。そして何よりも、二〇世紀の体制間競争で生き残ったアメリカ型資本主義の新たな展開を表している。つまり、それは一九一七年から一九八九年までの期間に象徴される二〇世紀システムの終焉を指し示す概念であり、より限定的にはポスト・フォード主義的発展様式のひとつの方向性を示す概念であるといえる。

と同時に、このグローバル資本主義は私たちが〝ポスト〟という接頭語をつけてしか語ることのできない混沌とした状況とそれが生み出す矛盾と危機を含んでいる。第一に、グローバル資本主義の布教国たるアメリカは、IT革命下での「ニューエコノミー」の饗宴の後に、社会の深刻な二極分化の危機に直面している。市場原理主義への復帰によってフォード主義からの脱出をめざすアメリカ・モデルは、二一世紀をリードする発展様式ではありえない。第二に、旧社会主義諸国の再資本主義化とともに、東西両陣営がその国民国家の領域内に封じ込めていた多様なアイデンティティが解き放たれ、社会的統合様式に深刻な亀裂が生じている。グローバル資本主義の展開は人々を裸の競争状態に放り出すことはあっても、それ自体では新たな社会統合の様式を生み出すわけではない。それゆえ、グローバル化のうねりの中で、「国民」的統合に代わる新しいアイデンティティの構造化の様式が求められている。そして第三に、グローバル資本主義は人間と自然の関係において絶対的ともいえる危機を抱えることになった。北の「消費」資源の確保のために南の森で暮らしてきた人々が森から追い出され、そこに発生する失業と貧困が自然破壊を加速させ、裸の資本主義をグローバル化する。これと同様のサイクルは北の内部でも繰り返されている。地球的規模で普遍化した資本主義的生産と消費の様式は、生命維持装置としての地球環境の存続と運命を共にせざるを得ない。それゆえ、グローバル資本主義は新しい発展様式をめぐるヘゲモニー闘争の渦中にある。二〇世紀システムを支えた国民国家と国民経済の枠組みが揺らぐ中で、しかし今だ新しい構図が見えないという混沌とした世界を、私たちは生きている。

現在、この枠組みを揺るがしている原動力がグローバル化する資本の循環＝蓄積過程であることは明らかである。ところで、この過程には相互に規定しあう二つの動きが見られる。第一は、国民的枠組みにおける市場経済の解体・再編という意味でのグローバルな市場経済化である。二〇世紀の世界は国民国家と国民経済の枠組みを基礎としつつ、政治と経済のインターナショナルな関係を作り上げてきたが、現代の企業にとってこの枠組みは狭隘な制約となっており、トランスナショナルな枠組みを追求し始めている。多国籍企業の多くは世界的規模での戦略的提携を図り、一層の対外的投資を拡大させ、最適な資材の調達・生産・販売を世界的規模で展開している。生産資本循環のグローバルな展開である。その結果、国民経済の枠を越えた広域的経済圏で水平的分業が形成され、ヒト・モノ・マネーの大量移動が日常化している。

第二に、このグローバルな市場経済化を支え、加速させている要因として、情報通信のネットワーク化をあげることができる。インターネットに象徴されるＩＴ革命はスピードを加速させつつ、資本循環の中枢に定着し始めている。資本循環の情報ネットワーク化である。企業は情報通信ネットワークを通じて、物流・決済代金・投資資金をコントロールするだけでなく、国境を越えた電子データの交換（ＥＤＩ）や電子商取引（ＥＣ）を推進し、構想と実行の総合情報システムを構築しつつある。

こうしたグローバルな規模での市場経済化と情報ネットワーク化のうねりが相互に作用しつつ、その相乗効果として、二〇世紀の「国民」的枠組みを揺り動かしていることは明らかである。それは国民の社会生活や企業の経済活動に対する政府の影響力の低下となって現れている。そして、社会生活はいま急速に情報ネットワーク化しつつある。そのスピードには目を見張るものがある。高度成長期のテレビ・電話・自動車の普及速度は相当なものだったが、インターネットの場合はそれを何倍も上回っている。インターネットはすでに私たちの社会生活を支える新しいインフラストラクチャーとなっている。しかも、それは初めから国境を越えて地球を取り巻く空気のようなもので、その意味でも、インターネットは「国民国家」の枠組みを根底から突き崩すことになる。それは私たちの感覚や思考のすべてを変え、全く新しい生活空間としてのサイバー・スペースを形成するはずだ。軽々と国家を越える「ネティズン Netizen」(1)は、全くアナーキーなまでに新しいネット社会を形成している。

2 生産資本循環の情報ネットワーク化

ＩＴ革命の震源地は、いうまでもなくアメリカである。戦後五〇年の冷戦期における軍事分野への累積投資が民間経済にバトンタッチされ、アメリカに情報ネットワーク型産業を開花させた。これが九〇年代のアメリカ経済を活性化させる起爆剤となったことは間違いない。そして、この情報技術の革新は、製造現場にとどまらず、生産と流通の資本循環総体を大きく変えつつある。インターネットを活用した「ビルト・ツー・オーダー」（ＢＴＯ：Build to Order）の注文生産方式や事業の供給活動全体をコンピュータ管理する「サプライ・チェーン・マネジメント（ＳＣＭ）」という総合管理方式に、それが象徴的に現れている。

例えば「ビルト・ツー・オーダー」の生産方式においては、消費者は企業のホームページにアクセスし、自分仕様の商品を注文する。注文は工場に直結し、生産が開始され、配送会社を通じて消費者に届けられる。「マーケット・オブ・ワン」に対応した生産システムの構築である。(2) つまり、フォード主義の時代のように、メーカーが需要予測にもとづいて大量生産する方式ではなく、個々の消費者の注文に応じた生産である。パソコンなど、製品によっては一週間を要しない。この生産方式を支えるのが、「サプライ・チェーン・マネジメント（ＳＣＭ）」である。サプライ・チェーンとは、文字通りには、「供給連鎖」である。生産に必要な資材を調達し、製品を作る。作られた製品は流通経路にのって配送され、販売される。この一連の流れがサプライ・チェーンであるが、通常これはひとつの企業の中だけで完結するわけではない。原材料や部品のサプライヤー、製品を開発・製造するメーカー、それらの物流を担当する物流業者、卸・小売りなどの流通業者などを結ぶ

連鎖を形成している。この連鎖を需要の変化に対応させてマネジメントしていく経営手法がＳＣＭである。(3)

こうして、取引先との受発注や資材の調達、製品の在庫や配送など、川上から川下までの事業活動全体を総合的に管理する情報ネットワークが構築される。ある製品の注文や需要データをＳＣＭの情報システムに入力すると、購買・生産・販売の各部門が瞬時にそのデータを共有し、各部門は現在の在庫状況や設備稼働率をもとに、最適な資材調達や労働編成と生産計画を指示する。過剰な在庫はもちろん、販売のための店舗も省略される。それは生産資本循環の生産時間と流通時間を劇的に短縮する。それが個別の生産資本循環の枠を越えてネットワーク化し、社会的総資本の情報ネットワークとして展開する。こうして、ＩＴ革命は製造現場にとどまらず、生産と流通の資本循環総体を大きく変えつつある。それは企業組織の劇的な変容をもたらす。企業組織のアン・バンドリングとバーチャルなインテグレーションである。(4)

従来はひとつの独立した存在としての企業が商品の企画・開発から資源の調達・生産・販売などの内部組織をもち、外部の多様な企業と取引関係を形成していた。そして個々の企業は本拠を構えた国の内部に工場や支社を置いて事業展開し、また立地条件によっては世界各地に工場や支社を分散配置し、それらを統合的に管理してきた。だが、情報技術の進展に伴って多くの企業がネットワークされた企業間関係を形成し、グローバルな規模で活動するようになるにつれて、個々の企業組織は著しく変容を遂げつつある。例えば、製造をメーカーから受託する製造受託ＥＭＳというサービスが急成長している。メーカーとはもはや製品を生産する企業ではない。メーカーは製品の企画・開発だけに経営資源を集中し、実際の製造を製造サービス専業の企業に委ねる。みずからは生産設備などの新たな投資を避けて手持ちの資産を身軽にし、新しいアイデアの製品化と市場投入のスピードアップ化を図るというわけである。このようなアウトソーシングはOEM（相手先ブランド供給）や複数企業での専門的共同請負など、多様な形態で展開している。

こうして、生産と流通の諸部門から、さらには経営管理や研究開発さえもアウトソーシングされる。そして、それらがネット上の企業間関係でバーチャルに統合される。この場合、個々の企業は工場や支社を持つ必要さえなくなる。提携関係にある相手先企業は、従来まで自社内で製品やサービスを供給していた工場や支社と同じ役割を果たすからである。しかも、インターネットなどの情報ネットワークの活用によって、グローバルな規模での企業間関係が、あたかもコンピュータ・ネットワーク上でのプログラムの切り替えと同じようなフレキシビリティをもって自在に組み直される。そこに展開するのは、時間と空間を消し去った資本の世界である。多国籍企業の多くがそうであるように、個々の工場や店舗は着脱自在な部分組織のひとつにすぎず、その配置と撤退と再配置が、国と地域を選ばず自由に展開される。市場ニーズを素早くつかんで商品化のスピードアップを図る。ニーズに合わない工場や非効率な部門は即座に捨てる。こうして支社や工場の立地の配置と再配置が、また企業間関係の編成と再編がとめども無く展開する。このように生産と流通における情報ネットワーク化を多様な生産資本のアン・バンドリングとバーチャル・インテグレーションの過程として位置づけてみるとき、世紀転換期に始まったIT革命という技術革新の歴史的意味の一端も理解できる。生産資本循環の情報ネットワーク化は、単に製造現場の情報化やメーカーによる流通の垂直統合ということではない。消費者のパーソナルなニーズを掘り起こし、それをダイレクトに吸収し、その消費欲望を充足させるというソリューションを、生産と流通の資本循環総体のシステムとして構築するという方向で進化しつつある。それは消費空間も含めて、生産と流通の資本循環総体を大きく変えつつある。

3 ME革命からIT革命へ

一九七〇年代後半、規格化された商品の大量生産と大量消費の好循環に支えられた成長体制が行き詰まり、それからの脱出が先進諸国の大きな課題として浮上した。先進諸国はいずれもスタグフレーションに悩まされた。その根本的原因は、生産性上昇と所得水準引き上げを連動させる調整メカニズムが機能しなくなったことにある。生産性上昇率は低下しているにもかかわらず、賃金所得の上昇がそれを上回り、生産性向上で吸収できない賃金上昇分は物価に転嫁され、賃金・物価のスパイラルを引き起こしていた。一方、消費需要が成熟し飽和状態になる中で、限られた市場を多品種化や差別化によって奪い合う過当競争が展開した。こうして硬直的な量産体制からの脱却とフレキシブルな生産システムの構築が産業資本にとっての課題として浮上した。八〇年代、先進諸国の企業は労働過程にロボットなどの自動制御のコンピュータシステムを導入することによって、この危機に対応した。生産のメカトロニクス化、あるいはME革命である。これは、一方で既存の熟練労働の一部を単純労働化あるいは省力化することによって賃金コストを引き下げると同時に、不確実な需要に弾力的に対応する多品種少量生産のフレキシブルな労働動員システム（FMS：flexible manufacturing system）を作り出した。

確かに、ME革命を伴ったフレキシブルな生産システムは、かつての大量生産・大量消費に挑戦する方向性をもっていた。しかし、ME革命として進行した生産過程の自動制御とフレキシブル化は、一方で資本と労働に対する過重負荷を伴った。たとえば、FMSのような巨大コンピュータ自動制御システムには膨大な投資が必要となり、その固定費を回収するには相当量の量産体制が不可欠である。しかし、需要が低迷する中でそれを受け入れるだけの市場を開拓することは難しい。その市場開拓のために、商品モデルの多様化やその頻繁な変更による多品種化戦略をとるなら、作業過程と部品の細分化が際限なく進み、また増え続ける部品点数を維持するためのコスト負担も上昇する。

他方、労働動員のシステムとしては、日本は他の先進諸国と違った様相を示した。ME革命を最も積極的に進めたのは日本の企業だったが、そのさいME革命に伴って不要になる労働を企業内で配分する独特なシステムが形成された。欧米とは異なって、日本では企業内での労働のモビリティが非常に高く、それを可能にする労資の社会的妥協が形成されていたからである。こうして、ロボットの導入による職場や仕事内容の変更、需要変動による労働時間の調整が、正規労働の間で、また様々な非正規労働に対する身分的なヒエラルキーのなかで、実に柔軟に展開された。このようなフレキシブルな労働動員は、しかし、労働者に過重な負担を強いるシステムでもあり、やがて八〇年代には過労死という日本的な現象となって現れた。こうして、個別企業の生産現場におけるME化とそれに照応した企業内労働動員によるフレキシブルな生産システムは、七〇年代以降の硬直的な量産体制を突破するひとつの試みではあったが、日本型生産システムに特有の決定的な限界を持っていた。

ところが、九〇年代に入って社会主義の消滅とグローバルな市場経済化が進行する中で、グローバル市場の不確実な需要に対応するためのフレキシブルな生産システムは、個別企業内部でのME

化やFMSとしてではなく、自律分散型のコンピュータ・ネットワークを通じた企業間・産業間のフレキシブルなシステムとして展開し始めた。それを可能にした技術革新がIT革命である。いわば、ME革命からIT革命への転換である。この転換にともなって、生産のフレキシビリティが求められる空間は工場や個別企業内部の閉じられた組織ではなく、生産と流通のグローバルなネットワークへと移動した（野口真［二〇〇〇］一九二頁）。八〇年代までその威力を発揮した「企業城下町」内部での日本型フレキシビリティはインターネットによって全世界に開かれた情報ネットワークのフレキシビリティによって完全に乗り越えられたのである。生産資本循環のグローバルな情報ネットワーク化の展開である。

4 サイバー資本主義

今日、この情報ネットワークによるグローバル資本主義は生産資本循環の過程だけでなく、貨幣資本循環においてよりドラスティックに展開し、実体経済の著しいマネー経済化を促進している。為替・株式・債券などの各国金融市場が情報ネットワークによってひとつに連結され、膨大なマネーが瞬時に世界を駆けめぐるという文字どおりのサイバー資本主義である。しかも、マネー経済の規模は実体経済のそれをはるかに越えて肥大化している。この背景には、言うまでもなく、デリバティブを扱うヘッジファンドなどの投機的活動がある。デリバティブは、いわばITで武装した先端的金融工学の華ともいうべきものだが、株式・債券・為替などの金融取引にともなうリスクや損失を最小化するために開発された。それは情報ネットワーク技術を前提として成り立つ金融ビジネスである。

もちろんリスクや損失の最小化それ自体は、生産資本が市場の不確実性を回避するために行う当然の経済行為である。資本主義的市場経済においては商品による商品の生産が一般化するから、原材料や製品の価格変動は生産資本の正常な循環にとって決定的に重要である。この価格変動に適切に対処し得なければ、循環そのものが麻痺する。このリスクを回避するには、生産者は将来の価格の予想に応じて原材料の仕入れや製品の在庫を調整しなければならない。

「価値関係が不変な場合に限り、資本の循環過程が正常に進行する。攪乱が大きければそれだけ、産業資本家はそれを相殺するための貨幣資本を多く持たなければならない。また生産過程の規模が拡大するなら、資本の最低量も拡大する。こうした事情は産業資本家の機能を自立的な貨幣資本家の専門的仕事に転化させる」（マルクス『資本』第二巻）。

このように、市場経済の不確実性にともなうリスク回避や生産拡大の資金調達を商品化したものが金融商品である。金融市場とは、いわば生産資本循環が必然的に含むリスク回避の要請を切り離して商品化し、それを専門的な貨幣資本家＝投機家に委ねる仕組みである（岩井克人［二〇〇〇］二七頁）。デリバティブなど、ＩＴを武器に開発された先端的金融技術もこの文脈で生み出されたものであり、資本循環そのものが要請する商品である。

ところが今日、この金融技術が資本循環の実体的運動から乖離し、貨幣資本の自己増殖手段として一人歩きし、金融の肥大化を招いている。たとえば、世界の貿易額は年間約六兆ドルであるが、世界の外国為替取引額は一日だけで一兆六〇〇〇億ドルを上回る。年間では六〇〇兆ドルにも達する。財やサービスの取引額を一〇〇倍以上も上回るマネーが循環していることになる。このことは、貨幣資本の大部分が金融市場の中だけで循環し、生産や消費の市場には限定的にしか流れないということを意味する。貨幣資本循環は今や一つの独立した世界を形成し、生産資本循環から完全に切り離されている（コーテン［一九九七］二三八頁）。

だが、貨幣資本循環と生産資本循環が乖離しただけではない。貨幣資本循環が著しくカジノ化し、逆に生産資本の循環形態を大きく変容させている。私たちはそれをマネー経済による実体経済の攪乱として、ポンド危機からアジア通貨危機にいたる国際通貨危機の中で経験してきた。農産物であれ工業製品であれ、生産資本の循環は原材料・生産設備・労働力などの調達を前提し、さらに完成品の販売を経ることによって新しい循環が開始される。しかも、この循環過程はその背後に長期にわたる社会的再生産の迂回過程がある。たとえ一つの小さな部品であっても、それが生産過程に組み込まれるまでには多くの段階を経なければならない。そこに生産的投資の市場が形成される。この市場とならんで、生産資本にとって決定的に重要なのは労働市場である。当然のことだが、労働力は資本の生産過程で生産されるわけではない。それは家族や学校など、資本の生産過程から相対的に自立した社会的諸制度と文化的伝統の中で、しかも数十年の期間を要して再生産される。

ところが、巨大な貨幣資本循環がサイバー空間を瞬時に移動し、短期間に巨額の利益を生み出すというカジノ経済の中で、貨幣資本に代弁される市場の声が生産資本の循環を支配するようになる。たとえば、こうである。

「デュポン社は、一九九三年九月一四日、化学部門で働く四五〇〇人のアメリカ従業員を、コスト削減のために翌年半ばまでに解雇すると発表した。四五〇〇世帯が大事な収入の道を絶たれて途方に暮れる一方、金融市場はこの人員整理を好感した。世界中に一三万三〇〇〇人いる同社の従業員を九〇〇〇人削減する計画の一環だった。これにより、年間三〇億ドルのコストが削減される。

この発表が行われた日、デュポンの株価は一ドル七五セントも上昇した」(コーテン[一九九七]二七四頁)

逆に、雇用を守ると発表したトヨタは「市場の声」によって格下げを宣告され、自らの立場を弁明せざるをえなかった。もちろん、独特のオストラシスムを含むトヨタの差別的雇用システムは改革されるべき重大な問題を抱えている。だが、貨幣資本にとっては、それはどうでもよい。生産資本の収益体質が貨幣資本の要請に適っているかどうかが問題であるにすぎない。だから、生産資本は株式市場に好感されるための人員整理を実行する。

グローバル資本主義において肥大化した現代の貨幣資本はモノの生産という中間項を飛び越えて(G…G′)、数時間か数日、長くても数週間という短いサイクルで増殖しようとする。それは生産的投資に対して循環の短期化とスピード経営を押し付ける。それはまた労働市場を流動化させる。必要なときに必要な労働力を調達するというフレキシブルな労働市場である。必要なときに必要なものをという原則は、かつて生産資本が部品調達の効率化のために自らの循環過程に組み込んだ方式だが、今や労働力の効率的調達方式として定着しつつある。それはカジノ化した貨幣資本の循環が労働市場に向かって要請するシステムとなっている。こうして、派遣・パートなどが、スピード経営に対応した柔軟な雇用形態として展開する。ＩＴ革命はこのような市場の声に応える格好の技術的基礎としての役割を果たしている。

とはいえ、貨幣資本循環と生産資本循環の対立は絶対的なものではない。生産資本循環はそれ自身が価値増殖のひとつの形態であり、貨幣資本循環との競争的協調関係を保ちつつ、生産性の上昇と利潤機会の増大に向けて疾走する。こうして、資本循環の最深部における賃労働関係に深刻な危機を生み出す。

5 情報ネットワーク化と賃労働関係の危機

すでに述べたように、企業はいま猛烈な勢いでダウンサイジングを推し進めている。そして、情報ネットワークとしての再統合を図っている。そこでは取引コストの削減を可能にする企業組織の再編が決定的な問題となっている。情報技術革命は市場の「取引コスト」を引き下げ(5)、企業組織の在り方を変えることによって、新たな生産性上昇の技術的基礎を提供するからである。

市場は価格情報と自己責任を基本とする競争経済だが、企業はこの市場競争を勝ち抜くために組織を作って行動する。人材や原料を市場から調達するための組織、生産された製品を販売するための広告宣伝やマーケティングの組織、さらに市場交渉や契約やそのモニターなどのための組織などである。そのため企業は組織を拡大し、市場を開拓し、それを通じて利益を確保する。しかし、このような企業の組織化には膨大なコストを要する。それが市場経済のコミュニケーションに伴う「取引コスト」である。

ところが、インターネットに代表される情報ネットワーク化が世界をカバーするようになったことで、企業には従来のような大きな組織を作る必要性が薄れてきた。組織をもたない「点」という比喩が決して的外れではない状況である。今日、事業の再構築（リストラクチャリング）の一環として分社化やアウトソーシングが展開され、またインターネット通販やSOHO（スモールオフィス・ホームオフィス）の活躍が注目されているが、これらは組織なしに情報を効率よく高速で扱えるネットワーク型の情報インフラが整備されてきたために可能になったものである。いわば、「インターネットは市場をより完全なものにする」（金子・松岡・下河辺［一九九八］六四頁）という可能性が出てきたわけである。(6) このように、インターネットが取引コストを下げ、組織の必要性を低下させてきたことは、企業にとって多くの人を抱えておく必要性も低下したということを意味する。こうしてリストラと人員削減が同時進行し、労働環境は大きく変化している。

今日ではアウトソーシングは企業のダウンサイジングと経営効率化の柱となっているが、その意味は外部委託が可能になるほど労働が平準化したということである。情報技術は製造現場を越えて、事務・販売・マーケティング・管理などホワイトカラーのすべての部門を巻き込んで進展し、多くの仕事は急速にマニュアル化されている。バーコードをなぞるだけの定型的な労働や事務文書のファイリングなど、新人でもその日のうちに仕事につけるようにマニュアル化した労働が、どこの職場でも常態となっている。と同時に、労働が平準化された職場では、従来型の中間管理職は不要になる。これまで中間管理職はヒトを通じた情報の結節点としての役割を果たしてきたが、情報ネットワーク化はトップとヒラを直接に結びつける。たとえば、こうである。

「コミュニケーション手段は目的に応じて使い分ける。社員いっせいに伝える場合は電子メール、感情を交えて伝えたい場合は肉筆のファックス、相手を説得する時には対面で臨む」（ジャック・ウェルチGE会長、日本経済新聞二〇〇〇年二月二一日）。

ここでは中間管理職は限りなくゼロになる。日本の企業の多くは、まだこのはるか手前で止まっている。だから、アメリカン・スタンダードの生産資本にとっては、情報ネットワーク化に立ち遅れた日本のサラリーマンの仕事振りこそ日本企業の生産性が低い最大の理由になる。つまり、「日本の大企業の中間管理職など平均的なホワイトカラーは、情報交換を紙に頼っているため資料を探すのに手間取り、その結果就業時間の二時間半を単なる資料整理に費やしている」(同)というわけである。ともあれ、情報ネットワーク化はこのホワイトカラー層の雇用を直撃することになる。九〇年代のアメリカの雇用統計が、それを先取り的に示している。

寺島実郎[二〇〇一]によれば、現在のアメリカの雇用状況は「失業率は低下しているが、レイオフ(人員整理)は減らないという構図」を特徴としているが、それは次のような事情による。アメリカの失業率は九二年の七・五%から九九年には四・一%にまで低下したが、これは実数では六〇〇万人近くの雇用増になる。他方、この間にアメリカの大企業たるフォーチュン五〇社は中間管理職を中心として三〇〇万人以上の凄まじい人員削減を実現した。それでも全体で三〇〇万人の雇用増である。これによって年収三〇〇万ドル前後のチープジョッブは山ほど増えた。しかし、年収八〇〇万以上のアッパーミドルが満足する仕事は増えていない。こうして、リストラの嵐が吹き荒れる中での失業率低下という奇妙な事態が進行する。寺島は次のように結論づける。

「単純化していえば、IT革命を利用した新資本主義が理想とする企業経営体制は、少数の経営者とそれを取り巻く高度な専門スタッフ(MBA、弁護士、システム開発者など)と大多数のマニュアルに沿って現場を支える単純労働者群とによって構成される。近年ではブルーカラー(肉体労働者)、ホワイトカラーに並んで『カーキカラー(システム管理者)』が増加しつつあるが、これとて高度専門スタッフの仲間に入れるわけではない」(三二頁)

こうして、グローバル資本主義の先に展望される社会の姿が浮かび上がってくる。それは、第一章で述べたように、賃金生活者が二極に分裂した砂時計型の社会である。中央部分がくびれて狭くなり、少数のエリートからなる上層部分と大量のノン・エリートで構成される下層部分へと両極に分裂した状態である。社会の上層部分はＩＴ革命の専門家、システムの構想と決定の権限を握る精鋭部隊、ビジネスとしての仕事に賭ける攻撃的頭脳集団として、ＩＴ革命と生産性上昇の成果を特権的に享受する。彼らは競争の勝利者である。他方、中央部分に位置する人びとは正規雇用ではあっても、特別の専門能力をもたないゼネラリスト集団で、二極分解の進展につれてその地位も次第に不安定化する。そして、この中央部分から脱落した非正規の定型的なマニュアル労働集団や失業者との競争にさらされる。こうして「ダウンサイジングと権力の集中」（コーテン［一九九七］二七四頁）が進展する。ここでは生産性上昇の成果が所得上昇として賃労働に配分されることは、もはやありえない。「デジタル・デバイド」という最近の現象に、それを見ることができる。[7]だが、このようなＩＴ革命に支えられたグローバル資本主義とそれが生み出す賃労働関係の危機は、私たちにとって選択の余地のない宿命というわけではない。

6　社会的労働運動の再生

ＩＴ革命と市場経済化ばかりがクローズアップされるアメリカにおいて、それに異議を唱える潮流が労働運動においても力を増しつつある。労働運動の新たな挑戦が始まっているといえよう。白人男性正社員が主導する労働運動というイメージを一新し、女性や非白人系の人びとを大量に幹部に登用し、労働運動版「ガラスの天井」を突き破りつつある。「パンとバター」だけでなく、「人間の尊厳と正義 dignity and justice」を追求する「社会的労働運動」として、労働運動は再生しようとしている。[8]市民社会に開かれた労働運動である。労働組合の組織率も上昇に転じている。

アメリカの労働運動は五〇年代半ばに三五％の組織率を誇ったが、七〇年代以降急速に組織率を低下させ、九〇年代には一五％台にまで落ち込んだ。その理由はグローバル資本主義の動向に適切に対処し得なかったことにある。すでに述べたように、アメリカ企業はグローバルな市場経済化と情報ネットワーク化の下で、あくなきダウンサイジングを推し進めた。この過程で解雇された労働者の多くは、正規雇用からパート・派遣などの不安定労働者になることを強いられた（仲野組子［二〇〇〇］を参照）。「テンプ・スレーブ temp-slave」と呼ばれる短期派遣の労働者はアメリカの労働人口の二〇％近くを占めるまでになっている。ニュー・エコノミー・バブルの下、企業収益は上昇し、失業率も目立って減少し、ＩＴ革命の波に乗った新しいアメリカンドリームが囃し立てられた。その背後で急増した不安定雇用層の賃金は、平均して従来の五〇％に満たないという状態に落ち込んでいる。富の著しい不均衡が拡大している。労働組合はグローバル資本主義がもたらすこの現実に対応できなかった。労働運動が社会的影響力を喪失した最大の原因は、そこにある。

戦闘的なジョン・スウィーニー執行部が指導する新しいＡＦＬ－ＣＩＯが課題としたのは、このようなグローバル資本主義への対抗戦略の構築であった。新しい労働運動のメッセージは、だから、端的に「グローバル資本主義に対する挑戦」である。グレゴリー・マンツィオス［一九九九］編集の『二一世紀に向けた新しい労働運動』は、その意気込みを伝えている。そこには労働運動を再生させるための最重要課題として、①パート・派遣などの未組織労働者を組織すること、②女性やマイノリティが対等に参加できる体制と理念を構築すること、③政治社会のヘゲモニーを獲得すると同時に、地域社会に根を下ろすこと、そして④経済のグローバル化に挑戦し、労働者の国境を越えた連帯を構築することの四点が掲げられている（四頁）。つまり、「ビジネス・ユニオニズムから社会運動的な労働運動への転換」、そして「新自由主義型のグローバル化」に対抗するグローバルな労働運動の構築である。

一九九七年に展開されたＵＰＳ（ユナイテッド・パーセル・サービス）のストライキは、この新しい労働運動が成果を上げた注目すべき闘争のひとつであった。ＵＰＳ労働者約三四万人のうち、六〇％（二〇万人）はパートタイム・ベースで働く「テンプス」である。その賃金はフルタイム労働者の約半分。しかも週二〇時間に満たない労働は不規則な時間帯に設定され、三カ月後にはなくなるといった状況で、カンバン方式で調達されるフレキシブル労働形態の典型であった。それゆえ、パートタイムの待遇問題が闘争の焦点となり、パートタイム労働者を中心に約一八万五〇〇〇人が参加した。ストライキを含めた二週間の闘争の結果、組合側はその要求をほぼ完全に勝ち取り、①正社員化の促進、②正社員とパートタイム社員の時給引き上げ、③退職年金の引き上げ、④外注下請けの抑制などが合意された。

このストが成功した第一の理由は、全米の世論がこの闘争を支持したことにある。ダウンサイジングの嵐と不安定雇用の激増という現実にアメリカ国民の多くが「ノー」の意思表示をしたのである。争われているものは、パンとバターだけではない。パートタイム労働を強いられる「人間の尊厳と正義」である。これを問うことが「社会運動的な労働運動」の柱となる。ＵＰＳに限らずアメリカでは、八〇年代以降の規制緩和の過程で契約労働制など労働のカンバン化が進行し、雇用関係が著しく不安定化していた。また、好況にもかかわらず若年層世帯を中心に実質賃金が低下し、所得格差は拡大していた。こうした傾向に対してはフェアでないとの批判が市民の間に浸透していたが、これまでＡＦＬ－ＣＩＯもそれに対する対応が十分でなかった。労働の多様化と流動化の流れに対処しうる新しい労働運動と制度設計が要請されていたのである。

もうひとつは、国際的な連帯を闘争の柱に据えたことである（マズアー［二〇〇〇］）。UPSはアメリカにとどまらず、ヨーロッパ各地からカナダ、ブラジルなどグローバルに展開する。当然、労働側もグローバルな連帯のネットワークを構築しなければならない。グローバル資本主義のもとでは、生産拠点が地球の反対側に移されるだけで、労働者は地球の両側で互いに競争を強いられることになる。先進諸国の労働者は途上諸国の児童労働や強制労働と競争させられ、労働条件の一層の悪化を招く。だから、グローバル資本主義に挑戦する労働運動は「人間の尊厳と正義」のための社会基準をグローバル化するという課題の前に立たされる。

UPSの労働争議が提起した問題は教訓的である。それは労働のパートタイム化などによる経営のダウンサイジングだけでは、二一世紀に向けて企業が長期的に生命力を維持することはできないということである。桑原靖夫［一九九七］は次のように指摘する。現代企業の重要な課題は、生産性向上・競争力確保・組織の柔軟化という経営目標と仕事における生きがいや充足感など労働の個人的・共同的意味の創造という労働側の欲求との間にいかに折り合いをつけるかということである。その制度設計のためには働く者の「公正」と「参加」の仕組みが確立されなければならない。それは狭い意味での企業内組織の問題にとどまらない。ましてや経営者と株主の関係だけの問題ではない。広く顧客・消費者・地域社会など多様な利害関係者を包含する「コーポレート・ガバナンスの問題」として追求されるべきである。つまり市民社会に開かれた企業統治の確立であり、それが企業の持続的生命力の源泉ともなる。規制緩和とリストラばかりが注目されるが、アメリカでもこのような方向で「新しい企業像を再構築する実験的試み」（七五頁）が真摯に模索されてきた。それは利潤と効率性だけでなく、それ以外の多様な基準を包摂しつつ多元的で複合的な経済空間を構築することであり、新たな市民社会形成の中に市場経済を織り込む試みである。労働者層の二極分化と経営権力の集中ではなく、働く人々の間における労働の公正さと対等な参加を可能にする企業組織こそ、グローバル化時代にふさわしい。

実は、このような動きは大西洋を越えて呼応しあっている。UPS闘争に先立つ六月のデンバーサミットでは、アメリカ経済の活況を「市場主導の民主主義の成功」と自画自賛したクリントンに対して、フランスのシラクは「われわれはアメリカ・モデルを採用しない」と応答した。ドイツのコールも市民社会主導の「社会的市場経済」の構築をめざすと反論した。そして、UPS労組のストライキの勝利を、パリの『インターナショナル・ヘラルド・トリビューン』紙は「ヨーロッパの社会政策の正しさが証明された」と歓迎した。明らかに、ヨーロッパは「新自由主義型のグローバル化」によるアメリカ・モデルの布教に対して、明確にノーの意思表示をしている。市場中心主義に擦り寄っているイギリスのブレア政権でさえも、EUの社会政策にそってパート労働者の権利保護や公正労働基準の法制化をめざしている。(9)

このように、新しい労働運動はグローバル資本主義に対してグローバル化されるべき新しい問いを提起している。第一に、賃労働関係を市場化するグローバル資本主義は労働社会に深刻な二極分化をもたらし、人間の尊厳と正義を破壊する。それゆえ、労働における人間の尊厳と社会的公正を実現する新たな協力のネットワークづくりが求められているということ。第二に、労働における協力のネットワークづくりは市民社会に対して開かれたものでなければならないということ。「パンとバター」の労働運動をこえて、新しいコミュニティづくりの一翼を担いうる運動が求められている。それは二〇世紀のライフスタイルを変革する新しい市民的公共空間の創造である。

7　労働における協力のネットワーク

労働運動の基本的課題は、個々人に弱肉強食の競争を強いる市場経済に対して自らの生存を守るための社会的セーフティーネットを構築することにある。事実、二〇世紀初頭には、市場経済が伝統的な社会の絆を解体して行く一方で、新たな社会的セーフティーネットが働く人たちの連帯と闘争の中から作り上げられ、制度化されていった。労働基本権の確立や労働組合の合法化、さらに各種保険制度などである。これらの社会的セーフティーネットを背景に、労働組合は企業内の正規労働者を中心に生産性上昇に見合った賃金引き上げを要求することで、その役割を果たしてきた。

しかし八〇年代以降、市場経済化と情報ネットワーク化が進展する中で、従来の社会的セーフティーネットが徐々にほころび始めてきた。すでに述べたように、情報ネットワーク化は企業経営のイニシアティブを経営者側に集中する一方で、労働のテーラー主義的細分化と専門化を徹底する方向で作用している。そして、働く人々も意志決定や研究開発に関わる少数の中枢エリート部分と職場で参加を認められない大多数の定型的労働部分に二分され、後者は派遣・パートなど労働市場から臨時に調達される不安定雇用層を形成している。さらに、市場経済化の流れの中で労働市場の流動化が一段と進み、労務管理専門の請け負い企業に転籍して働く「リース社員」や企業にプロジェクトごとに雇われる「契約労働者」などの非正社員層が増加してきた。このように従来型の労働組合から漏れる大量の労働層が出現して労働者間の市場競争が激化し、賃金や雇用は短期的生産性や収益に応じて変動するようになってきた。

そのため労働運動も派遣・パートなど企業外の不安定雇用者や既存の企業から自立して多様な働

き方をする人々との協力のネットワークをつくることが緊急の課題となっている。また、ＩＴ革命の進展にともなう労働生産性の上昇は雇用労働の減少を意味するから、情報リテラシーの向上など新しい熟練形成や企業の枠を超えたワークシェアリングの仕組みを、社会全体の制度として構築する必要がある。さらに、働く側の方にも多様な働き方が広がっており、単なる賃金所得の引き上げや雇用それ自体よりも、自由時間の増大やマネーに換算されない働き方を求める傾向が高まっている。雇用の内容も問われており、社会的に有用な働き方が重要なテーマになっている。

要するに、労働運動はグローバル資本主義が生み出す新たな課題に挑戦することを要請されている。労働運動が単なる雇用確保と所得引き上げの枠にとどまるなら、二〇世紀のフォード主義的発展様式がそうであったように、その帰結は所得獲得労働へののめり込みと消費欲望の無限増殖および際限のない資源収奪と大量廃棄という悪循環でしかない。そして、この悪循環こそ私たちの最後の生命維持装置である地球環境の危機を引き起こしている。だから、労働における協力のネットワークづくりは、同時に、二一世紀の維持可能な生活スタイルの構築とそれを支える市民的公共空間の創造でなければならない。「パンとバター」の労働運動をこえて、またジェンダーフリーな働き方と暮ら方を創造しつつ、職場や社会への積極的な市民参加を目指す。労働時間短縮とワークシェアリングはその基本的前提条件である。これは単なる道徳的要請でもなければ、ましてや私的な余暇時間の拡大だけを意味するのでもない。時間主権の回復を通じて、二〇世紀のフォード主義的発展様式を克服するという試みである。(10) この意味で、二一世紀の労働運動は市民社会に開かれた運動であることを要請されている。それは、何よりもまず、新しいコミュニティづくりの一翼を担うことである。

8 地域社会における協力のネットワーク

二〇世紀を通じて、私たちの多くはコミュニティなしの暮らしを送ってきた。言い換えるなら、暮らしの根幹を国家と資本に預けてきた。たとえば、地域社会は中央政府の補助金で産業基盤を整備し、中央の大資本を誘致することによって経済開発をするというスタイルである。発展途上諸国が先進諸国からの借金に依存して行ってきた「外来型発展」と同じである。経済のグローバル化の中で、この発展戦略は完全に失敗した。短期的利益を目当てに移動する先進諸国のマネーが途上諸国の実体経済を攪乱したように、中央のマネーはいつでも地方から撤退し、失業と不良資産だけを残して、過疎化に拍車をかける。他方、私たちの暮らしの場における社会的セーフティーネットは福祉国家のシステムに支えられていた。このシステムは中央政府が市場競争での勝率に応じて累進的に租税を課し、それを一律に再分配するという所得再分配的な社会保障を柱にしていた。だが、これは政府が国境を管理することができてはじめて可能なシステムである。国民国家の閉鎖的な枠組みを前提にしているのだ。グローバル資本主義がこの枠組みを揺るがしているがゆえに、福祉国家システムに依存した従来の社会的セーフティーネットはいま機能不全を起こしている。

グローバル資本主義が地域経済を置き去りにし、福祉国家のセーフティーネット機能が行き詰まりを見せる中で、資本と国家から自律した新しい福祉社会と経済を形成しようとする運動がグローバルに展開している。第一に、従来の所得再分配的な福祉国家のシステムに代えて、身近なコミュニティに範囲を絞った「現物サービス給付による社会的セーフティーネット」(神野直彦［一九九九］二七六頁）という新しい福祉社会のシステムが構想される。ここでいう「現物サービス給付」

とは、家事・育児から教育・福祉・医療、さらには山林保全や共同施設の維持管理など、家族や地域社会のボランタリーな協力関係で行われる多様なサービスである。これらのサービスの一部分は、従来は政府の公共政策や所得保障の形で提供されてきたが、圧倒的に多くの部分は家庭や地域の家事労働やボランティア・相互扶助といったように、主として無償労働（アンペイド・ワーク）の形で行われている。しかも、そうしたサービスは個々の生活実態や地域の個別事情に応じてフェイス・ツー・フェイスで行われる必要があるものだ。それは大きな中央政府による一律の供給では本来的に不可能である。地域社会の実態を把握できる身近な地方自治体や地域の市民団体の方がより効率的に、しかも実態に合った形で供給できる。このような福祉社会のシステムを支えるものとして、「ワークフェア」という協力原理が提起されている（池上岳彦［一九九九］二三二頁）。地域社会が必要とする多様なサービス供給のためのワークに個々の市民が等しく参加するということを原則にしつつ、それに参加しないことによって得られた私的な利益にはその所得額に比例して地方税を課し、地方政府がサービスを保障するというのが、「ワークフェア」の協力原理である。経済のグローバル化と情報ネットワーク化にともなって国民国家の徴税権そのものが揺らぎつつある現在、累進課税制度を柱にした所得再分配的社会保障に代えて、このような市民の協力原理に基づく新しい社会的セーフティーネットづくりこそが、二一世紀の新しい生活スタイルを築くための課題である。

第二に、市民参加のコミュニティは、自律的産業基盤の形成に支えられる必要がある。これまでのような中央政府の補助金や中央の大資本の誘致による画一的開発ではなく、地域がもつ独自な資源や人材を生かし、地域の自然環境や暮らしのアメニティを向上させるような発展戦略が模索されている。その重要な担い手として、コミュニティ・ビジネスがある。[11] 地域に住まう人々を主体として自律的な地域づくりをするというビジネスである。市民社会を形成するビジネスといってもよい。「産業クラスター」という内発的発展は、こうしたコミュニティ・ビジネスを基礎として初めて意味をもつ。地域独自の資源を活用した産業を核とし、その周辺に従来の農工商などの産業分類とは異なる多様な産業連関をブドウの房のように形成するというコミュニティづくりである。このようなコミュニティ・ビジネスの両輪を成すものとして、エコマネーなどの新しい地域通貨システムを位置づけることができる。市場経済に馴染まないが、しかし社会的に必要なサービスを、地域の協力原理で提供しあうというシステムである。九〇年代に入って急速に成長し、通貨危機の中であらためてクローズアップされるようになった。このシステムで流通する貨幣は、それを蓄えることに意味がない貨幣であり、あくまで地域内部にとどまって地域のコミュニケーションを活性化するメディアとしてのみ機能する。それゆえ、ヘッジファンド主導のカジノ化した貨幣資本循環からコミュニティの経済をヘッジするという機能も果たす。情報ネットワーク化の今日では、電子マネーを利用しつつ、より普遍性を備えた地域独自の通貨圏を構想し、またエコロジーやジェンダーなどのテーマに特化したグローバルな通貨圏を創造するという試みも出ている。[12] こうした通貨システムは、グローバルに思考しつつ地域に根ざした働き方や暮らし方を創造するための社会的セーフティーネットとして機能しうる。

EUが通貨統合を目指してきた背景には、グローバルな規模での市場経済化と産業構造や社会基盤の情報ネットワーク化に対応するためには、国民国家の枠組みを一段上のリージョナルなレベル（ヨーロッパ連合）に組み替えなければならないという認識があった。そのEUは、同時に地方分権を推進しつつ、ローカルなレベルでの社会的セーフティーネットの張り替えとNPOや多様な市民的協同組合が主体になった新しい「社会的経済（エコノミー・ソシアル）」の形成に取り組んでいる[13]。その推進組織は市場経済に参加しつつも、価格に反映されない社会の多様な価値（暮らしやすい地域、快適な自然環境など）を創造する新しい働き方を目指している。コミュニティに基礎を置いた「多元的経済」、あるいは連帯経済づくりである。

このように、グローバルに思考しつつ地域に根ざした働き方や暮らし方を創造するための社会的セーフティーネットづくりは、グローバル資本主義が勢いを増す中で、あらためてグローバルに提起されてきた問題である。それは従来の所得再分配的な福祉国家体制やそれを前提した雇用保障ではなく、グローバルな市場経済化と情報ネットワーク化に対応して、国民国家の枠組みを越えた新しい制度づくりであり、新しい社会形成の動きである。事実、そのような市民社会形成を模索する動きが着実に力を蓄えてきている。そして、これこそが、二一世紀を持続可能なものにするオルタナティブな選択肢であり、「社会的労働運動」の目標でもある。労働時間短縮と社会的なワークシェアリングは、このような地域社会における新しい協力のネットワークを生み出す基礎になると同時に、逆に後者は労働における協力のネットワークを支える社会的セーフティーネットとなる。

結語にかえて——多元的市民社会の創造へ

今日、グローバルな市場化と国民国家の揺らぎの中で、市場や政府では対応できない社会問題に柔軟に取り組む新しい組織が力を蓄えてきている。NPO・NGO、さらに従来の労働組合から自律して市民社会に開かれた労働運動をめざす組織である。これらの市民的諸団体は、労働・女性・

介護・福祉・環境など、実に多様な分野にわたってそれぞれ独自の問題に取り組みつつ、しかも相互にネットワーク化し、さながら複合的な情報ネットワーク社会とでもいえる空間を形成している。そのネットワーク社会をレスター・サラモンは「市民社会」と定義している（朝日新聞一九九九年一二月五日）。そして、二一世紀が「市民社会の世紀」になると展望して、その理由を次のように分析している。第一に、多くの人々が現代の様々な社会問題に取り組む過程で、それらの問題に対する解決能力という点で、大きな政府の行政的手法に疑問が提起されてきた。第二に、市場が切り捨てる多様な社会価値こそ、今日の多くの人々が希求するものとなっていること。そして何よりも第三に、情報ネットワークの発展によって、都市でも地方でも、また国境を越えて、多様な社会問題に取り組むためのネットワークを形成できる環境が整ってきたことである。

今、インターネット上では「ネットワーク・コミュニティ」という新しい社会空間が無数に誕生している。多くの市民や多様な市民団体がホームページを開設し、メーリング・リストやフォーラムをつくり、グループ内部で、また異なったグループ相互間で、そして企業や自治体と連携を図りながら、身近な社会問題に取り組んでいる。その社会運動は、コミュニティ・ビジネスとエコマネーによる地域コミュニティの再生、障害者との共生やグローバル支援のネットワーク、グローバルマネーに介入する市民の対抗運動、多様な非正規労働者のネットワークなど、ジェンダー／エコロジー／エスニシティを横断して、目的も活動分野も多彩に展開されている。それらはインターネット上に形成された「もうひとつの市民社会」のようでもある。(14)

今日、ＩＴ革命はグローバル資本主義の技術的基礎として資本の循環＝蓄積過程に深く組み込まれている。それは人々の伝統的コミュニケーションを寸断し、孤立化させ、ナルシズム的欲望増殖の装置として機能している。しかし同時に、それはこれまで資本や国家が独占していた情報や知識を社会に解放し、個人が能動的に情報発信する能力を飛躍的に増大させ、そのことによってグローバル資本主義が生み出す問題の解決も可能にしつつある。高度な情報リテラシーをもつ「自己内省的個人」の形成とそれを媒介とした新しい市民的な問題解決、すなわち「シビル・ソリューション」である。それは直ちに国民国家に代わるものではないし、市場経済を無用にするというものでもない。むしろ、「国民」や「価格」に一元化されない人びとの多様な生き方と多元的な経済社会、その意味での「多元的市民社会」（斉藤日出治［一九九九］）の可能性を提起する。が、その現実性はあくまでも私たち一人ひとりの市民の力量にかかっている。

第3章　ポスト・フォード主義と時間主権の回復——マルクスの自由時間論と現代

はじめに

現代の資本主義は自らの構造的リストラを遂行しつつ、劇的に変容しつつある。フォード主義的発展様式からの離脱である。この発展様式は二〇世紀における資本主義の典型的な形態であったが、一九七〇年代に重大な構造的危機に直面したのち、一九八〇年代の中頃には、少なくとも世界経済の中心部は新たな方向を模索し始めた。八〇年代のレーガノミックスとサッチャーリズムがその嚆矢となったが、類似した諸政策は、社会民主主義の西ヨーロッパ諸国においても、またバブル経済下の日本においても展開された。さらには、多くの開発途上諸国では国際通貨基金をはじめ世界的金融機関の指図によって構造調整が強制された。このリストラは冷戦体制の最後の闘争局面で遂行されたものだが、ソ連の崩壊とともに、旧社会主義諸国を巻き込んで展開した。かくして、冷戦構造の終焉とともに、現代の資本主義は政治的経済的闘争での勝利を経て、グローバルな規模で社会的文化的ヘゲモニーを掌握しつつあるかに見える。現在、その支配的な潮流は、アメリカに先導された「自由主義的生産第一主義」[1]として展開している。

だが、この潮流は二〇世紀のフォード主義が直面した矛盾と危機を克服したわけではない。それどころか、むしろそれらをグローバルな規模で増幅しつつある。その矛盾と危機は、賃労働関係における分断化と過剰消費によるエコロジー危機として顕在化している。それゆえ、今日、フォード主義からの離脱を目指す現代資本主義の方向性に対して、オルタナティブなポスト・フォード主義的発展様式を提起するということが重要である。その作業の鍵となる概念は「自由時間」であり、その方向性は「時間主権」(平田清明［一九九三］三四九頁)を実現しうる新たな市民的社会空間の形成にある。すなわち、自由時間を基礎とする新たな発展様式の構築こそが、二一世紀における人類の持続可能性を保証する。そして、一九世紀に生きたマルクスが「資本主義的生産＝および交通様式の変革」において構想したことも、自由時間を人類の富としうる新たな発展様式と社会空間の形成であった。

以上の視点に立って、第一節では、マルクスの自由時間論の内容を要約し、マルクスにとってのポスト資本主義の構想が自由時間を基礎とする発展様式にあることを提示しよう。続いて第二節では、フォード主義的発展様式と消費社会との関連を考察する。二〇世紀の資本主義は賃労働関係の歴史的変革を通じて消費社会を創造し、フォード主義的発展様式として進化した。この発展様式の特徴は、「過剰労働と過剰消費の循環」としての「消費社会」[2]を構造化することによって自らのダイナミズムを獲得するという点にある。だが、その背後では、マルクスのいう「自由処分可能時間」の「過剰労働時間」への転化が進行し、賃労働関係に深刻な危機が生じる。そして更に、エコロジー危機が深刻化している。この二つの危機を克服する道は、自由時間を基礎とする新たな発展様式の構築以外にありえない。それゆえ第三節では、自由時間の回復をめぐる社会闘争が今日どのように展開しているかを考察し、二一世紀の持続可能な社会の可能性を展望する。

1 自由時間の歴史理論

❶「固定資本の発展」と「社会的個人」

マルクスが自由時間論を本格的に提起したのは、『資本』の最初の草稿となる『経済学批判要綱』においてである。[3] 彼が『要綱』を書きとどめていた一八五〇年代は、イギリスを中心とするヨーロッパ資本主義が機械と大工業を基礎として労働生産力を発展させ、全地球的規模での世界市場を確立した時代であった。それゆえマルクスは資本の運動のグローバルな展開を機械と大工業のシステムとの密接な関連において分析する。その分析を根底で支えているものは、資本循環の視点である。マルクスは、疾風怒涛のごとく全地球を駆け巡る資本の運動を表象しつつ、資本循環は「空間と時間において進行する」と書き記す（Ⅲ、四七〇頁）[4]。資本は生産と流通を経過しつつ、不断に循環運動を繰り返す。そして、この運動において自己増殖を遂げる。静止状態の資本というのは、それ自体形容矛盾である。だが他方、資本は剰余価値生産のために生産過程にとどまり、流通過程において価値を実現しなければならない。

一方で、資本は剰余価値の生産を目的として、社会に存在する労働資源を可能な限り多く動員する。資本にとって人間はすべて「単なる労働者」でしかなく、「人間の生活時間すべてを労働時間として措定する」（Ⅲ、六五一頁）。資本にとっては労働のみが富の唯一の源泉だからである。しかし、剰余価値は総労働時間中の剰余労働時間部分においてのみ生産されるのであり、それ以外の時間は「剰余労働を産出するための必要労働時間」である。この必要労働時間は、資本の下に包摂された商品としての労働力が自らを再生産するために必要な労働時間である。商品としての労働力の大量存在が資本の絶対的存立条件である以上、労働力の維持に必要な労働時間は資本にとっても必要な労働時間ではある。しかし、資本の目的は剰余価値の領有による価値増殖であり、総労働時間における剰余労働時間部分の増大である。必要労働時間部分が多ければそれだけ剰余労働時間は減少する。それゆえ、「剰余労働を産出するための必要労働時間」の短縮が資本にとっての最大の関心事となり、労働編成の効率化や機械装置の導入などによって労働の生産力を高めようとする。

「労働生産力の増大と必要労働の最大限の否定が、資本の必然的傾向である」(III、六四六頁)。他方、資本が流通過程にとどまる時間は生産過程で創造された価値の実現時間であり、それ自体は価値を産出しない時間である。だから、流通過程の存在は、第一に、価値創造時間の機会を奪うという意味で「可能な価値増殖時間の否定」である。第二に、販売・購買の取引活動やその組織化にともなう取引コストの発生は「剰余価値からの控除」となる。それゆえ、流通時間の短縮は価値増殖機会の増加と取引コストの減少につながり、「ここに、事実上、労働の資本に対する直接的関係からは生じない価値規定の契機が入り込んでくる」(III、四七四—四七五頁)。つまり、流通時間が短縮し、資本の回転速度が上昇すれば、それだけ少ない投下資本でより多くの剰余価値が創造され、利潤率は上昇する。こうして、「流通時間の否定」「流通時間なき流通」は「資本の必然的傾向」となる(III、六〇八頁)。

ところが、必要労働時間を短縮し、流通時間をゼロにしようとする「資本の傾向」は、資本に固有の市場空間を形成する。というのも、創造された価値の実現を目指して、あるいは新たな価値生産のための資源確保を目指して、流通圏域を外延的・内包的に拡大しようとするからである。第一に、「ある場所で創造された剰余価値は、それが交換されるための他の場所での剰余価値の創造を必要とする」(II、三三五頁)。つまり、資本は不断に世界市場を創造し、「資本に基礎をおく生産様式」を布教しようとする。このような流通圏域の外延的拡大と平行して、「流通内部での消費圏域の拡大」も進行する。それは消費の量的増大であるとともに、「新たな消費欲望の創造」でもある。したがってまた、消費圏域の創造に対応して旧生産部門での生産が増加し、新しい生産部門が立ち上がり、そのための生産資源の確保と開拓が進行する。ところが、このような資本による市場空間のグローバルな拡大と深化は流通時間を増大させる。そして、再び流通時間＝ゼロを目指す無限の運動が生じる。それは「生産物を市場に運ぶために必要な交通手段と運輸手段の発展」を促し、「時間による空間の絶滅」ともいうべき独自な現象となって発現する。

「資本は一方では、交通すなわち交換のあらゆる場所的制限を取りはらい、全地球を資本の市場として征服しようと努めなければならないが、他方で、資本は時間によって空間を絶滅しようと努める。すなわち、ある場所から他の場所への移動についやされる時間を最低限に減少させようと努める。資本が発達すればするほど、したがって資本が流通する市場、資本流通の空間的軌道をなす市場が拡大すればするほど、資本はますます市場を空間的に拡大し、またそれと同時に時間によって空間をさらに絶滅しようと努める。」（Ⅲ、四六七頁）

こうして、資本は機械装置の導入などによって生産を効率化し、高速の交通網と運輸網の整備によって流通過程を革新する。マルクスは資本のこのような運動を「固定資本の発展」として捉え、この発展が社会的生産のシステムを著しく変容させると指摘する。それは「生産過程の単純な労働過程から科学的過程への転化」と表現される。この転化においては、第一に、物質的富の生産における直接的労働の比重は劇的に低下する。つまり、生産過程では「労働時間中に作用する諸作用因」、たとえば機械装置などの自動的システムが主導的役割をもつようになる。ところが、このような機械化の進展は、当然、社会における生産時間のうちの一定部分が機械装置などの生産手段の生産に振り向けられ、社会的な産業連関が形成されているということを前提する。また機械装置や交通・運輸手段を開発し、それを生産と流通に応用する技術学の進歩やその基礎としての科学の発展を前提する。したがって第二に、「労働時間中に作用する諸作用因もまた、それ自身ふたたび、その生産に要する直接的労働時間に比例しないで、むしろ、科学の一般的状態と技術の進歩に依存する。あるいは、その科学の生産への応用に依存する」(Ⅲ、六五三頁)。

要するに、生産過程が「単純な労働過程」から「科学的過程」に転化するのに伴って、直接的労働の比重が低下し、科学技術の研究や商品開発などの「一般的科学的労働」が支配的契機となっていく。それは「直接的形態での労働」が「富の源泉」ではなくなり、労働時間が「富の尺度」になるのをやめるということを意味する。機械制大工業の下での物質的富の生産は、機械装置や交通・運輸手段を生産する多様な社会的労働によって幾重にも媒介されている。この媒介された社会的労働がまた科学や芸術等の一般的社会的知性の発展に基礎づけられている。この媒介された社会的結合労働と一般的社会的知識が全体として加速度的に生産力を発展させている。マルクスはこのような「生産力と社会的関係」の発展を「社会的個人の発展を示す二つの側面」(Ⅲ、六五五頁)と捉える。「社会的個人の発展」とは、つまり、社会を形成しつつ自然との物質代謝を営む人間的能力の発展である。そして、この人間的能力の発展が「資本に基礎をおく生産様式」においては、「固定資本の発展」として展開していると、マルクスはいう。

「固定資本の発展は、一般的社会的知識がどの程度まで直接的生産力となったか、したがって社会的生産過程それ自体の諸条件がどの程度まで一般的知性の支配下に入ったか、またこの知性に照応してどの程度まで改造が行われたかを示している。〈固定資本の発展〉は社会的生産諸力が、知識という形態ばかりでなく、社会的実践の、つまり現実的な生存過程の直接的器官として、どの程度まで生産されたかを示している」(Ⅲ、六五五頁)。

固定資本の発展においては「一般的社会的知識」そのものが直接に生産力となる。それに対応して、直接的労働の比重が低下する。それは「社会的結合と社会的交通のいっさいの力」の発展を示しており、人間が物質的労働の拘束から相対的に自由になる過程である。こうしてマルクスは「固定資本の発展」を「社会的個人の発展」と捉え返し、資本に基礎を置く生産様式における時間の弁証法を提起する。それを貫く方法視座は「社会の必要労働時間」と「剰余労働の産出にとっての必要労働時間」の区別であり、「自由処分可能時間」と「過剰労働時間」との関連である。

❷「自由処分可能時間」と「過剰労働時間」

人間は自らの欲望を満たし、その生活を維持・再生産するために、生活時間の一定部分を物質的労働に振り向けなければならない。それは人間が自然との物質代謝を主体的に媒介する行為であり、また社会そのものが維持・再生産されるために必要な労働でもある。そのような「社会の必要労働時間」は人類史に共通する。

「未開人が自分の欲望を充たすために、自分の生活を維持・再生産するために自然と格闘しなければならないように、文明人もそうしなければならない。しかもすべての社会形態において、またすべての生産様式のもとでそうしなければならない。その発展（社会的個人としての人間の発展—引用者）とともに、自然必然性の領域が拡大する。なぜなら、欲望が拡大するからである。しかし同時に、この欲望を充たす生産諸力もまた拡大する」（K・マルクス〔一九六五〕三〇二頁）。

このような生産諸力の拡大に伴って発生しうる「社会の必要労働時間」の短縮部分が、「自由処分可能時間」である。それは直接的物質的生産過程における自然必然性から相対的に自由になることを保障する時間であり、その意味で選択的に利用可能な潜在的時間である。それはまた、すべての社会形態において創造可能な時間であり、人類にゆとりと豊かさをもたらす源泉である。

ところが、資本に基礎を置く生産様式では、自由処分可能時間の創造が固定資本の発展という形態をとって現れている。「固定資本の発展」は、一方で自由処分可能時間における人間の知的実践の成果である。と同時に、それは自由処分可能時間を創造する前提条件でもある。つまり、自由処分可能時間が固定資本の発展として現実化するとすれば、他方でその固定資本（対象化された労働）が新たな生きた労働を吸収し、より多くの剰余労働を生産する手段として機能する。そのため、固定資本の発展の最新形態としての自動的システムが主導的役割をもつ直接的生産過程では、「生きた労働」は人間の社会的個人としての力の発現ではなく、逆に「力を剥奪された労働」（III、六四九頁）となる。それだけではない。固定資本は「剰余労働を産出するための必要労働時間」を短縮する手段として機能する。つまり、生きた労働を生産過程から排除し、相対的に過剰なものにしてしまう。要するに、資本に基礎を置く生産様式では、「社会の必要労働時間」の短縮が「剰余労働の生産に必要な労働時間」の短縮として現象し、「自由処分可能時間」の創造が「過剰労働時間」の増加として現象する[5]。

マルクスはこの「過剰労働時間」として三つの形態を指摘する。第一に、それは必要労働を超える剰余労働時間であり、「非労働者」としての資本所有者の自由時間と資本蓄積のファンドとなる。賃労働者の生活の再生産が剰余労働産出のための必要労働時間の枠内に閉じ込められるのに反比例して剰余労働時間が増大するという意味で、剰余労働時間は賃労働者にとって過剰な時間である。第二に、この過剰労働時間は資本主義的生産様式に寄生する膨大な不生産的労働人口を維持するファンドとなる。この人口部分は「被救済民、追従屋、お茶坊主などのお雇い子分連中など、要するに資本が分け与える剰余生産物の一部分によって生活している階級」(II、三二九頁)である。第三に、それは賃労働者自身を過剰化し排除する時間であり、相対的過剰人口を生み出す時間である。「労働力の再生産に必要な労働を過剰なものとして措定することは、必要労働との対抗で剰余労働を増大させることの必然的帰結である。相対的必要労働の減少は、相対的過剰労働の増加として、つまり相対的過剰人口の措定として現れる」(III、五五二頁)。資本にとって、剰余労働の増加に貢献しない労働力は余計物であり、そのような「労働力の再生産に必要な労働」は過剰な労働である。

自由処分可能時間の過剰労働時間への転化。それは「剰余労働を産出するための必要労働時間」の人格的定在にされてしまった労働者にとって、死命を制する問題である。人類にゆとりと生活の豊かさをもたらすはずの「自由処分可能時間」が、賃労働者にとっては、資本所有者の非労働時間と膨大な数の「消費するだけの剰余有閑人」を維持する時間として現れる。「個人の全面的な発展のための時間」(III、六六一頁)としての「自由処分可能時間」が、賃労働者を自動機械システムの中での単なる労働者に貶め、さらには労働者を強制的に排除する過剰労働時間として展開する。それが資本の生産力の抑圧的性格である。

❸時間主権の回復とポスト資本主義

それゆえ、マルクスにとっての課題は、「過剰労働時間」という敵対的形態をとって実現している「自由処分可能時間」を労働者自身の現実的な自由時間として奪回することによって、抑圧的で敵対的性格を帯びている資本の生産力を「社会的個人の発展」に資する形態に変革することである。

第一に、「自由処分可能時間」は相対的過剰人口や膨大な不生産的人口の存在が生み出す社会問題を解決するための時間的資源である。そして、このような社会問題を必然的に生み出す資本蓄積の体制を転換する資源でもある。ところが、資本は「自由処分可能時間」を創造しながら、それを資本の「剰余労働時間」に転化することによって、この社会問題そのものを生み出す。それは資本が解決できない自己矛盾である。このことは、自由処分可能時間をそうした問題解決に活用する上での最大の制約が、実は資本そのものだということを示している。

「資本の傾向はつねに、一方では自由処分可能時間を創造することであり、他方ではそれを剰余労働に転化することである。資本が前者の点でうまく成功すると、資本は剰余生産に悩むのであって、その場合は必要労働が中断される。なぜなら、資本は剰余労働を価値実現できないからである。こうした矛盾が発展すればするほど、生産力の増大はもはやこれを他人の剰余労働の領有に結びつけることができなくなり、労働者大衆自身が彼らの剰余労働をわがものとしなければならないということが明らかとなる。」（Ⅲ、六五七頁）

第二に、「剰余労働」を「自由時間」として奪回することは、単に労働するだけの存在（「労働時間の人格的定在」）に貶められている人々が、自らの働き方と暮らし方を変え、新たな人格形成を実現していくことを可能にする。だが、資本に基礎をおく生産様式においては、労働時間が「富の唯一の尺度および源泉」（Ⅲ、六五四頁）となり、それゆえ労働が社会の支配的な絆であり、社会的アイデンティティの唯一の源泉となる。自由時間の回復はこのような〈労働社会〉を克服し、労働だけではなく、非労働時間における多様な活動が社会的個人の絆とアイデンティティ形成の源泉になることを可能にする。それこそが「人間性の自由な開花」としての「社会的個人の全面的な展開」である。

それゆえ、自由時間を真実の富とする新たな発展様式を提起し、それにもとづく社会空間を再形成することが、マルクスにとってのポスト資本主義の構想である。それは、労働者が「時間主権」を奪回し、自らが「時間の主人公」となり、「社会的個人としての発展」を遂げることである。「時間主権」の回復は、「資本に立脚する生産様式」に対するオルタナティブな社会形成の基礎でもある。それは「必然の領域」における社会的労働の自己管理を可能にし、また、労働者が社会的諸個人として政治的力を獲得し、自分自身を全面的に発展させるための道徳的エネルギーを提供する。

マルクスはポスト資本主義を次のように展望する。

「労働者大衆自身が彼らの剰余労働をわがものとし、そしてそれとともに自由処分可能時間が敵対的実存をもたなくなるならば、一方で必要労働時間はその尺度を社会的個人の欲望に求めるであろうし、他方では社会的生産力の発展がきわめて急速に増大することになるだろうから、その結果、すべての人の自由処分可能時間が増大する。なぜなら真実の富はあらゆる個人の発展した生産力だからである。その場合、富の尺度はもはや労働時間ではなく、自由処分可能時間となる。」（Ⅲ、六五七頁）

「労働時間の節約は自由時間の、つまり個人の全面的な発展のための時間の増大にひとしく、またこの時間はそれ自身ふたたび最大の生産力として、労働の生産力に反作用をおよぼす。……労働はフーリエが望むように、遊びとはなりえない。だがそのフーリエこそは、分配ではなく、生産様式それ自体のより高度な形態への揚棄を究極の目的として宣言したという偉大な功績を担う人である。自由時間は余暇時間であるとともにより高度な活動にとっての時間であり、それゆえ、そういう時間を持っている人をある別の主体に転化するのであって、その場合人間はこうした別の主体として直接的生産過程にも入っていく。」(III、六六一頁)。

2 フォード主義と賃労働関係の変容

❶労働と欲望の自由な主体としての賃労働者

資本主義とは単なる市場経済ではなく、その内部に賃労働関係を組み込むことによって自らを再生産する独自な市場経済システムである。(6) それゆえ、賃労働関係は資本主義のシステムを特徴づける核心的な社会関係である。マルクスが『資本』において解明しようとした「資本主義的生産様式とこれに照応する生産=および交通諸関係」は、このような賃労働関係を根幹とする経済システムであった。このシステムにおいては、労働とその実現条件が分離され、労働市場を通じて再結合される。

ところで、この市場システムにおいては、賃労働者は極めて矛盾した両義的性格を帯びる。マルクスはそれを「二重の意味で自由な労働者」と表現した。その意味はこうである。一方で、賃労働者は自由な人格として自らの労働力を自由に処分できる存在となる。つまり、共同体の伝統的な規制から解放されて、職業選択や移動の自由といった権利の主体になる。他方で、賃労働者は労働の実現に必要な一切の条件から切り離されてしまう。つまり、伝統的な共同体によって保証されていた労働の基盤を失い、資本の価値増殖のための労働(剰余労働)に従事せざるを得なくなる。

このような「二重の意味で自由な」労働主体としての賃労働者の大量創出とその再生産が資本主義の歴史的前提である。だから、この市場経済の背後では「剰余労働を産出するための必要労働時間」をめぐって社会闘争が展開し、この闘争の過程で労働力の動員とその再生産を規定する諸条件が歴史的に形成される。

だが、この場合の賃労働関係は、狭い意味での労働の関係にとどまるものではない、ということに注意すべきである。それは賃労働者の生活過程全体を包括する関係である。[7] この点は、資本蓄積過程を循環過程として提示していた『要綱』のマルクスが指摘するところである。すでに引用したように、『要綱』のマルクスは「資本の生産過程から流通過程への移行」と題する箇所において、「より多くの剰余労働を創造しようとする資本の傾向」が「世界市場の創造」という資本の外延的拡大過程として展開すると同時に、「消費の拡大」と「新たな消費欲望の創造」という内包的深化の過程としても展開すると指摘していた。この外延的拡大と内包的深化は「資本の文明作用」がもたらす表裏一体的な過程である。

「資本はこの傾向にしたがって民族的な偏見と制限を乗り越えて進み、……自給自足的な限界内部での欲望充足の様式と旧来的生活様式の再生産を乗り越えて進む」(II、三三六頁)。

資本主義的生産様式の外部に対しては、資本は本源的蓄積のあらゆる暴力を駆使して伝統的共同体を壊滅させ、労働と消費の共同的関係を商品関係に従属させる。他方、伝統的共同体が解体した資本主義的生産様式の内部では、賃労働者は労働力商品の販売者としてのみならず、資本主義的商品の大量消費者として現れる。このように賃労働者の消費者としての登場こそ、「資本を(旧来の人格的)支配の関係から区別するものである」(II、三四九頁)。

こうして資本主義的生産様式においては、賃労働者は欲望と消費の伝統的な規制と身分的拘束から解放されて、自由な消費を通じてみずからの生活を維持する消費の主体となる。このような自由な欲望と消費の主体として、賃労働者は自らの労働力商品を再生産する。だが他方、賃労働者は共同体によって保証されていた共同的消費様式を喪失し、市場における商品の私的な購買活動を通してしか、自己の消費欲望を充足することができない。

このように賃労働関係とは、労働のみならず、欲望と消費においても二重の意味で自由な主体の社会的関係を意味する。(8) マルクスは、このような歴史的に独自な賃労働関係の下で資本の価値増殖がどのように進行するのか、そして資本の循環と蓄積の過程でこの賃労働関係が再生産されると同時に、この循環＝蓄積過程の中で資本主義という経済システムを揚棄する社会的主体がいかに生成するかを提示しようとした。『資本』第二部「社会的総資本の再生産と流通」は、このような賃労働関係を再生産する蓄積体制のロジックを解明しようとしたものである。

とはいえ、『資本』第一部の仕上げに力を注いだマルクスにあっては、「二重の意味で自由な」労働主体の創出が主調音をなしており、「消費の拡大」と「新たな欲望の創造」に支えられた賃労働関係の分析は本格的に提起されていない。この点は、マルクスが表象に浮かべていた一九世紀資本主義の歴史的性格と関わりがある。

マルクスにとって、一九世紀のイギリスこそが「資本主義的生産様式とこれに照応する生産＝および交通諸関係が典型的に進行している場」であった。だが、それは「外延的蓄積体制」を基調とする資本主義であった。つまり、一九世紀の外延的蓄積体制においては、「二重の意味で自由な労働者」の賃金は市場の無政府的な競争にさらされ、労働生産力の発展と消費需要増大の相対的低さの矛盾が「世界市場と恐慌」によって暴力的に解決された。(9) それゆえ、恐慌は一九世紀の社会諸階級がそのヘゲモニー闘争を展開する中心的社会問題であった。マルクスにとっても例外ではない。

恐慌＝革命のシナリオ[10]は、マルクスがその経済学研究を通じてこだわり続けたテーマであった。何度も書き換えられた経済学プランに、その軌跡をうかがい知ることができる[11]。上記の自由時間論において、マルクスが語っていたことを、ここで再び確認しておこう。

「資本の傾向はつねに、一方では自由処分可能時間を創造することであり、他方ではそれを剰余労働に転化することである。資本が前者の点でうまく成功すると、資本は剰余生産物に悩むのであって、その場合は必要労働が中断される。なぜなら、資本は剰余労働を価値実現できないからである。こうした矛盾が発展すればするほど、生産力の増大はもはやこれを他人の剰余労働の領有に結びつけることができなくなり、労働者大衆自身が彼らの剰余労働をわがものとしなければならないということが明らかとなる。」

「資本は剰余生産物に悩む」とマルクスはいう。つまり、「剰余労働の価値実現」が困難になる。そのため「必要労働が中断され」、それが大量の失業と恐慌となって現象する。だが、二〇世紀の資本主義が構築したものこそ、「剰余労働の価値実現」を可能にする社会装置であり、そのための賃労働関係の変革であった。

❷賃労働関係の変容と消費社会の誕生

二〇世紀資本主義は、賃労働関係の歴史的変容を基礎として誕生した。それはフォード主義的発展様式といわれる。この歴史的変容は、マルクスが「二重の意味で自由な労働者」の存在形態として提起したもう一つの側面、つまり賃労働者階級の消費様式の変容を基軸に展開した。この論点を提起したのは、一九七〇年代にフランスで生まれたレギュラシオン理論である。この理論の特徴は、資本主義の歴史的進化を資本間の競争形態や国家介入の形態などから分析するのでなく、何よりもまず、資本主義の制度的核心である賃労働関係を基軸に据え、この視点から二〇世紀資本主義の歴史的独自性を解明したという点にある。つまり、レギュラシオン理論は賃労働関係の分析を資本主義認識の核心に据えるというマルクスの構想を活かすことによって、資本主義的生産様式の一般的傾向性と歴史的進化の論理をつなげるという道を開いたのである。[12]

レギュラシオン理論の開拓者M・アグリエッタ［一九八九］は『資本主義のレギュラシオン理論』（一九七六）において、次のようにいう。二〇世紀資本主義の歴史的運動におけるもっとも基本的プロセスは資本の集積・集中や国家介入の過程ではない。二〇世紀資本主義の独自性を分析するための「理論的に重要な基準」は「資本一般の再生産条件の根本的変化」、つまり「賃労働者階級の存在条件の変容」（四一頁）にある。[13]そして、この変容の核心にあるのが「消費様式の変容」であるとして、アグリエッタは次のようにいう。

「労働者と生産手段の分離は賃労働関係の起源であるが、それは種々雑多な伝統的消費様式を破壊し、ついには資本主義に固有の消費様式を創出する」（一七二頁）。「重要なことは、資本主義が消費様式を構造化しなおすということである」（一七七頁）。労働者と生産手段の暴力的分離と市場的再結合としての賃労働関係は、それが「資本主義に固有の消費様式の創出」と結びつくとき初めて、資本循環と蓄積の基軸的モメントになる。つまり、二重の意味で自由な労働と欲望の主体形成（労働ノルムと消費ノルムの形成）によって、賃労働者は資本循環と蓄積の過程に最終的に統合される。「フォード主義は歴史上はじめて、労働者の消費ノルムをその内部に包摂するものである」（一七七頁）。

要するに、二〇世紀における資本主義の歴史的進化は、二重の意味で自由な労働と欲望の主体形成という意味での賃労働関係の歴史的変容にある。だから、アグリエッタは次のようにいう。第二次大戦後におけるフォード主義の開花に先行して危機と激烈な階級闘争の長い時代があったが、この闘争過程における決定的な争点は「労働者の消費ノルムの形成を保証し、その発展を調整することができる社会的制御装置の構築」(一七八頁)であった、と。この社会装置の上に開花したものこそ、「消費社会」である。

「〈消費社会〉は資本主義の矛盾を決定的に解決したかにみえ、危機(＝恐慌)を廃止したかにみえる。これが第二次大戦後に確認された変化である」(一八〇頁)。

労働生産性の上昇率に照応した所得上昇というフォード主義的労資妥協は「労働者の消費ノルム」の形成と発展を保証する社会的装置と結びつくことによって、「剰余労働の価値実現」の困難という課題を解決した。フォード主義的発展様式にとって、自由な消費者の欲望増殖システムとしての「消費社会」の創造は不可欠の契機である。

要するに、フォード主義的発展様式は、国民の大半を国民的生産力を担う労働資源として組み込むだけでなく、同時に、その生産力上昇の成果を消費する主体として配置することによって実現した。こうして賃労働者は「生産者」としてのみならず、「消費者」として、さらに政治的・経済的・社会的諸権利を有する「市民」となることによって、資本主義というシステムの重要なステイクホルダーとなった(ボワイエ[一九九六]二頁)。言い換えるなら、二〇世紀のフォード主義的発展様式は、労働編成とその技術的パラダイムの変革だけなく、私的欲望の無限増殖空間としての消費社会の創造を通じてダイナミズムを確保するという意味で、進化した資本主義である。

それに対して、マルクスが資本主義の典型とみなした一九世紀のイギリスは欲望と消費の無限増殖空間を装備しえていない資本主義、その意味で需要の有限性と供給能力の拡大との基本矛盾が恐慌を通じて暴力的に調整される資本主義であった。二〇世紀のフォード主義は「消費社会」の創造によってこの矛盾を乗り越え、そのことによって〈恐慌＝革命〉という「永続革命の定式」を歴史の遺物として葬り去った(14)。

❸自由時間をめぐる社会闘争

フォード主義においては、労働編成の技術パラダイムの変革によって社会的生産力が増大するだけでなく、生産力の拡大と共に増加する剰余価値の実現が私的欲望の無限増殖空間としての「消費社会」の創造によって保証される。「消費社会」の創造は二〇世紀に固有の歴史的現象である。J・ボードリヤールは、普通の労働者が自分たちの社会を「消費社会」として日常的に肯定しているという意味で、フォード主義の時代は「消費の神話」が「風俗」となった時代であるという（ボードリヤール［一九七九］三〇七頁）。

だが、「消費」とは何か。それは人間が単に物質的欲求を充足させるための行為ではない。人々は消費を通じて自己の社会的威信を表現したり、集団への帰属意識を確認したり、自己のアイデンティティを確証する。人々はモノの「消費」を通じて「消費社会」という独特な社会の形成に能動的に参加する。だから、働く人々が労働とその時間に対する自己管理権を放棄し、「消費社会」の自由な主体となればなるほど、賃労働者の生活は資本の価値増殖のリズムに包摂されていく。その時、消費社会に対する批判意識をもたない労働運動は新しい社会を構想する力を失っていく。A・

ゴルツは、次のように指摘する。

「フォード主義的妥協によって、労働運動は今とは異なる社会を構想する必要はなくなり、また社会の欠如という自由主義的資本主義の固有の問題が覆い隠されてしまった。労働運動は自律化したシステムとしての社会システムの調整を……福祉国家に一任したのだ」(ゴルツ［一九九七］一三頁)。

この歴史的過程は、二〇世紀初頭の自由時間をめぐる闘争にみることができる。J・ショアは、一九二〇年代に、賃金所得の増加と自由時間の増大のいずれを選択するかが労働運動の決定的な争点となったと指摘し、次のような証言を紹介している。

「労働者たちは、自分の生活はどのような値段であろうと取引されるべきではなく、賃金がいかに高くても生まれながらの権利を売り渡すわけにはいかないと宣言した。労働者はもはや五〇年前の奴隷とは違うのだ。労働者は字を読み、劇場へ芝居を見に行き、自分自身の図書館をもち、自分自身の教育制度をもつことを望んでいる。……それらのためには時間が、なによりも時間が欲しいのだ[15]」

労働運動の活動家たちは時間とカネの取引を「悪魔の取引」とみなし、高賃金より自由時間を選択した。そして、私的な欲望の充足にとどまらず、教育や文化などの社会的共通財の充実を重視した。これに対して、ヘンリ・フォードは「我々が大量生産したものの販路になるように、労働者を裕福な階級にすべきなのである」と主張し、また当時のGMの研究所理事長チャールズ・ケッタリングは次のように語っていた。企業が必要としているのは慎ましい消費者ではなく、「欲求不満の消費者」である。だから「欲求不満を組織的につくりだすこと」が販売戦略の要である、と。それはデザインと広告とクレジットを柱とし、年々モデル・チェンジを繰り返しながら計画的に陳腐化するという戦略である。

この戦略に対して、市民社会の運動家たちは、それを私的な消費欲望を煽り立てる「産業社会の最も有害な論理」と批判し、消費よりも自由時間の重要性を強調した。たとえば、カソリック協会のライアン牧師は次のように主張した。

「産業社会の最も有害な論理のひとつはこうだ。それは一日二四時間のうち少なくとも三分の一を何らかの生産的な職業につくべきで、人々が必要を満たした後まだ余暇があるなら人々をもっと忙しくさせるための奢侈品が発明されなければならない。その奢侈品が市場に留まらないように産業の活況を維持するために新たな欲望がたえず刺激されなければならないというものである。しかし、これは正当で合理的な考え方とはいえない。すべての人々に十分な生活必需品と快適で便利な設備が提供できる生産段階に達すれば、より高度な生活を求めて、人々は自由時間を自己の知性の向上や欲することをするために費やされるべきである[16]」

誕生しつつあるフォード主義に直面して、労働運動と社会運動は自由時間こそ人間の富という明確な意識を共有し、生産性向上の成果を所得上昇よりも自由時間の増加として受け取る道を選択していた。つまり、彼らはオルタナティブな市民社会形成の運動として共同歩調をとっている。

自由時間をめぐる闘争において、いずれが勝ちを占めたかは、その後のフォード主義の歴史によって明らかである。フォード主義の生産システムはGM的消費様式を包摂することによって発展様式としてのダイナミズムを獲得したのである。一九五六年のAFL—CIOの会議で労働組合のある役員は「労働者は労働時間を減らすことではなく、所得をふやすことを切望するようになった」

と認めざるをえなかった。労働組合も経済成長と消費社会の饗宴に飛び乗ったのである。[17]

こうして、欲望の不足に悩んだ一九世紀までの経済は欲望の過剰に基礎をおく二〇世紀の経済に逆転する。その分水嶺は、自由時間をめぐる闘争にフォード主義が勝利した一九二〇年代であると、ショアはいう。自由時間への欲求の消滅と消費社会の誕生は表裏の関係にある。フォード主義的発展様式の展開とともに、労働資源の動員と消費欲望の増殖の回路がつながり、自由時間の欲求はこの発展様式の外に排除されることになる。そして、この発展様式とともに、二〇年代には共闘しえた労働運動と社会運動の間に亀裂が生じるようになる。

一九七〇年代には、先進諸国において、「より高い賃金のために闘う人々」と「より良く働くために闘う人々」との間で葛藤と対立が表面化した。また、仕事の内容にかかわりなく雇用確保を優先する労働運動と公害を出す工場や仕事を拒否する社会運動との対立が顕著になった。[18]ケインズの雇用理論から出発し、ケインジアンとして活躍したJ・ロビンソンが、「何のための雇用か」と問いかけたのは、一九七二年であった。[19]彼女が問いかけた雇用問題は、自由時間とは何かという問題と深いところでつながっていたのである。

❹消費社会の展開と労働の変容

膨大な生産力を抱えるフォード主義にとって決定的な問題は、剰余価値の生産だけでなく、その生産を可能にする需要条件をいかに創出するかということである。かつて、バランとスウィージは資本の価値増殖の困難が、需要創出の困難として現れることに着目し、経済的余剰を吸収する二〇世紀資本主義の仕組みを考察した。そこで問題となったのは、剰余価値生産に対する実現問題としての需要条件であった[20]。また、現代の消費社会論は、記号の秩序において消費が増殖するメカニズムを分析した[21]。資本はマーケティングとデザインと広告によって労働者の消費欲望を掘り起こし、資本循環と蓄積の過程に労働者の消費過程を包摂していく。フォード主義は「剰余労働の価値実現」を自由な消費者の欲望増殖システムとしての「消費社会」の創造によって解決しようとする。

だが、記号システムを通じて欲望が増殖し、剰余価値の実現を可能にするということは、消費欲望の増殖を目的とする労働が消費社会の支配的な労働形態になるということである。〈消費社会〉の展開の背後で、労働は単に物質的に商品を生産するというだけでなく、記号としての商品を生産する労働に転化する。そのような労働の比重が社会的に増大していく。ラツァラト［一九九六］は、ポスト・フォード主義の下で生じている労働の変容を次のように指摘している。

「資本主義社会における商品はますます物質的である度合いを下げている。つまり、それらは文化的、情報的、知識的要素、あるいはサービスやケアといった特徴がより多くを規定するようになる。それに対応して、こうした商品を生産する労働もまた変容する。こうして非物質的労働は商品の情報、文化、あるいは情動的要素を生産する労働として把握されるだろう」（二六二頁）。

フォード主義的発展が記号秩序としての消費社会を装備することによって自らのダイナミズムを確保するなかで、商品はますます文化的、情報的付加価値の度合いを強めている。それに対応して、商品を生産する労働そのものが変容する。それがここでは「非物質的労働 immaterial labor」と定義されている。つまり、商品を生産する労働が商品の情報や文化や情動的要素を生産する労働としての性格を帯びる。現代の消費社会はこのような労働の変容を生み出している。

ボードリヤールは『消費社会の神話と構造』の結びにおいて、「モノの背後には、うつろな人間関係があり、膨大な規模で動員された生産力と社会的力が物象化された形態で浮き彫りにされる」と語っていた（ボードリヤール［一九七九］三一〇頁）。つまり、人々が記号としての商品を消費することで消費社会の形成に能動的に参加するとき、他方では、記号の秩序をつくりだす労働がこの社会の支配的な労働形態になり、この形態での労働生産力が飛躍的に増大する。このような労働の変容は資本循環における生産と流通の両過程で展開している。デザインと広告をモノづくりの柱とし、情報を通じた欲望創出を戦略とする生産と流通のシステムである。

今日、商品の費用構成の中で最大の費用はマーケティング・商品開発・宣伝・販売促進の活動費用である。[22] この活動は、消費者が商品を記号として消費するための環境づくりに動員される労働である。つまり、消費者の多様で不確実な欲望に敏感な生産と流通のシステムが構築され、そこに向けて社会的総労働の圧倒的部分が動員されている。逆に、商品を生産する直接的物質的労働の比重は格段に小さくなっている。もちろん、このようなシステムの構築には膨大な投資が必要であり、剰余価値がこの投資に向けられる。それでも、この投資が十分な利潤をもって回収される。つまり、情報をつうじて多様な消費欲望を創出しつつ、しかも消費者が購入できる範囲での価格設定が可能なほど十分に、消費社会の生産力は高いということである。

流通過程においては、卸売り、小売が重層的に広がり、多種多様な商品が世代別、性別に、また季節別、月別に短い周期で陳列される。この流通過程に動員される労働の比率はますます大きくなっている。それは商品のモードを提示し、モデル・チェンジを繰り返し、それによって商品の回転率を加速する労働である。ここでは欲望を開発するテクノロジーが駆使される。それは眠っている欲望を呼び覚まし、それに形を与え、採算が取れるように商品の価値実現を目指す技術である。[23] ここでは、情報技術（IT）は個別の消費者を固有名詞でカスタマイズし、「マーケット・オブ・ワン」の市場を構築する格好の技術として機能する。

また、こうした消費行動の果てしない多様化と個別化に対応して、交通・運輸網と通信網が大規模かつ緻密に再編成される。「ロジスティックス」という概念は、そのような流通形態の現代的再編を象徴している[24]。それは個別の消費者をターゲットに生産と流通の全体最適を構築する手法である。そして、このような流通形態の再編成はそこに従事する労働を著しく変容させつつある。たとえば、今日では、貨物の配送業務は単に貨物を物理的に届けるだけの労働ではない。配送労働は同時に配送先の顧客情報を収集し、それを処理し、発信する労働であり、またセンターから送られてくる情報を処理し、最適な経路を探り出しつつ輸送する労働である。つまり、輸送に関するあらゆる事態にフレキシブルに対応する情報ネットワーク化された労働である。

そして最後に、このような消費様式の多様化と流通の加速化に対応して、直接的生産過程における労働もフレキシブルな労働につくりかえられる。フォード主義が消費社会の創出を通じて自らのダイナミズムを獲得するには、それに対応した生産システムの再構築は欠かせない。それがトヨティズム型生産システムへの転換の意味である。このシステムでは、急速に変化する市場情報の流れにそって組織が編成される。そして、個別化し多様化する市場の要求に応えながら個々の製品コストの削減と品質向上が追求される。「ジャスト・イン・タイム」のシステムである。生産過程は市場情報にもとづいて必要な労働力と部品を、必要なときに、必要なだけ調達する。

そして、〈IT革命〉の今日、フレキシブルな生産のシステムは工場や個別企業の閉じられた空間ではなく、生産と流通のグローバルなネットワークとして展開している。このようなフレキシブルな生産システムへの転換に対応して、労働者もまたフレキシブルな適応能力を身につけた多能的労働者となることを要請される。速いスピードで変化する市場の動向に応じて、生産過程に配置される労働者数は増減し、個々の労働者に割り振られる仕事の内容や労働時間が変動するからだ。だから、このシステムが要請する労働は、テーラー・フォード型労働よりはるかに密度の濃い〈強められた労働〉であり、しかも能動的で主体的な労働である。トヨティズム型生産システムは「労働者の主体性」を価値増殖に結びつける最先端のシステムである。

要するに、商品を生産する物質的労働だけでなく、消費者が商品を記号として消費するための環境づくりに動員される労働のいずれにおいても、生産性が飛躍的に増加し、消費社会の記号秩序が構築されていく。

フォード主義は、労働生産力を飛躍的に発展させ、物質的富の生産における直接的労働の比重を低下させる。そこには膨大な「自由処分可能時間」が発生する。だが、マルクスもいうように、資本は膨大な自由処分可能時間を生み出すと同時に、それを剰余労働に転化する。そして、この剰余労働の圧倒的部分は、マルクスの時代とは異なって、賃労働者が自由な消費者として自己の欲望を充足させる記号消費空間を構築するための労働として動員される。つまり、自由処分可能時間は人々が消費欲望を増殖させる環境づくりのための労働として動員され、この労働が資本にとっての新たな剰余価値の源泉となっていく。それゆえ、剰余価値の源泉は直接的生産過程を越えて、社会空間の全過程に拡大する。そこに、ポスト・フォード主義の特徴として指摘される傾向が支配的になってくる。

一般的には、一九七〇年代以降、フォード主義はポスト・フォード主義に転換したと言われる。

そして、ポスト・フォード主義の傾向として、製造業の比重低下とサービス産業の拡大が指摘される。しかし、より根本的な傾向は、そのような産業部門のシフトではなく、むしろ社会的労働の支配的形態が「情報、文化、あるいは情動的要素を生産する非物質的労働」に転化するということである。こうした労働の変容の過程で、しかもなお、生産性上昇の果実を自由時間の拡大としてではなく、所得上昇と消費欲望の増殖によって蕩尽するという意味でのフォード主義的発展の様式は持続している。というよりも、規格化された「T型」自動車の大量生産に始まったフォード主義はそれを否定する差異化された記号消費社会を装備することによってダイナミズムを獲得したのである。要するに、フォード主義はポスト・フォード主義への転回によって、モダニズムはポスト・モダニズムへの転回によって、自己を実現する。[25]

3 ポストフォード主義のオルタナティブ

❶労働社会の危機

このように、生産と流通の過程では高度に情報化された労働が動員され、多品種少量生産に対応できる生産能力、不確実で多様な消費欲望に対応した商品開発能力と販売能力、細分化された個々の消費者へ迅速に配送する物流能力など、欲望の創出と実現のための労働の社会的生産力が飛躍的に発展する。ところが、それにともなってこの労働の社会的生産力はますます自己矛盾的で敵対的な性格を帯びる。また、労働と消費をめぐって危機が深刻化している。

第一に、労働の分断化が進展し、社会統合の危機が深刻の度を増している。消費社会の労働は移ろいやすい消費欲望を作り出し、商品の回転率を加速化する労働である。市場環境は急速に変化する。それゆえ、資本は市場環境の変化に際して過剰生産を回避できる生産と流通のシステムを構築しようとする。技術環境の急速な変化に対しても同様である。変化の速い消費社会に対応するための研究開発投資は大きなリスクをともない、短期に回収する必要がある。つまり、一方で、資本は消費のモデル・チェンジとその加速化のために社会的労働を大量に動員するが、他方で、市場や技術の急速な変化に機敏に対応できるように、労働を再編成する。こうして、資本循環のコア業務を担う労働と付随的で二次的業務を担う労働が仕分けされ、後者の労働は必要に応じて、必要なだけ動員され、そして排除される。

「必要労働は、資本の価値増殖にとっての条件である限りでだけ必要なのである」(『要綱』、III五五二頁)。

こうして、コア部分と周辺部分への労働の二極分化と階層化が進行する。このような労働の分裂は、〈二重社会〉あるいは〈砂時計型社会〉と呼ばれる社会の分断化、社会統合の危機を引き起こす。D・ハーベイ[一九九九]は、八〇年代のアメリカで進行したポスト・モダンの社会を次のような〈二重社会〉として指摘する。

「中核は正規の労働時間で働き、終身雇用で、組織の長期的な将来にわたって中心となる従業員で構成される。このグループはより大きな職務上の保証、確実な昇進や再度の職業訓練の見込み、そして比較的豊かな年金、保険、その他の賃金外給付の諸権利を受けながら、順応性があり、フレキシブルで、必要なら地理的に移動できる。しかし、長期固定雇用を多く抱えることは、市場環境の急速な変化の中ではリスクが大きすぎる。それゆえ、資本は、経営の中核グループを相対的に小さいままにしておき、上位レベルの機能(デザインから広告や経理まで)さえも下請け契約にまわすことになる。これに対して、周辺部はかなり異なる二つの下位集団からなる。第一の下位集団を構成するのは、労働市場で簡単に入手できる技能を有する常勤の従業員で、事務や秘書などの単調で熟練の要しない労働なのである。この労働集団を特徴づけているのは、労働力の削減を比較的容易にする労働力の回転率の速さである。第二の周辺的集団は、はるかにフレキシビリティの高い労働で、第一の集団より仕事上の保証が少ないパートタイマー、臨時労働者などである。このカテゴリーの労働者が近年急増している」（二〇一頁）

また、リピエッツ［一九九四］は「労働時間からみた二極分裂社会の断面図」として、大多数の働きすぎの人々と働きたいのに仕事のない人々に分裂したフランスの状況を指摘する。ここでは賃労働関係における労働者と非労働者との対抗、働きすぎる労働者と労働から排除された人々との競争と敵対が再生産される。そしてこのような賃労働における危機が、都市のゲットー化を引き起こし、麻薬やエイズといった「社会的災害」や人種差別主義を蔓延させると指摘する（一三四頁）。「自由主義的生産第一主義」は、マルクスの表現を借りるなら、一方で膨大な自由処分可能時間を創造しながら、それを不断に過剰労働時間に転化し、賃労働関係の危機を生み出す。それは資本が解決できない矛盾である。

だが、このような二極化の傾向は先進諸国だけの特殊事情ではない。「労働の主婦化 housewifezation」という現象として、現代資本主義の「中心部」と「周辺部」の両方で進行していると、M・ミース［一九九五］は指摘する。従来の賃労働関係が風化しつつある。これが「雇用の女性化」の隠れた特徴である。資本主義の先進的中心部分では低賃金の不安定な女性労働層の陣営に不安定化したフロー型男性労働が大量に加わり、彼らの労働は家事労働と同様の性質を帯びて次第に主婦化しつつある。しかもこの「主婦化された労働」は、もはや従来の男性のように労働組合や労働法によって保護されることもない。パート・タイムでバラバラに切り売りされるだけである。他方、資本主義の周辺部分では近代的開発にともなって「女性の主婦化」が増加するだけでなく、大量の難民化した男性も「インフォーマル・セクター」の不安定雇用労働に流入して主婦化する。そして固定した勤め先をもつ安定的雇用労働は特権化している。総じて現代の資本主義全体を見れば、中心・周辺の区別なく、またジェンダーを越えて「主婦化された労働関係」が進行しつつある。

「今日、資本は『労働のフレキシブル化』というスローガンのもと、主婦化された労働のモデルに沿って労働を再編成する政策を追求している」(三〇頁)。

これは「賃金労働の風化」であり、新たな「本源的蓄積過程」の形態といってよい。こうして、二〇世紀の労働社会は確実に危機を累積させせつつある。

❷過剰消費とエコロジー危機

第二に、フォード主義は人間と自然との物質代謝におけるエコロジー危機という根本的な問題に直面している。フォード主義は、労働者階級に生産性上昇に応じた所得上昇を保障することによって、一九世紀以来の経済危機を克服し、持続可能な資本主義として進化した。そして、この進化した資本主義はポスト・モダニズムの消費社会を創出しつつ、フレキシブルな蓄積体制として自らを再構築した。ところが、フォード主義がこの転換によってダイナミズムを確保しようとすればするほど、このダイナミズムを支える「労働と消費の循環」はエコロジー危機を増幅する。それは先進地域における自由な消費者が膨らませる欲望の無限性と地球環境がもつ扶養能力の有限性との深刻な矛盾であり、途上地域における絶対的貧困・環境破壊・資源枯渇・地球温暖化などの問題群として現れている。フォード主義的発展様式が装備する「労働と消費の循環」は資本主義を持続可能なシステムとすることに成功したとしても、エコロジー的に持続不可能であり、それゆえこの発展モデルを再審に付すことが人類にとっての最大の課題となっている。

リピエッツ［二〇〇〇］は「永続可能な発展」の条件として、(一)「現在世代のすべての人々の欲求を満たすことが可能である」だけでなく、(二) エコロジー的に持続可能である」ということが必要であると指摘し、両者を満たすためには自由時間の増大に基礎をおく蓄積体制の構築と新たな長期妥協が模索されるべきであるという（三二頁）。自由時間の増大に基礎を置く蓄積体制への転換とは、生産性の成果を所得の上昇ではなく、労働時間短縮に振り向けることによって、消費欲望の増加に依存しない蓄積体制を構築することを意味する。それは、フォード主義が記号消費空間の創造に向けて動員してきた「非物質的労働」をエコロジー経済と新たな福祉共同体の創造のための労働に転換することによって、「過剰消費によるエコロジー危機」の克服をめざす。と同時に、それはまた砂時計型社会における労働の危機を克服する。この視点に立ってリピエッツは、フォード主義的剰余循環の構造転換によって展望される経済を「エコロジー経済」という。

「エコロジストの経済にあっては、労働そのものが「共同体の、共同体による、共同体のための」労働になっていくだろう。子供のめんどうを見たり、一人で生活できない人々を助けたり、道路を清掃したり、祭りを組織したりといった、これまで長い間女性の無償労働に割り振られていた仕事や、あるいは、コミュニティの習慣的枠組みの中でほとんど無意識に引き受けられていた仕事が、ボランティアと勤労者との組み合わせからなる労働によって行われる。こういったものが、市場セクターでも国家セクターでもない、第三のセクターの本質であるが、このような第三のセクターは共同的で協同組合的なオルタナティブ運動の中ですでに発展してきている」（二〇五頁）。

つまり、エコロジー経済とは狭い意味での環境問題の解決ではない。エコロジー（ロゴス）とエコノミー（ノモス）における新たな社会形成である。それは国家と市場という二〇世紀的対立軸を克服し、「市民的公共性の拡張とこの政治社会の経済的責任の拡大」による新たな共同性を意味する。この新たな共同性を創造する労働は、国家に対しては自律を、市場に対しては連帯を、そして自然に対しては責任を、根本的価値とする労働の形態である。このような労働の転換とともに創造される「福祉共同体」が現代のポスト資本主義である。それはフォード主義が開拓した「剰余労働の価値実現」の回路に代わるオルタナティブな発展様式である。だが、このようなポスト資本主義としての新たな共同性の創造のためには、マルクスが『資本』の結びで語ったように、「労働日の短縮が根本条件である」（マルクス［一九六五］三〇三頁）。

労働時間の短縮は、一人一人の人に労働と消費の意味の転換を可能にする。第一に、労働時間短縮は「消費」の意味を転換させる第一歩となる。J・アタリ［一九八六］は、消費社会における豊かさの最大の問題点は「所有」の過剰における「存在」の不足であるという。人々は携帯電話を持ち、テレビを買い、ドレスを着るなどの「消費」を通じて自己のアイデンティティを形成し、社会集団への帰属を確認する。だから、個々人のアイデンティティ形成は差異化を繰り返す膨大な商品フローと情報フローの中に吸収され、個々人の生の時間は私的に消費する商品のリズムに翻弄される。その消費は孤独でうつろで、どれだけ多く所有しても満たされることはない。際限なく消費しながら、しかし充実した生の時間を生きることはない。だから、アタリは「所有」の過剰と「存在」の不足に帰結する「消費」をのりこえて、自分固有の時間を生きるという意味での〈消費〉を創出することが課題であるという。

「人々が互いに語りあい、何かを創りだし、老若を問わず互いに出会えるように考えられた学校や都市で、〈生の時〉を生み出さなければならない。各人が固有のリズムを規定し、他者によって作られた時間を買うよりも自らの手で創りだすことを選ぶ、〈自己の時〉を創造しなければならない。つまり、他者の時にそって押し流されるよりも、自己の時を生き、他者の機械によって作り出される音楽を聴くより、自分自身の音楽を奏でることである」(三三四頁)

「商品の購買とその利用」という意味での「消費」から自分固有の時間を生きるという意味での〈消費〉への転換である。(26) また、J・ショアは「消費」については、買う、持つ、使う、捨てるといった意味に代わる新たな転換が必要だ」と指摘し、「消費のトレッドミルから降りることがどれほど深い幸福感を与えてくれるかについての確信を持つ人々が増えている」という。そして、「消費主義の道を進んで破綻することを回避するなら、二一世紀の新しい消費者は全地球的な不平等の問題に取り組み、反自然的な道を軌道修正するうえで、これまでよりもっと適切な位置に身をおくことができる」と展望し、そのための第一の条件は労働時間短縮であるという(ショア[一九九三]一九五―六頁)。

第二に、労働時間の短縮は、労働を「富の唯一の源泉」とする近代的労働文明からの解放の契機となる。今日、「消費」が人々を社会的に統合する主要な契機となっているのと同じ程度において、「労働」もまた人々が自己の社会的アイデンティティを実現する主要な行為となっている。賃労働者であることは人々が社会に参加することとほとんど同義であり、逆に失業は社会からの決定的な排除を意味する。人々は、失業の脅威の前で自己を賃労働へ駆り立てながら、労働こそ富の唯一の源泉という労働文明を身体化する。

「労働は明らかにこの社会機構の中心に位置し、その特別の道具になる。……労働は中心的な社会関係になる。というのは、労働はそれによって富裕が追求される具体的な手段であり、またつねに他人に向けられる努力であり、そしてとりわけ社会関係および交換の普遍的尺度だからである」（メーダ［二〇〇〇］八二頁）

この労働文明は、今日、アンペイド・ワーク、あるいはシャドウ・ワークとしての家事労働にまで浸透している。そして、家事労働はペイド・ワークとしての賃労働時間を失うことに対する機会費用として意識されるようになっている。だから、家事労働は効率的かつ低価格で外部化され、その時間が賃労働に置き換えられることによって、賃金所得—家事労働価格＝利益と計算される。[27]こうして、賃労働だけでなく、家事労働や余暇時間を含むあらゆる時間が所得獲得の時間とみなされる。これは労働を特権化する「労働社会」の極北であり、「過剰労働と過剰消費の悪循環」の完成形態である。

だがすでに述べたように、労働を富の唯一の源泉とする社会は、他方では労働を過剰化する社会となる。これは「労働社会」が抱える悲劇的矛盾である。それゆえ、ポスト・フォード主義を消費文明の克服として構想するなら、それは労働文明を終焉させる構想でもなければならない。消費文明からの解放を目指す闘争は労働文明からの解放を目指す闘争と一体である。消費文明の克服を迫られている人類は、自由時間を基軸とする社会形成を引き受けざるをえない。これがポスト・フォード主義の核心的課題であり、グローバル資本主義としての二一世紀資本主義に対する〝ポスト・

の方向である。労働時間の短縮は、そのための不可欠の条件である。

「労働の拘束を緩めることで諸個人全体にもたらされるものは、おそらく、時間に対する新しい関係の創出という画期的な個人的・集団的価値であろう。何世紀かの衰退を経た後には、時間を制御したり、組織したりすることが再び本質的な術としてよみがえるだろう。」(メーダ[二〇〇〇]三〇一頁)

❸ワークシェアリングの射程

ワークシェアリングは、この歴史的文脈の中で理解すべきだろう。それは単なる失業対策ではない。それは連帯と自律と責任という価値の下で、過剰消費によるエコロジー危機と労働の二極分裂社会を克服するという仕組みを構築するための試みのひとつである。この点で、オランダの制度改革はひとつの手がかりを示している。

現在のオランダは、少なくともアメリカ以上に優れた形で二一世紀の方向性を示している。財政黒字と物価安定と完全雇用。これはアメリカのニューエコノミーが誇った指標だが、オランダにも共通する。異なっている点は、完全雇用の内容である。アメリカの完全雇用が市場競争による労働社会の二極分化という危機に直面しているのに対して、オランダは労働における協力のネットワークを構築することによって、ともかくも労働者の社会統合を実現しえている。

一九八〇年代のオランダはアメリカと同じく、膨大な財政赤字、高物価、高失業の三重苦にあえいでいた。この苦境を乗り越えることができたのは、アメリカと異なって、政府・労働者・使用者が労働の社会的セーフティーネットを再構築し、二〇世紀型ではない新しい生活スタイルを創造するための制度づくりに取り組んだからである（一九八二年「ワッセナー合意」）。この制度改革の柱はパート労働の改革である。オランダの雇用の特徴はパートの比率が四〇％に達するなど雇用形態が多様化していることにあるが、このパート労働を改革することによって労働市場全体を改革し、同時に新しい生活スタイルの創造に着手することができた。

一九九六年に制定されたパート労働法では、パートタイムもフルタイムも労働時間の長さが違うだけの同じ正規労働とされ、労働条件や社会保障などで平等に処遇されることになっている。歴史上初めての労働時間差差別の撤廃である。社会的合意の内容は、労働側は賃上げを抑制してパート労働の拡大を受け入れる代わりに、使用者側はフルタイムとパートタイム（週三五時間未満）を平等に処遇する条件整備に努め、社会全体で労働時間を短縮しつつ仕事を分かち合うということである。(28) このように、生産性上昇の成果の配分形態は、賃金引き上げを中心にするのではなく、むしろ労働時間短縮の方を優先する。そして、賃金、休暇、社会保障などでパートタイムとフルタイムを対等にし、自発的に仕事を分かち合う。アメリカのように労働者層が二極分化している社会では、単純な労働時間短縮は自由時間を私的に享受できる階層とこの階層にサービス労働を提供しなければならない召使い的な労働層との分裂を引き起こす。しかし、パート労働の差別撤廃を通じて労働時間短縮を社会的なワークシェアリングに結びつけることによって、正規と非正規の二極分裂と排除を防ぐというのが、オランダ・モデル(29)である。

だが、このオランダ・モデルの真価は、ペイド・ワーク内での平等処遇にとどまらず、「アンペイド・ワークシェアリング(30)」を視野に入れた点である。つまり、育児や介護というケア労働（アンペイド・ワーク）と賃金労働（ペイド・ワーク）とのバランスをはかる「コンビネーション・シナリオ(31)」

にこそ、オランダにおけるワークシェリングの意義がある。

オランダ・モデルの特徴のひとつとして、「一・五経済」というライフスタイルがある。つまり、男性はパート労働で従来の〇・七五の所得を手にする。女性も同様である。パート男性〇・七五とパート女性〇・七五を加えた「一・五の所得」で生活を再生産するというわけである。労働時間では、男女がそれぞれ週二八時間から三二時間程度（週三～四日労働）のパート労働をする。このようにペイド・ワークの労働時間を短縮し、アンペイド・ワークを男女が程よく分担する。アンペイド・ワークを市場経済に外部化するのでなく、また福祉国家に委ねるのでもなく、自律と連帯と責任を価値とする枠組みの中で市民自らが担うことによって、社会保障費を削減し、同時にライフスタイルを変革する。

この「一・五経済」は、従来の男性的な働き方の克服（ジェンダー・フリーな働き方）でもある。つまり、生活の再生産に必要なペイド・ワークとアンペイド・ワークを（一）男女いずれか一方が役割分業しつつ、他方がフルタイムで働くのでなく、また逆に（二）男女が平等にフルタイムのペイド・ワークに専念してより多くの所得を目指して、アンペイド・ワークを外部化するというのでもなく、（三）男女がペイド・ワークとアンペイド・ワークを平等に分かち合いつつ、ペイド・ワークの比重を減らすというスタイルである。

アンペイド・ワークを市場経済化するだけなら、育児などのケアを購入するために長時間労働が必要になる。男性は従来の（あるいは従来以上の）所得をフルタイム労働で獲得し、女性も男性と同じ働き方で同じ所得水準をめざさなければならない。これはできるだけ高い所得を得てケア労働を購入するという男性的働き方を前提したライフスタイルである。オランダ・モデルに対比するなら、男性一プラス女性一イコール「二・〇経済」というアメリカ・モデルである。この経済では、低所得層からケア労働を購入して自由時間を私的に享受する高所得階層とこの階層にサービス労働を提供しなければならない召使い的な労働層との分裂がますます進行する。高所得層は過剰消費に邁進し、それに奉仕する諸階層が高所得層からの所得移転によって消費社会の部分的恩恵を享受する。こうして消費社会はますます強化される。

だが、アメリカでもこのような二極分裂の消費社会に代わる新たな社会形成を目指す運動が展開し、それが労働運動にも浸透しつつある。そして、労働運動の転換を目指している。第2章で紹介したように、「ビジネス・ユニオニズムから社会運動的な労働運動への転換」、そして「新自由主義型のグローバル化」に対抗するグローバルな労働運動の構築である。だから二一世紀における労働運動は、所得引上げと雇用確保の運動を超えて、またジェンダーフリーな働き方と暮らし方を創造しつつ、グローバルな規模での新たな市民社会の創造をめざす。この意味で、二一世紀の労働運動は市民社会に開かれた運動であることを要請されている。フォード主義の展開と共に分裂した労働運動と社会運動は新たな連帯の方向に向かって歩み始めた。その方向は、なによりもまず、自由時間を富とする新しいコミュニティづくりの一翼を担うことである。

❹市民社会の「アソシアシオン」

このような動きを視野に入れるとき、私たちはマルクスの「アソシアシオン」概念を二一世紀のポスト資本主義の構想へ向けて練り直すという課題の前に立つことになる。マルクスは「アソシアシオン」を、何よりもまず、労働者協同組合のネットワークとして提起している。マルクスによれば、機械と大工業においては、資本の生産過程が単純な労働過程から科学的過程に転化し、そこに賃労働者の社会的集合力が資本の生産力という形態で事実上成立している（「固定資本の発展」）。マルクスは、そのような物象化された社会的生産力を労働者自身の自律と連帯で自覚的に制御するためのネットワークとして「アソシアシオン」を提起した[32]。しかし、この「アソシアシオン」は労働中心主義的であってはならない。それは労働の内部に閉じこもるのでなく、市民社会に向かって開かれていくべきである。労働における協同のネットワークを、自由処分可能時間を真実の富とする新たな社会空間の形成に向けて再組織することである[33]。

このネットワークの中で、社会的個人は、労働主体としてだけでなく、ましてや消費主体としてだけでもなく、性、人種、民族、文化、言語などによって複合的な主体位置を占める多元的なアイデンティティの存在として自己を確認する。したがって重要なことは、この多面的アイデンティティ形成における抑圧や差別や不平等を問い直すことによって、自律と連帯の市民的公共空間を再構築することである。労働時間短縮と社会的なワークシェアリングは、このような市民的公共空間を創出する基礎であると同時に、逆に後者は労働における協力のネットワークを支える社会的セーフティーネットとなる。労働時間短縮は、現代市民社会の成員が労働と消費の意味を歴史的に転換し、自ら時間の主人公となるための第一歩である。マルクスの自由時間論は、「自由主義的生産第一主義」が世界を席巻する現代において、ポスト・フォード主義のオルタナティブを構想する手がかりを提起している。

付論　ワークシェアリングと自由時間の政治哲学

——D・メーダ『労働社会の終焉』を読む——

挑戦的なタイトル

『労働社会の終焉』とは、実に挑戦的なタイトルである。それは仕事を生きがいとする男たちに対しては彼らの居場所が失われたことを宣告しているし、また均等待遇を求めて男たちに闘いを挑んできた女たちに対しても、彼らの働き方に代わる新しい仕事のスタイルの創造という重い課題を突きつけている。そして、この格闘をよそにリストラの嵐の中で日々働き詰めている人々や、仕事を失い社会から排除された人々にとって、このタイトルは現実離れした哲学談議に思えるし、さらに定年延長を闘争の柱に掲げているこの国の労働運動にとって、それは自分たちの目標を否定するものと映るだろう。総じて、本書は「勤労」を美徳とする多くの人々の神経を逆なでする。確かに、そうだ。本書の原タイトルは「労働―滅び行く価値」である。

だが、著者は非常識なことを言っているわけではない。ごく当たり前のことである。たとえば、家庭と仕事と地域の三つのバランスをとって暮らす。これは良識ある社会人の常識だろう。どれを欠いても非常識だ。暮らしの中で仕事の占める位置や時間を限定し、仕事以外の多様な価値や社会的活動を認め合う。これが著者の言いたいことだ。ゴルツなら、「より少なく働き、より良く生きよう」というだろう。しかし、それが難しい。家庭や地域を置き去りにして仕事と競争に専念する男たちの過剰労働状況が蔓延し、その状況に合わせた労働の男女平等が常識化するという現実があるからだ。働かされる、というだけではない。仕事こそ能力発揮と自己実現の唯一の場とばかりに、品のない仕事競争にのめり込む。社会の多様な価値は労働に一元化される。しかもこの現実に対応して、労働こそは人間の本質であり、社会生活の要であるとの教えがあたかも自明であるかのように教授され、雇用のための成長政策が政治と経済の支配的原理となる。

本書は、このような労働中心の社会とそれを学問的に合理化する言説や政策に対してまっすぐに切り込む。著者がめざすものは明快だ。良識ある暮らしの創造に向けた「共同社会（société comme communaute)」の形成である。理想でも何でもない。仕事競争に明け暮れる人々には難しいだろうが、その暮らし方が問われているということもすでに常識なのだ。転換のためのポイントは、二つである。ひとつは労働時間短縮とワークシェアリングによって、社会的剰余時間を自由時間として実現する仕組みを構築すること、もうひとつは、それを基礎として労働以外の多様な価値と多面的活動（multiactivité）の機会が保証される公共空間を創造すること。これらについての技術的行政的手法に関しては、すでにいくつかの実践的蓄積があり、著者自身もフランスの社会政策立案の立場から数冊の著書を発表している。それゆえ、本書においてはより原理的に「近代的労働観の系譜」をたどり、新たな「共同社会」形成のための理論的基礎を構築することにある。その方法は、しかし「労働」言説の優れた古典に内在しつつ「労働社会」の矛盾と自己転回の論理を引き出すという意味で、深い歴史認識に裏打ちされている。

「労働」の系譜学

「労働」は人間の普遍的本質などではない、それは一八世紀に誕生した近代固有の支配的言説である、というのが本書の出発点である。「労働」が存在しない世界は二一世紀の今日においても少なくはないし、「労働」が非人間性の象徴とされ、蔑視の対象でしかなかった時代もある。一八世紀以前のヨーロッパではそうだ。第二章では、「労働なき社会」の歴史と現代が、一方ではギリシア時代にまで遡って、他方では人類学的考察の現代的成果に依拠して縦横に論じられる。その上で、第三章以下では、「労働」言説の誕生と発展のドラマが展開される。舞台の中心は近代ヨーロッパだが、問題は普遍的である。

まず、第三章ではT・ホッブスやJ・ロックなどの自然法思想からアダム・スミスの政治経済学を考察しながら、「労働」が富の源泉として、それゆえ富の生産と成長を目的とする社会の基礎として定置されていく軌跡が確認される。ところが、一九世紀に入ると、「労働」言説は一変する。「労働」は人類の創造的活動のモデルとなり、それを通じて人間が自己を実現し、社会を形成する唯一の活動という意味での「人間の本質」にまで高められていく。この歩みを自覚的に推進したのは、ヘーゲルである。ヘーゲルの「精神の労働」は、あらゆる自然なものを克服する自己否定の運動である。衣食住の生活習慣から法律・制度や芸術・宗教・哲学など、政治と文化の一切が「精神の労働」の産物として解明され、「労働」は人間の本質的活動そのものとなる。だが、眼下に展開する現実の労働は悲惨そのものである。一方における「人間の本質的活動としての労働」と他方における「疎外された労働」、この理念と現実のギャップの中で「労働」の哲学は社会変革の理論に練り上げられていく。

といった次第で、第四章では諸々の社会主義思想や革命運動がいかにして「労働の解放」＝「人間の解放」という「労働のユートピア」の言説を構築したかが考察される。そして近代的「労働」

言説が抱え込んだ問題が暴き出される。それは現代のわたしたちに残された課題でもある。それを一身に引き受けたのがマルクスである。彼は一方で、「労働」そのものを人間の根源的欲求とみなす。自然を改造し世界を変革する「資本の生産力」は「労働の生産力」の物象化された形態に他ならない。だが、「労働」はそれを通じて人間が自己を開花させる根源的活動である。それゆえ、問題は、「労働」をその歴史的に規定された形態から解き放つことである。生産の諸条件を変革し、人間性の開花と社会的きずなの基礎としての「労働」を復権する。「労働の解放」としての階級闘争の理念である。

だが、他方、彼は『資本』の最終章で、「自由の領域は労働が存在しないところで初めて始まる」ともいう。労働は「必然性の領域」に属する活動であり、それゆえ「労働日の短縮が根本条件である」、と。しかも、近代的工業の展開は生産要素としての人間労働をますます不用ならしめ、その思わざる結果として、自由の領域の基礎を創造しつつあるともいう。ここでは「労働からの解放」が、それゆえ社会的剰余時間の自由時間としての実現が歴史の課題となる。「労働」言説を突き詰めたマルクスにおいて、矛盾は鮮明に出ている。

「労働」言説の自己転回

さて、二〇世紀のフォード主義的発展の中で、「労働社会」を経験した現代の私たちは、「労働」言説が抱え込んだこの矛盾をどのように引き受けるべきか。もちろん、問題がこのように提起されるとき、解答はすでに出ている。言いかえるなら、二〇世紀における「労働」言説の特徴はこの問題を提起しなかったところにある、というのが著者の考えである。それゆえ、第五章では「労働」

言説の二〇世紀的特徴が分析される。二〇世紀にはもはや労働の本質や多様な社会的活動における労働の位置づけが探られることはなくなる。賃金労働は所与のものとして前提され、それに正当な対価を保証することによって労働を国民的に許容しうる内容にすること、そしてそのような労働を国民に保証することによって国民生活を安定的に維持することが問題となる。

こうして「労働」言説は福祉国家あるいは社会的国家の言説となる。成長経済と完全雇用が国家の政策の中心部に据えられ、フルタイムの労働が働く人々にとっての自明の生活原理となる。事実、フォード主義的発展における成長経済は、国民の大半を国民的生産力を担う労働資源として組み込むことに成功した。「労働」言説はかって人間の自由と平等をめぐって展開したが、二〇世紀には国家が人間を計測・管理・統治するための支配的言説に転回する。

しかし、二〇世紀末のフォード主義の危機とともに、一九世紀に提起された「労働」言説の矛盾が再び問題化してきた。著者が指摘する問題の所在を、次のような単純な寓話でたとえてみよう。

技術進歩によって生産性が年々一％上昇する社会がある。一〇〇人のうち一人の労働は不要になる。しかし経済も一％大きくなれば、一人は失業者として排除されなくてすむ。それは一％大きくなった経済を従来の一〇〇人で消費する社会である。消費が拡大し経済が成長を続けている限り、失業は表面化しない。少なくとも一定の範囲内に封じ込められ、危機に転化することはない。問題は、二〇世紀の経済が持続可能性の臨界点を突破したことにある。これ以上の拡大は不可能であり、一人は排除される。どうするか。排除された一人にモノづくりではなく、家庭や地域のサービス労働あるいは欲望増殖産業の労働に従事させるというのが、ポスト産業社会の論理である。この社会では、従来は「労働」でなかったあらゆる活動が労働市場に登場する。文字通り、「労働社会」である。それは二〇世紀的な消費社会を維持するための代償である。労働社会は持続不可能な消費社会の危機を先送りし、危機をますます増幅させることになる。著者が批判するのは、このような労働中心社会（＝消費社会）の危機である。

「労働」中心社会を超えて

労働中心社会を超えて、新たな「共同社会」を模索することが課題となる。社会の多様な価値が「労働」に一元化されるなかで、にもかかわらず社会生活に占める労働の位置が相対的に減少しつつある。と同時に、労働以外の多様な社会的活動の意義が浮上してきている。個人の人間としての自己実現と社会的きずなの形成にとって、労働だけが特権的な位置を占めるわけではない。社会における多様な活動はどれもが不可欠である。それゆえにこそ、労働時間短縮とワークシェアリングによって社会的剰余時間を自由時間として実現する仕組みを構築することが課題とならざるをえない。それは労働を不要とすることではなく、労働への平等なアクセスの権利と義務を承認した上で、労働以外の多様な社会的活動の意義に関する社会的合意を形成することである。

だが、この合意形成は、その過程に個々人が参加しうる公的空間の形成を前提とする。それは目的を所与としてその手段を選択するのではなく、どのような社会を選択するかという目的そのものが問題化できる空間である。著者のいう「共同社会」とは、それを可能にする社会である。それは多様な価値が承認される多元的社会である。それゆえ、多元的社会形成は国家の新しい定義を必要とする。著者は国家を次のように定義する。

「国家は、社会が自由に選択した目的を表現するためにそれ自身に与える意識的手段である。

……国家が専念すべき真の課題は、公的空間を創出することであり、説明すること、だれもが知りうるようにすることである」

この公的空間が狭義の政治社会ではありえないこと、いうまでもない。社会には富の生産という目的を超えた上位の目的がある。共に住まうこと、多様な価値を議論すること、共通の社会的善を模索すること。それは労働と欲望の相互依存が行為事実的に成立させる経済的秩序とは異なる政治の次元である。経済学はそれを提起できないどころか、むしろ「労働社会」の合理的言説として機能している。新しい公共性の創造をめざす政治哲学の構築が必要である。近代市民社会は社会的きずなを編み上げる固有なアートとしての政治の領域を必要とする、とヘーゲルはいった。経済学批判はヘーゲルの政治哲学から出発しなければならない、と著者はいう。古典に内在し、それを現代的課題に突き合わせ、そして古典を超えるという優れた姿勢が、そこにはある。二〇世紀の労働運動を超える新しい社会的労働運動の指針を、私たちは手にした。

第4章
グローバル資本主義と市民社会

1 グローバル資本主義と国家の変容

今日、世界はグローバル資本主義に先導されつつ、二〇世紀システム再編の道を突き進んでいるように思われる。システム再編のヘゲモニーは新自由主義のイデオロギーを結集軸とした歴史的潮流にある。このイデオロギーは、「国家」という〃人為的〃制度が生み出す非効率性の弊害を「市場」メカニズムの〃自由で自然な〃作用によって是正しようとする。その方向は福祉国家とともに拡大した国家的公共性の領域の縮小と、国家の管理下に置かれていた市場領域の拡大である。だから、新自由主義のイデオロギーは混合経済のもとでの「福祉」や「開発」という戦後の先進資本主義諸国で共通に見られた経済的諸制度の解体を目指すだけでなく、現代の政治的社会的システムを市場中心に「改革」しようとする。国家的公共性の縮小と市場経済の拡大という方向において、一九八〇年代末以降のソ連・東欧社会主義諸国の崩壊と再資本主義化の動きも、そしてまた中国における市場経済化も、グローバルなシステム転換のひとつといえるだろう。

このイデオロギー的枠組みでは、市場と国家の対立軸が中心となる。確かに、九〇年代は市場と国家の対立が表面化した時代であった。これと対比するなら、それ以前は資本主義と社会主義の形態をとった「国民国家/国民経済」の対立が支配的図式であったといえる。(1) いずれの国民国家も経済と社会を国民的枠組みで囲い込み、経済的な効率性と社会統合の正統性を競い合っていた。国民国家は国民の経済生活を保証すると同時に、文化的な帰属意識を確保することによって、その政治的権力と主権性を揺るぎないものとすることができた。ところが、一九九一年のソ連消滅による社会主義的国民国家の崩壊とともに、対立の基軸は市場と国家にシフトした。当初、社会主義国家の崩壊は資本主義的市場経済を基礎とする国民国家の勝利を意味するものと思われた。しかし、ソ連・東欧が再資本主義化し、アジアに市場経済化が押し寄せるにつれて、グローバル資本主義は国民国家そのものに牙をむき始めた。国家もまた、相対化されてしまった。

だが、国家の相対化は国家の消滅を意味するわけでは全くない。現に生じているのは、国家の変容である。どのような国家か。さしあたり、「市場型国家」と呼んでおこう。冷戦体制の消滅とともに、国家権力を担保するものとしての軍事力は後景に退き、市場経済への対応力が国家能力の核心として問われ始めた。グローバル資本主義に対応しうる機動性と戦略性を兼ね備えた筋肉質の市場型国家への進化。そのような国家への自己脱皮こそ、二一世紀に相応しい国家の姿であるかに見える。市場の声は、今や国家の戒律ともなった。〝競争せよ、競争せよ！〟、と。

確かに、九〇年代におけるグローバル資本主義の奔流のなかで、国家は大きく変容しつつある。この変容について、B・ジェソップ［一九九七］は「ケインズ主義的福祉国民国家（Welfare National State）」から「シュンペーター主義的勤労レジーム（Workfare Regime）」への転換と特徴づける（三頁）。そして、この動きの中で「国家の戦略的志向性におけるバランス」が著しく変化したという。国家の国内政策に対する国際的文脈が増大し、国家が国内的な目的で遂行する行動の範囲がトランスナショナルな要因を含む範囲にまで拡大しているからである。それは政策遂行の中に現れている。たとえば、これまで国家が経済的社会的介入を行う主要な目的は「国民経済」の成長と完全雇用を実現することだった。だが、今では供給サイドへの国家介入によって国民経済の構造的競争力を強化することが国家の最重要戦略となった。そのためには、第一に開放経済の下で製品・過程・組織・市場のイノベーションを促進し、第二に社会政策の中心課題を国際競争に耐えうるような労働市場のフレキシビリティの確保におかれる。つまり国内の完全雇用よりも国際的な競争力が、そして再分配的な社会保障政策よりも生産第一主義的な社会政策が重視される。こうしてグローバル資本主義は国民国家を相対化することによって、国家を市場型国家に変容させた。

だが、グローバル資本主義が国民国家に変容を迫る一方で、市場もまた相対化されつつある。それは九〇年代末における投機マネーの暴走を契機とした通貨危機に鮮明に現れた。一九九七年七月のタイ通貨危機に端を発する東アジアの経済危機がロシアと中南米に伝播し、それらが先進諸国を巻き込みつつ、世界経済は戦後初めて本格的な経済危機の様相を呈するに至ったからである。国際的な資本移動の加速化は、市場メカニズムを通じた資源配分を効率的にするどころか、実体経済を著しく不安定化している。

たとえば、アジアの通貨危機。経済指標が良好に見える限りは、生産資本の必要額を超える大量のマネーがこれらの地域に流入し、地価や株価を押し上げ、消費をバブル化して、見かけ上の経済成長をもたらす。しかし、わずかな政治不安や経済指標の悪化をきっかけに、大量のマネーが一気に流出し、過剰な信用収縮が始まる。通貨が暴落し、不良資産化した膨大な債務だけが残り、深刻で長期の不況に入り込む。途上諸国の累積債務と難民化する労働力の激増は、このような先進諸国のカジノ資本主義化と多国籍化する生産資本の開発戦略と結びついている。それゆえ、このような市場化がもたらす不安定要因と自己破壊的傾向に対しては、国民国家の側から新しい共同管理の道が模索される。

問題の所在は、しかし、単なる投機マネーにあるのではない。一国民国家の通貨にすぎないドルを世界経済の基軸通貨たらしめている点に、グローバル資本主義の根本矛盾がある。ドルの過剰供給は世界経済の拡大と投機マネーの利益の源泉であり、そして何より市場中心主義アメリカの国益の源だが、しかしその過剰供給こそ世界経済がドル暴落と超インフレから経済の縮小均衡へ反転する究極の原因でもある。こうしてグローバル資本主義に供給される「グローバル通貨としてのドルの共同管理」（岩井克人［一九九九］）が避けられない課題となる。たとえば、国際通貨制度や貿易体制の中に新しいセーフティネットを組み込むと同時に、基軸通貨ドルに代わる新しい地域通貨制度やトービン・タックスのような国際的税制度が浮上している。(2) だから、グローバル資本主義は二〇世紀の支配的政治システムであった国民国家を相対化したが、同時に、そのことが国民国家の市場型国家への変貌を促し、逆にグローバル資本主義の本格的制御という問題を浮上させた。

2 「市場と国家」――「社会」の不在

だが、このようなグローバル資本主義の展開と国民国家の変容の背後には、「市場と国家」を軸とする枠組みではとらえきれない重要な問題が潜んでいる。それはシステム再編のヘゲモニーを握っている新自由主義のイデオロギーが無視している問題でもある。神野直彦［一九九八］は、現実に進められようとしている「システム改革」が「市場と国家」という二分法に基づいて、「市場経済という競争原理で営まれる経済システム」の拡大と「公共部門という政治システム」の縮小を戦略目標にしており、この改革は「コミュニティという社会システム」の存在を無視していると批判する（七頁）。ジェソップ［一九九七］もまた、グローバル資本主義の展開が国民国家の第一義的な役割を相対化するだけでなく、同時に多様なレベルで展開される社会的ガバナンス機構と「市民社会」の重要性が浮上していると指摘している（二四頁）。

市場は国家と対立するどころか、国家なくして存在しえない。それは市場が自己の存在基盤を「社会」にもっているにもかかわらず、その社会を解体するという矛盾した性格をもっているからである。そのとき国家は、いわば市場の破壊作用に対する社会の防衛装置のひとつとして登場する。国家とは「社会を構成する諸集団が終わりなき闘争の中で燃え尽きないように、社会が自らに備えた装置」（リピエッツ［一九八九］九頁）である。国家は社会の危機が要請するひとつの解決形態にすぎない。まさにこの点において、現代の国民国家が問われている。

グローバル資本主義は、国民経済の壁を食い破ることによって国民国家を相対化しつつある。と同時に、それは国家を変容させ、逆に国家によるグローバル資本主義の制御という問題を引き起こす。市場と国家の弁証法である。が、まさにこの点において、国民国家がその役割を十分に果たし得なくなっている。それゆえ「市場と国家」の枠組みを越えたもうひとつの枠組みとしての社会形成の問題が顕在化する。これこそ最も深い意味での社会形成の歴史的弁証法である。だから、現代の市民社会形成は市場と国家のいずれをも相対化しつつある。市場と国家という二分法がもたらすイデオロギー的陥穽を避けるためにも、資本主義的市場経済における社会形成と国家形成の原理的問題を確認しておこう。社会の安全装置（セーフティネット）としての国家という論点は、この問題に関わる。(3)

3 資本主義的市場経済と「国民国家」

市場経済は、コミュニティ内部で生産物の一部分が商品として交換される過程や、あるいはコミュニティ内部の社会的剰余の一部分がコミュニティ間で交換される過程で成立する。前者は、いわば社会に埋め込まれた市場で、地域市場から国民的市場形成へという過程をたどるのに対して、後者は初めからコミュニティを越えたグローバル性を備えている。両者は相互に対立し合うが、同時にグローバル化と再コミュニティ化の対立と衝突を繰り返しつつ、取引のルールや制度を変容させ、商品化の範囲を拡大させていく。ところが、こうした市場形成の中で、市場の性格が決定的に変化するときがある。商品化の範囲が通常の労働生産物やその社会的剰余の範囲を超えて、労働力／土地／貨幣（＝資本）などの生産要素にまで及ぶときである。というのも、これらの生産要素は通常の労働生産物が売買されるのと同じ意味での商品ではないからである。また、労働力や土地や貨幣を無条件に市場原理にゆだねた場合、人間の存在条件や自然環境の根本的変容、あるいは社会的不安定化などから、極めて深刻な問題が生じる。いわゆる「市場経済の限界」である。

だが他方、これらの生産要素が徹底的に商品化するのでなければ、市場は普遍化しない。市場の普遍化とは「商品による商品の生産」であるほかない。そして、商品化の範囲が労働生産物を越えて生産要素そのものにまで浸透する過程で、市場経済は資本主義的市場経済に転化する。だが、このとき市場の性格は大きく変容する。市場の普遍化にともなって生ずる矛盾が顕在化し、コミュニティそのものに対して破壊的に作用する。そのことが、逆に市場メカニズムを機能不全に陥らせる。これは市場が内包する根源的矛盾である。この矛盾こそ、近代的コミュニティの最高次元としての「国民国家」を成立させる歴史的根拠である。もちろん、資本主義的市場への転回は、歴史的過去に属する一回限りの出来事ではない。それは、私たちの歴史的現在においても不断に進行している。それゆえ、この根源的矛盾に対する対抗的歴史形成もまた、不断に持続せざるをえない。

三つの生産要素のうち、資本主義的市場経済にとって最も基軸的な労働力の商品化について原理的に考えてみよう。資本主義的市場経済には、労働力の商品化そのものがはらむ深刻な矛盾と社会統合の危機という二つの問題が内在している。第一に、資本主義的市場経済が再生産されるための最も基礎的条件は、労働力が商品として売買されることである。だが、賃金労働者が売る商品は自己の身体そのものである。従って、もし労働力の購入者（雇用者）がその所有権を行使して、労働力を通常の商品と同じようなモノとして自由に処分するなら、労働者は自由を失うどころか、生存そのものを脅かされる。事実、資本主義の歴史は労働力購入者によって自由に処分された労働者の凄まじい犠牲に彩られているのであり、「文明社会」の労働人口に生じた歴史の惨劇は、「文明人」によるアメリカ・アフリカ先住民の大量殺戮に優るとも劣らぬものだった。[4] リピエッツ［二〇〇〇］はこれを「フォード主義が引き起こしたエコロジー危機」と区別して「本源的資本主義に支配される人類が出会う最初のタイプのエコロジー危機」という（八六頁）。これは「人道的」問題である以上に、システムそのものの存立にかかわる問題となる。労働資源の枯渇はそれ自体、資本主義的市場経済の基盤そのものを掘り崩してしまうからである。

だから、資本主義的市場経済の歴史的展開は、労働力の商品化にともなう社会的安全装置の装備という制度的な問題を抱えている。資本主義的市場経済が持続可能であるためには、労働資源の調達場となる社会システムの中に様々な社会的安全装置がセットされ、労働力の持続的再生産が保証されなければならないのである。労働時間規制などの各種労働立法から労働市場の規制と整備などである。それは労働者が自己と家族の生活を維持する上で必要な制度であるだけでなく、資本主義的市場経済の持続的再生産にとっても必要な装置である。肉体的精神的に健全な賃金労働者の再生産こそ、資本主義的市場経済の根本的前提条件だからである。

それだけではない。第二に、社会統合の危機という問題がある。労働力の再生産の背後には人間生活を支える広範なコミュニティが控えているのであり、労働力の商品化はコミュニティの共同的生命維持機能に対して破壊的に作用するからである。市場経済が家族や地域の伝統的コミュニティの全領域に浸透していくと、この領域に埋め込まれていた人びとの共同的な生活維持機能（共同作業や相互扶助活動）が解体し、社会統合に修復しがたい亀裂が入る。だが、コミュニティの危機は市場経済そのものの存立を危うくする。第二次大戦後に先進諸国がこぞって目指した「福祉国家」は、政治システムの機能なしに市場経済は機能不全に陥るという認識に基づいていた。

それゆえ伝統的なコミュニティの共同作業や相互扶助に代わって、教育・福祉・衛生などの財やサービスが国家の財政活動を通して供給されるようになる。この国家的公共活動は資本—賃労働関係の持続的再生産にとって必要であるだけでなく、市場経済化とともに解体する伝統的共同性に代えて新たな社会統合を実現するうえでも不可欠な要素となる。社会統合は物理的暴力の行使（狭義の政治社会）によって実現するわけではない。ましてや市場の競争的需給関係が予定調和的に社会統合を実現するわけでもない。伝統的な家族や地域の共同的な生活保障システムを再編し、社会の草の根に息づく市民的諸集団の同意を調達することによって初めて、社会統合は実現する。

こうして、市場はそれが資本主義的市場経済に転化するとき、自己破壊的矛盾（人間と自然とコミュニティの危機）を抱え込む。この矛盾の顕在化が一定の範囲に抑え込まれ、資本主義的市場経済が再生産されるためには、政治権力に支えられた制度形成が欠かせない。ここに「国民国家」形成の根拠がある。それは市場に対して両義的である。一方で、国家は明確に領域化された枠内において私的所有を徹底し、その権利を保護することによって、市場経済が普遍化する法的政治的条件を整備する。だが他方、国家は私的所有の徹底と市場の普遍化がもたらす社会的危機を一定の範囲内に封じ込めなければならず、そのための制度やルールを備える必要がある。この意味で、近代の国民国家は資本主義的世界市場の中で、最も重要な社会の自己制御装置の集約場としての位置を占めてきた。それは、市場に侵食された社会が、終わりなき闘争で燃え尽きないための安全装置として自ら備えたものである。資本主義的市場の展開とともに、近代の国家は伝統的コミュニティ（コモンズ）に内在していた自己制御装置を、経済や社会から自立した政治的権力装置の形態で引き受ける。

4 フォード主義的発展様式と福祉国家体制

このような社会の自己制御装置は、二〇世紀には「国民国家／国民経済」の枠組みで展開する。それは、二〇世紀資本主義の多層的世界市場の中で、最も重要な結節点を占めてきた。第二次大戦後の先進諸国では、国内市場中心の国民経済が形成される一方で、中央政府に集権化された国民国家の政治システムが資源配分機能を通じて国民経済の産業構造を調整し、他方で各種の所得再分配の回路を通じて個々の市民を国民社会へ統合した。このような国民的枠組みでの調整様式が、戦後の「福祉国家」である。(5) 戦後の福祉国家は、市場経済が国民的枠組みの中で展開しつつ、同時に社会統合を実現していくための安全装置のひとつであった。この意味で、福祉国家は自己制御能力を喪失した近代市民社会の歴史的補完物である。

このような国家福祉によって自己の内在的矛盾を調整する資本主義的市場経済は、二〇世紀初頭の二つの総力戦を経過して、第二次大戦後に本格的に定着した。それは「フォード主義的発展様式」といわれる。それは国民国家／国民経済の枠組みにおいて大量生産・大量消費を実現する内包的蓄積体制を基礎とし、国家福祉を要とする新しい調整の諸制度を備えている。そして今日、グローバル化の奔流の中で危機に瀕しているのは、このような国民的枠組みにおける戦後的発展様式である。

ところで、フォード主義的発展様式の歴史的特徴は、賃金労働者が歴史上初めて「生産者」および「消費者」として、さらに政治的、社会的そして経済的諸権利を有する「市民」として、資本主義的市場経済に終身的に統合されたという点にある（ボワイエ［一九九六］一二頁）。二〇世紀の国民国家が資本主義的市場経済の持続可能性を保障する社会的安全弁として機能しえたのは、まさに労働者を「国民」の基軸的な成員として国民国家の枠内に包摂し、政治的権利の主体として承認すると同時に、他方で「国民的生産力」（大塚久雄）の積極的担い手たらしめることができたからである。

この発展様式は、第一に、労働と消費を結びつける独特な蓄積体制に基礎づけられている。一方の労働編成においては、「テーラー主義プラス機械化」の技術的パラダイムのもと、社会に広く存在する普通の労働者を生産資本の資源として大量に動員する生産システムが成立する。このシステムが生産性を飛躍的に上昇させ、大量生産を可能にするとすれば、他方で大量動員された労働者自身の消費欲望が大量販売のはけ口として開拓される。経済循環は労働者の大量消費を構造化した大量生産のシステムとして展開することにより、国民経済という枠内での内包的蓄積の体制が可能になる。それは自らを成り立たせる前提条件が過程そのものの内部で再生産されるというオートポイエーシスの体制である。消費欲望が労働を動員する強力なインセンティブとなり、労働の自発性を引き出すテコとなる一方で、その自発的労働が今度は生産性上昇の駆動力となって経済成長を実現するという拡大循環の体制である。ともあれ、この体制の確立とともに、先進諸国にとって開発途上地域の経済的比重は低下し、一九世紀型の「野蛮な」帝国主義は幻影と化す。他方、市場メカニズムの「文明化された」帝国主義のもと、開発途上地域もまた国民国家として独立し、ポスト・コロニアル的歴史状況のなかで輸出主導型成長戦略から輸入代替的産業化戦略にいたるまで、国民経済としての自立を追求するようになる。

だが、国民の労働と欲望を動員する内包的蓄積体制の背後には、働き方と暮らし方をめぐる資本と労働の闘争と妥協、およびそれを通じた制度形成がある。それはレギュラシオン様式といわれる。国民化された内包的蓄積体制は、このレギュラシオン様式とともに現実化する。それは国内の資本—賃労働関係から企業間競争、国家政策、国際関係の各水準で展開するが、核心はやはり賃労働関係にある。それは生産過程における労働編成や賃金決定方式など、労働力の動員とその再生産を規定する諸条件の総体を意味するが、二〇世紀の先進諸国では、これら労働条件をめぐって労働組合が組織化され、団体交渉や争議を通じて賃労働関係の骨格が制度化されていった。「フォード主義的労資妥協」とよばれる。その根幹をなしているのが「生産性インデックス賃金」である。経営側は労働編成の主導権を掌握することによって、「テーラー主義プラス機械化」の技術的パラダイムで生産効率と最大利潤を追求する。他方、労働側は労働と時間に対する主権を譲渡する代わりに、生産性上昇の成果の一部を賃金引き上げとして受け取る。これは労働条件を市場競争に委ねるのではなく、労資の合意形成において調整するということを意味する。もちろん、この種の妥協は資本—賃労働を基軸とする諸階級・諸階層間の私的対立の調整ではあるが、それが国民的規模で制度化されるには法的強制力（最低賃金立法など各種労働立法）や公的介入の諸形態（所得再分配的国家福祉など）をとるのであり、常に「国民」の名において正統化される。この意味で、フォード主義のレギュラシオンこそ、二〇世紀の大量生産―大量消費という内包的蓄積体制を国民経済の枠組みにおいて成立させたものである。

この労資妥協の歴史的意義は大きい。歴史上初めて、賃金労働者は社会的権利の主体として承認され、国民国家を構成する「市民」としての位置につくことができたからである。かつて「労働者」は搾取される人びとであるだけでなく、近代市民社会に特有の人種主義的差別の典型的標的であり、女性や少数民族とともに「市民」的諸権利から排除されていた。そのことが逆に、自らの自律的生活圏と職能における協働を基盤とした「労働者主義」ともいうべき対抗文化を生み出し、「ブルジョア」としての市民階級に対する政治的オルタナティブを提起していた。それが国民国家の政治的中核部分に地歩を築くことができたのは、デモクラシーの発展にとって歴史的偉業である。(6)

だが、賃金労働者を「市民」たらしめたフォード主義的労資妥協については、次の点に注意する必要がある。この労資妥協の基礎には、働く人が自己の存在根拠である労働とその時間、さらには生活時間総体に対する自己管理権を喪失したという事実がある。自己の存在の最も深いところで時間に対する主権を放棄したことで、フォード主義的発展における社会形成は決定的な問題を抱えることになる。労働は賃金を得るための手段か、あるいはその範囲内での自己実現の手段となり、働くことの意味や労働の在り方から新しい社会を構想する試みが失われていく。「労働―賃金」という図式は、「資本―利潤」や「土地―地代」とともに、自明で自然な生活規範となっていく。事実、生産性上昇の成果は賃金所得引き上げ以外にも、労働時間短縮や社会的ワークシェアリング、暮らし方におけるペイド・ワークとアンペイド・ワークの見直しなど、多様な選択肢がありえた。にもかかわらず、戦後の労働運動が追求したのは賃金所得の引き上げと大量消費の饗宴であった。

確かに、賃金労働者は消費社会の主役となることで、消費の伝統的身分秩序は解体し、「自由な消費」と「自由な労働」のもと、労働者の暮らしは向上した。だが、フォード主義的発展様式がその蓄積回路に組み込んだものこそ、この自由な労働と自由な消費であり、それゆえ賃労働関係をめぐる闘争と妥協のシステムは、この発展様式の内生的要素として完全にプログラム化される。伝統的身分秩序から解放された「自由な消費」は、同時に生存のための直接的必要からも自由な無限増殖する消費欲望となり、それが再び労働の自発性を極限まで引き出し、「自由な労働」を大量動員する推進力となる。そこに成立するものは、「自らを成り立たせる要素そのものを自ら再生産し続ける」という「物象化されたシステム」(石塚良次［一九九九］一七九頁)である。

だから、A・ゴルツ［一九九七］はこう批判する。「フォード主義的妥協」が労働と消費の自己循環回路を創出し、その回路の中でプログラム化していくとき、「労働運動は現在とは異なる社会を形成しなくてもすむようになり、また社会の不在という自由主義資本主義に固有な問題が覆い隠されてしまった。労働運動は、自律したシステムとしての社会システムの調整を…国家に一任したのである」(三〇九頁)、と。この国家こそ、二〇世紀の先進諸国に成立した「福祉国家」であり、途上諸国の「開発国家」である。フォード主義的妥協の期間中、社会が自己調整能力を喪失する一方で、福祉国家が諸階級・諸階層の葛藤と対立を調整し、資本主義的市場経済の危機を制御する機能を果たした。事実、多くの先進諸国ではフォード主義的発展が国内市場中心の国民経済として展開する一方で、集権化された国民国家の政治システムが資源配分機能を通じて国民経済の産業構造を調整し、さらに各種の所得再分配の回路を通じて個々の市民を国民的国家へ統合した。福祉国家は、市場化する国民経済のなかで社会統合を実現するための安全装置として機能した。そして、国家福祉の体制が充実すればするほど、逆に、市民は「行動する主体」ではなく、「社会手当の受給者、社会保険の加入者、納税者として行政的に管理される客体」に転落していく。なぜか。福祉国家においては、「市場資本主義（＝フォード主義的発展）における社会の不在の原因がそのまま残っているからである」（三一〇頁）。福祉国家は社会を生み出さない。こうしてゴルツはフォード主義的発展様式の根本的問題を次のように批判する。「経済成長の成果を租税によって再分配し、社会保障や強制保険をつくる保護制度は、社会の連帯や絆の崩壊を多少とも埋め合わせはしたが、新たな連帯を生み出すことはなかった」（同）。

5 多層的な市場空間形成

フォード主義的発展様式において「黄金の三〇年間」を謳歌した先進諸国は、その内部に多様な要素を内包していたにもかかわらず、ナショナルな枠組みをもって人びとを統合し、経済を管理してきた。この枠組みは発展途上諸国の経済開発戦略においても、同様だった。そこでは国民国家／国民経済／国民社会が構造的に一体化し、人々の日常生活の中で〝自然化〟した。同時に、この国民的枠組みは、様々な国際レジームや非対称的な同盟関係によって支えられていた。このような構造化された補完性の様々な形態が継続的に再生産され、その中で資本関係の矛盾と社会的危機は一定の範囲内に封じ込められ、少なくとも部分的・一時的に解決されてきた。戦後の冷戦体制の奇妙な安定は、こうした経済管理と社会統合様式の発見に成功したことによる。それは社会形成を推進する多様な力を「国民国家／国民経済」の枠組みの同質空間に回収することによって、ナショナルな文化とアイデンティティを不動のものにしていった。(7)

だが、それでもなお、矛盾をはらむ資本主義的市場経済の展開とそれが引き起こす社会闘争は、既存の制度的枠組みからはみ出すのであり、その矛盾と危機の解決は不安定で暫定的なものとならざるをえない。このことはナショナルな枠組みにおいて、とりわけ明白である。というのも、グローバル資本主義の進展が様々な次元でナショナルな枠組みを掘り崩す一方で、多層的社会空間形成が再び顕在化してきたからだ。経済と政治は国民的次元からグローバルな次元と多様なサブ・ナショナルな次元へ分岐してきた。これは「枠組みの相対化」といってよい。私たちが目にしているのは、異なる次元の経済的政治的諸組織が相互に競い合い、影響を及ぼし合いつつも、構造化されえない複雑で多元的でハイブリッドな状況である。(8) グローバル資本主義は、その均質化する市場経済という傾向性の背後に、多層的な市場空間を形成している。

私たちの常識では、「市場」は一物一価が支配する均質な空間である。確かに、トレーディングルームの向こうにある為替市場ではサイバーマネーの均質な空間、「サイバー資本主義」とでもいえる世界空間が成立している。少なくとも、グローバルな市場経済はマネーの一元的支配へ向かう普遍的傾向をもっている。とはいえ、市場は私たちが思っているほど等質な空間ではない。金子勝［一九九九］は、歴史的由来を異にする二つの市場が相互に対立浸透し合う過程を説き明かしながら、世界的規模で成立する多層的な市場空間の構図を描き出している。

第一の市場は、私たちがグローバル資本主義という現実の中で経験している「顔の見えない市場」である。この市場は遠隔地貿易のように、歴史的には「コミュニティ間の流通から発生する市場経済」であり、コミュニティを越えて拡大し、普遍化する。この市場は顔が見えないという匿名性のゆえにリスクをともなう貨幣的取引を中心とし、またそのグローバル性のゆえに絶えず私たちの日常的生活世界やコミュニティを越えて展開する。

もうひとつの市場は、コミュニティの内側にあって日常の生活世界の大部分を覆っている「顔の見える市場」である。これは、いわば社会に埋め込まれた市場である。確かに、私たちの日常生活に及ぼすグローバル市場の影響力は巨大であるが、しかしその影響力はストレートに及んでいるわけではない。日常の仕事や取引では得意先・下請け・系列など、顔の見える範囲での仕事のルールや商慣習が一般的である。しかも、この市場における経済行為は必ずしも価格のみをシグナルとするわけではなく、取引当事者間の相互信頼にもとづく非貨幣的行為をともなうことが多い。だから、私たちの日常世界は地域の家計や企業や組合や取引関係など「多層的に重なった共同性をもつコミュニティ」に覆われており、多くの「顔の見える市場」で埋められている（一三六頁）。

問題はこの二つの市場の関係である。それは単純に併存しているわけではない。二つの市場は発生起源を異にし、相互に矛盾した性格をもつからである。「顔の見えない市場」のグローバル性は不断にコミュニティを食い破って、その内部の「顔の見える市場」に侵入する。他方、後者もこの動きに対して防衛的に行動するだけでなく、積極的に自己を内部編成しようとする。ルフェーブル［二〇〇〇］の多層的社会空間形成の理論を借りるなら、この弁証法的社会形成の過程は次のように要約できるだろう。[9] 一方の「顔の見えない市場」は絶えず自らを普遍化しつつ前進するが、それは無限に存在する多様な「顔の見える市場」との対立と衝突の過程においてであり、さらにこの過程においてはこれらミクロ的市場そのものが相互に対立し、浸透し、調整し合うことになる。他方、無数の「顔の見える市場」もマクロ的市場形成へ吸収し尽くされてしまうわけではなく、固有の権利において生き続け、新しく自己を編成し、グローバル化する普遍的傾向に影響を与えていく。それは「顔の見えない市場」の普遍化する方向そのものを不確実なものにし、分極化させる。だから、市場空間は単一化するよりも、地方的・国民的・世界レベルで多層化していく。存在するのはひとつの市場空間ではなく、複数の空間である。世界市場は地域的・国民的空間を消滅させるというより、むしろ無数の多様な空間の多層的関係として存在し続けると見るべきである。

6 国家の分裂と市場の分裂

二〇世紀は政治の国家化と経済の市場化が支配した時代だった。国家化と市場化のうねりは一人ひとりの市民生活の隅々にまで深く浸透し、社会のすべてを飲み尽くしたかにみえた。国家と市場による社会の植民地化ともいわれる。二一世紀を迎える今日、この流れは明らかに逆転しつつある。国家化と市場化に対して、新しい市民的社会形成が試みられ、もうひとつの政治と経済を模索し始めたからである。

第一に、国家化の限界が明らかになってきた。福祉国家は社会のすべてをナショナルな枠組みに囲い込み、国民経済の安定化・完全雇用などすべてをリードしてきた。が、今や景気政策や雇用問題だけをみても、債務を増やすだけの公共投資と効果の期待できない消費刺激策を繰り返すだけである。社会保障や福祉についても、税や保険料を引き上げる一方で、給付水準の引き下げを余儀なくされている。多くの人びとは政府に頼っているだけでは暮らしが維持できないと不安を感じ、国家を含む社会システム全般について根源的な問い直しを迫っている。そして、NPOやNGOなど非国家的セクターの活動が力を増している。これらの市民的社会集団が成長するのは国家中心の公益追求が限界に達し、社会生活の自律的再建が迫られているからである。当然、国家もまた自己の限界を克服するためにこれら市民的諸集団を国家的公共圏の内部に取り込み、自己を立て直そうとする。

この動きは、国民国家を越えたグローバルなレベルでも見られる。多様な集団的アイデンティティに立脚し、しかも政府や国家間関係から自律して展開する市民的諸集団。これらの多様で自発的な集団的諸主体のイニシアティブを通して、諸市民社会のグローバルなネットワークが築かれている。これは、国民国家やその国際的関係とは異なるもうひとつの市民的公共空間を創造する運動である。[10] この空間形成の運動は、確かに資本のグローバル化の意図せざる結果である。グローバル化する市場が国民国家を相対化すると同時に、そこに発生する危機の解決がグローバルな社会運動を呼び起こすからである。こうして国家と市民がせめぎあい、相互に自己を変容させつつ、新しい関係が模索される。だが、それは国家そのものの単純な否定を意味するわけではない。二〇世紀の国民国家を越えた新しい国家形成の可能性である。[11]

第二に、市場化の限界も明らかになっている。生産能力の効率的拡大を目指す企業は国民経済が収容しうる市場規模を狭隘と感じとり、グローバル市場を追求し始めた。だが、過剰生産能力を地球的規模で処理する強蓄積の過程は、私たちの生命維持装置としての地球環境に破局的危機をもたらす。それだけではない。金融の自由化はビッグバン推進者の主張とは裏腹に、市場メカニズムを通じた効率的資源配分を実現するどころか、モノの生産を攪乱し、マネーの流れをますます不安定化している。それゆえ、このような「顔の見えない市場」がもたらす不安定要因と自己破壊的傾向に対しては、国家の側から、あるいは超国家的立場から、貿易と通貨の新しいセーフティネットを組み込む道が模索される。他方では、地域の市場経済に非貨幣的な相互信頼にもとづく取引関係を組み込む努力が模索される。たとえば、貨幣の機能を金融仲介と決済に限定し、地域経済の自立を可能にする「地域通貨制度（LETS）」が展開している。それはグローバル化する「顔の見えない市場」の中に、もうひとつの「顔の見える市場」を形成する戦略であり、ローカルなレベルを越えて地球的規模での people to people な関係の自覚的連帯と新しい倫理（moral sentiment）を構築しようとする運動である。[12] 政治が国家的公共性に還元されないように、市場ももはや単一ではない。地域的世界的次元で多層化しつつある。

　国家中心の政治と市場中心の経済がそれぞれの内部で分裂し、その裂け目からもうひとつの政治と経済が登場している。おそらく、その政治は主権的国民国家にとって代わるものではないし、その経済は単純に市場から隔離した経済でもない。それは新しい社会形成の動きが、従来の国家と市場を相対化しつつ、それに吸収しえない次元の政治と経済として提起したものである。それはつねに、すでにあったものだが、二〇世紀の「国民国家／国民経済」に一元化された枠組みでは見えなかったものである。その見えなかった社会形成がもうひとつの政治と経済の次元を提起しつつ、新しく市民的公共圏として浮上してきたにすぎない。市場も国家も私たちが思い込んでいるほど一元的なものではない。

　個々の市民が社会の運営に参加し、国家による「顔の見えない政治」とは異なるもうひとつの政治の主体になり始めた。政治は国家領域のみの行為ではない。市場についても同様である。グローバル市場での競争力と最大利益を追求する「顔の見えない市場」にたいして、地域の企業や組合などの非貨幣的な相互信頼関係を柱とする「顔の見える市場」が登場し始めた。市場は必ずしも一元的なものではない。そして、市民的社会形成に媒介された「顔の見える政治と経済」が従来の国家と市場に介入し、それらを制御調整しようとしている。政治も経済も複合化しつつある。そして、それを積極的に推し進める社会運動が展開していることも確認できる。それは二〇世紀のオルタナティブを主導した労働運動を再審に付している。だから、フォード主義的発展にプログラム化された今日の労働運動に問われていることは、その狭隘な賃金労働者中心主義を克服して、新たな市民的社会形成（自律と連帯に基づく協力のネットワークづくり）に復帰できるかどうかである。

付論　二〇世紀資本主義を超える社会形成へ

――高橋洋児・石塚良次『二〇〇一年の事始め』を読む――

世紀転換期の今日、時代の空気は明らかに市場競争である。経済のみならず、政治までも〝市場型国家〟を標榜する。そして、社会の原点である暮らしには市場原理が席巻し、人びとは〝過剰雇用〟と〝自己責任〟のキャンペーンに脅えている。二一世紀には「市場システム」が経済と社会と政治のすべてを覆いつくす。そんな時代の雰囲気に抗して、そうではない別の世界もありうるし、そのための世直しも可能なのだと主張するのは容易なことではない。本書はこの難しい試みに敢えて挑戦しようとする。思わず手にしたくなる表題である。

二〇世紀の経済成長主義は臨界点に達した。環境は成長を支え切れず、文化も大量消費に背を向け始め、システムは自己否定の様相を帯びてきた。そのことが、一方でグローバルな大競争と市場主導のダウンサイジングを推し進めていると同時に、他方ではこの路線に代わるオルタナティブな社会形成を要請している。このヘゲモニー闘争の中で新しい世直しの構想を練るには、二〇世紀資本主義の発展過程を大局的に見据えつつ、暮らしの原点に立ち返ることが必要である。これが本書の基本的メッセージである。

本書は、故廣松渉の哲学に学びながら、マルクスの現代的可能性を探ろうとする二人の研究者の共著である。両者とも「物象化」論の視軸で『資本論』を読み、そして現代資本主義の物象化された構造を解き明かしてきた。この視座は本書においても生かされている。以下、この視座と新しい社会形成の関わりを念頭に置きつつ、本書の意義を考えたい。

第一部（高橋）では、「世直し」構想の骨格が二つの論点で提起される。一方で資本蓄積の過程は不断に市場規模を越える膨大な生産力を創出するが、二〇世紀資本主義は過剰生産力の処理システムを戦争や恐慌などの暴力的手段ではなく、〝消費社会〟の創造を通じて実現した。他方、この社会では人間の主体的欲求がシステム作動の不可欠な要因として動員される。ここでは経済システムが自律化し、人間はシステムの単なる担い手に転倒する。「人間存在のゆらめき」といわれる。現代資本主義の危機の根本原因は、この膨大な過剰生産力を処理する大量消費のメカニズムが限界に直面し、同時に浮遊する人間存在の根本的立て直しが迫られていることにある。前者について著者は「過剰生産力の国際的調整」の必要性を強調し、国内的国際的政治過程も射程に入れた具体的な処方箋を提起している。

他方、人間存在の立て直しという課題は生産力を制御する新しい公共性とそれを担う主体の自己形成の問題に関わる。この点を著者は「モラル・フィロソフィー」の古典的問題（私的利益と公共性の相克）に学びつつ、現代における新しい公共性を担う社会的理性の構築はいかにして可能かを問う。一言でいうなら、「ミクロ理性の協働」を通じた「マクロ理性」の再構築・再審の過程（政府やNGOなど市民的諸集団との相互批判と合意形成）ということだろうか。

「マクロ理性」という概念は、私たちを一瞬たじろがせる。が、それが伝統的な国家理性に反転するか否かは、その理性を草の根で担う私たち民衆の力とその方向性にかかっていると受けとめるべきだろう。私たちが自己の直接的利害を全体的な問題構造の中に位置づけ、「暮らしの場に立脚した政治人」、つまり「市民（シチズン）」として自己形成を遂げること、これがオルタナティブな社会形成の鍵であると著者は展望する。「市民とは誰か」ときつく問い質す声も聞こえてくるが、要は私的な競争原理が支配する市場システムの中に、国家的公共性とは異なる新しい協力と連帯のネットワークを創出するということだろう。「物象化」論を社会形成論として生かす試みといえよう。

第二部（石塚）では、二〇世紀資本主義が私たちの暮らしをどのようにつくり変え、日々の労働と消費の過程がどのような構造になっているか、そして経済成長主義の臨界点がどのようなシステムの危機として現れているのかが、身近な事例の中から実に説得的に解き明かされる。たとえば、私たちが呼吸するだけで出る二酸化炭素。それ自体は有害であるどころか生命環境にとって不可欠な要素だが、その排出が私たちの経済活動によってある臨界点を越えたときシステムそのものに対する脅威に反転する。このシステムの成長と危機が二〇世紀資本主義の再生産構造そのものにおける危機として分析され、二一世紀に向かう私たちの暮らしにどのような選択肢がありうるかが提示される。暮らしの場に腰を据えた世直しの指南書というにふさわしい。が、その筋書きはあくまでも理論的であり、この第二部でも著者一流の物象化論の視軸が貫かれている。

二〇世紀資本主義は「生産性インデックス賃金」を基軸とする資本と労働の調整様式に媒介されつつ、第I部門（生産財生産）主導の蓄積体制から第II部門（消費財生産）主導の内包的蓄積体制に転回する。フォード主義的発展様式ともいわれる。これはレギュラシオン・アプローチが提起した論点だが、著者はさらに個人をシステムの能動的な担い手につくりかえた総力戦の経験に着目しつつ、この発展様式を物象化された自己再生産システムとしてとらえる。

二〇世紀資本主義は、生産性上昇の成果（社会的剰余）の一部を所得増加に配分しつつ持続的成長を達成することで、階級闘争と社会の危機を回避してきた。生産性上昇の成果は労働時間短縮やワークシェアリングを通じた自由時間の享受という選択肢もありえたが、戦後の労働運動が選択したのは「搾取された価値」部分の再配分による私的消費の拡大であった。つまり、豊かさを求めて過労死するまで働くというシステム（消費欲望と賃金労働の拡大循環するシステム）である。ここでは、自由な消費と自発的な労働がシステムの作動に不可欠なモメントとなり、資本の強制は徹底的に内面化された主体の自発性（→生産力増強）に転化する。このような資本による労働と消費の実質的包摂こそ経済成長主義の核心である。著者はこの物象化論の文脈で「日本株式会社というシステム」も分析する。この視座に立てば、〝人間重視〟のトヨティズムなるものはフォード主義的発展を徹底する物象的システムということになるだろう。この発展様式が、一方で地球環境の限界に直面し、他方で価値とモラルの空洞化に行き着いた。人間存在の全面的揺らぎである。

したがって二〇世紀資本主義を越える新しい社会形成の核心は、労働と消費の物象化された再生産構造の転換である。この世直しの具体的戦術はエコロジー・ジェンダーなど多岐にわたらざるをえないが、著者にとっての基本的戦略はおそらく（剰余価値論の核心的命題を借りるなら）時間主権の回復、つまり disposable income の増加から disposable time の創造へということであろう。この点に関して、本書の結論部分で著者たちによる「資本主義のアメリカ型とヨーロッパ型」の対比の議論は興味深い。あえて単純化するなら、前者は私的欲望の最大化によって成長をめざす市場中心型経済、後者は労働時間短縮を武器とした協力と連帯によるもうひとつの時間消費型発展をめざす社会的経済といえよう。当面の新しい社会形成の方向として著者たちが構想するのは後者である。そしてここでもやはり、オルタナティブな発展様式を暮らしの場で担う新しい政治人としての「市民（シチズン）」の自己形成が決定的に重要である。これは漸進的な「reform 路線」ではあるが、政治権力の宮廷革命よりはるかにドラスティックな変革である。物象化論が切り開いた刺激的な社会形成の理論と評価できるのではないだろうか。

第5章

市民的ヘゲモニーと歴史的選択——グラムシの市民社会論と現代

はじめに

一九八九年、ベルリンの壁の崩壊とともに二〇世紀の冷戦体制は幕を閉じた。旧社会主義諸国はいっせいに再資本主義化の道を歩み始め、世界は大競争の時代に突入した。〝資本主義対資本主義〟の時代である。このグローバルな再資本主義化は、二〇世紀資本主義の世界空間それ自体をも大きく転換させつつある。確かに、私たちはいま全く新しい事態を経験している。それは二〇世紀の社会主義と資本主義が共に共有してきた「国民経済」という枠組みの崩壊であり、この経済的枠組みを基礎とした国民国家と社会の根本的なシステム転換である。グローバル資本主義の展開は、しかし、それに拮抗する新たな潮流をも生み出している。国家と市場の二項対立を超える「第三の勢力」が台頭し始めており、それがこれまでの「国家と市民の関係」そのものに永続的変化を引き起こしつつある（L・サラモン［一九九四］四〇一頁）。

この動きはベルリンの壁を突き崩した潮流とも連なっていた。この視点から旧社会主義諸国の変革をとらえるなら、それは二〇世紀における「市民革命」としての意味をもつといえる。事実、この革命においては労働運動のみならず、ジェンダーやエスニシティやエコロジーなどをテーマとする多様な社会運動が噴出し、一党の独裁する権威主義的社会主義国家を瓦解させた。しかも、この「革命」は、国家権力の軍事的暴力的転覆や全面的内戦として展開しなかったという点でも、一九世紀までの「革命」と大きく異なっていた。社会主義「国家」に吸収されつつも、それに抵抗しつづけた人々の指導と同意を原理とする新たな社会形成とそれにともなう社会的力関係の漸進的変化が蓄積していたからである。暴力と支配を原理とする既存の軍隊と国家は、その足下に蓄積してい

た新しい分子的運動の顕在化に屈服したといえる。(1)

一九八〇年におけるポーランドの自主管理労組「連帯」の成立は、この意味での市民革命の嚆矢であった。労働組合・農民団体・教会が社会主義的党=国家体制の強固な殻を突き破り、新たな社会空間の形成と自己統治に挑戦していった。「国家」に吸収され、どん底に押し込められていた「社会」が自らの自律性を主張し始めたのである。それから一〇年後、社会主義国家の死滅を宣言したゴルバチョフ辞任演説（一九九一年一二月二六日）はいう。

「社会は自由を獲得し、精神的に解放された。これが最も重要な成果である」

「社会」の部分集団にすぎないひとつの政党が、〝マルクス・レーニン主義〟なる宗教を振りかざして「国家」に取って代わり、そうすることで逆に教育・文化・スポーツなど社会生活の全領域に君臨し、ヒトとモノと情報など経済的諸資源のすべてを総動員する。このような〝党=社会=国家〟という権威主義的国家の総動員体制から社会を解き放し、あらためて社会と国家の関係を建て直すこと、つまり政治的国家と社会的諸関係の多元性および複数主義的社会形成の再構築、これが一九九一年八月革命の歴史的意義である。それゆえ、旧社会主義諸国の諸革命はひとつの概念を復活させることになった。「市民社会」という概念である。この概念は二〇世紀末に突如として登場したものではないが、この革命の中で再確認されることになった。確かに、そこでは「市民社会の再建」が実践的課題として追求された（ジェソップ［一九九七］）。

1　現代の「市民社会」概念

さて、この日本で「市民社会」といえば、マルクス学の世界では bürgerliche Gesellschaft の翻訳語というのが常識のひとつであった。それは、〝資本主義社会〟あるいは〝ブルジョア社会〟と同一視される限りでは、伝統的左翼にとって廃棄されるべき否定的概念にすぎなかった。ここに甦ったのは、それではない。英語の civil society、あるいは societal community としての「市民社会」概念である。ドイツ語圏では Zivilgesellschaft という新しい造語で表現される。ポーランドの「連帯」を中心とした一九八〇年の闘いは、この造語で意味されるある種の「市民社会」形成のひとつの在り方を象徴するものでもあった。現存社会主義を震撼させた新しい社会形成の運動が、自らに相応しい概念を呼び起こしたともいえる。

中村健吾［一九九六］によれば、Zivilgesellschaft という言葉がドイツ語圏で広く使われるようになったのは一九八九年以降という（一六頁）。まだ一〇年にすぎない。フランクフルト社会研究所の研究員による『民主主義問題』という著書の刊行（一九八九年）がその火付け役で、以後研究者の専門用語としてのみならず、日常語としてもマスコミなどで広く使われるようになった。だが、思い起こせば二〇年前、日本でもフランス語の société bourgeoise と société civile が概念として明確に区別され、しかも前者がドイツ語の bürgerliche Gesellschaft の概念に還元されるものではないこと、ましてやこのドイツ語と〝ブルジョア社会〟という左翼的俗語が意味するものとは必ずしも同じではないことが、すでに指摘されていた。[2] その学問的努力が日本で生かされることは少なかったが、二〇世紀末の市民革命とともに、〝ブルジョア社会〟ならぬ Zivilgesellschaft としての「市民社会」概念が甦ったのである。

A・アラートとJ・コーエン［一九九七］によれば、この概念の革新性は「市民社会の再構築をめざす新しいラディカルな改革もしくは漸進主義的で二元的な戦略」（一〇八頁）を理論化したことにある。この二元的戦略は、二〇世紀の新しい歴史的現実に対して向けられる。それが批判と克服の対象としているのは、社会が国家に吸収され、両者が融合した「社会的国家」（プーランザス［一九八三］一〇一頁）という状況である。戦後のフォード主義的蓄積体制におけるケインズ主義的福祉国家や経済と政治と言説の党独裁が支配した旧社会主義諸国、あるいは途上諸国の開発独裁型国家体制など、いずれも二〇世紀に普遍化した「社会的国家」の変種であった。それゆえ「市民社会の再構築をめざす二元的戦略」は、いくつかの形態をとりうる。市民社会がゼラチン状の東側や南側では、この戦略は「権威主義的国家の外側における社会的絆の再建」として、あるいは「官僚・政党・国家の外部に位置する自律的な公共圏に対する呼びかけ」という形態をとって「社会の自己組織化」を目指した。他方、市民社会が介入主義的な福祉国家の構造に吸収されている西側では、この概念は「現存する民主主義を民主化する新しい場の発見」（アラート／コーエン、同）として追求された。civil society あるいは Zivilgesellschaft としての市民社会は、このような二〇世紀世界に対する批判的概念として提起されている。それはヘーゲル／マルクスによる bürgerliche Gesellschaft としての市民社会という概念設定に学びつつも、二〇世紀的現実の中で練り直された方法概念である。

ここに提起された市民社会とは国家に吸収されつつも、その基礎として存続する人々の生きられた多様な生活空間であり、それゆえ国家の形成と再形成の方向をめぐるヘゲモニー闘争が展開する基礎過程である。と同時に、経済的利害の調整と発展様式をめぐるヘゲモニー闘争が展開する。政治と経済を媒介しつつ、人々が自己のアイデンティティと利害を確認する過程である。そして、このような意味での「市民社会」概念は、その理論的実践的起源の多くを、グラムシに負っている。

以下においては、グラムシの『獄中ノート』を参考に、現代における市民社会論のプロブレマティークを考察する。第一に、グラムシにおける陣地戦の戦略をロシア革命とは異なる変革思想として考察する。それは「市民的ヘゲモニー」形成による国家変革の思想である。第二に、グラムシが重視した「アメリカニズムとフォード主義」の問題を生産資本循環視座から接近し、市民的ヘゲモニーが同時に新しい発展様式をめぐるヘゲモニー闘争でもあることを考察する。第三に、ファシズムの「コーポラティズム」が国家主導のフォード主義的発展を目指すのに対して、グラムシの歴史的選択が「市民社会による政治社会の吸収」という変革思想として提起されることを議論する。そして最後に、この変革思想をヘーゲルおよびマルクスの古典に遡って考察し、ヘーゲル・マルクス・グラムシを貫く市民社会思想の現代的意義を提起したい。

2 陣地戦の歴史認識と市民的ヘゲモニー

グラムシは一〇年に及ぶ獄中生活の中で「国家＝市民社会＋政治社会」という定式をノートに書き記し、「統合的国家」(グリュックスマン〔一九八三〕一三〇頁)の理論を提起した。それは、一九世紀末に展開しつつあった国家形成を新たな市民社会形成の視座において捉えようとする理論的苦闘の成果であった。

獄中のグラムシが取り組んだ第一の課題は、イタリア社会をファシスト国家に変貌させた歴史過程の分析であった。ドイツはナチス勢力に侵食され、ロシア革命はスターリン主義に傾き、第三インターナショナルは安易な資本主義崩壊論に傾斜し、そしてヨーロッパ諸国は帝国主義のヘゲモニー争奪戦に突入しつつあった。このような情勢の中で、労働運動や社会運動を袋小路に追い込んだ歴史過程総体の再検討に取り組んだのである。その結論の一端は、次の文章に示されている。[3]

「現代においては一九一七年三月から一九二一年三月まで政治的機動戦が戦われ、そのあと陣地戦が続いている。この陣地戦の代表者がファシズムである。ファシズムはその実践的代表者（イタリアにとって）であるとともに、そのイデオロギー的代表者（ヨーロッパにとって）でもある。」（④三四六頁）

グラムシはここで、ロシア革命以後、階級闘争が機動戦から陣地戦に転換したこと、この陣地戦ではファシズムが労働運動を壊滅させ、ファシスト国家をイタリアに誕生させるとともに、高度に発達したヨーロッパ資本主義諸国をファシズムのイデオロギーが席巻していると現状分析している。

機動戦と陣地戦という対比は、第一次世界大戦の経験にもとづく軍事技術から借用したものだが、前者を軍隊の機動的移動による正面攻撃とすれば、後者は堅固な陣地での攻防戦である。そして、ロシア革命は国家権力の掌握をめざして正面から攻撃を仕掛けた機動戦のモデルであった。当初、ヨーロッパ諸国ではロシア革命の国際的波及として機動戦が戦われるものと考えられたが、一九二一年ドイツ革命の失敗とともにヨーロッパの革命運動は退潮し、ファシズムの勢力が台頭してきた。ここにいたってヨーロッパの革命運動は防衛局面に移行した、というのが陣地戦の直接的含意である。

しかし、ここで提起される陣地戦の概念は、第一次大戦後の階級闘争の戦術転換というよりももっと長い射程をもっている。[4] 事実、グラムシは一七八九年のフランス革命にはじまり、一八四八年に頂点に達したヨーロッパの市民革命および社会的解放闘争を、「永続革命の原理」と定義し、それを機動戦と呼んだ。そして、一八四八年から七〇年の時期に生じた歴史的変化と共にこの原理は次第に効力を喪失し、一八七〇—七一年のパリ・コミューンにおいて終局的にその歴史的使命を閉じた、と彼は考える。社会を構成する力関係が次第に変化し、新しい政治社会の基礎となる分子的運動が蓄積していたからである。[5] 一八四八年には恐慌の革命への転化を展望していたマルクスも、その後の強靱な資本循環=蓄積過程の展開を目の当たりにし、五〇年代には経済学研究をはじめからやり直すのである。そこで、「永続革命」についてのグラムシの考え方を具体的にみておこう。

「いわゆる〈永続革命〉の政治的概念。これは一七八九年からテルミドールまでのジャコバン派の経験の科学的表現として、一八四八年にあらわれた。この定式は大きな大衆政党と経済的労働組合がまだ存在しておらず、社会がまだ多くの面でいわば流動状態にあった歴史的時期に固有のものである。すなわち、農村がひどく遅れており、政治的国家的実力が少数の都市、またはただ一つの都市(たとえばフランスではパリ)にほとんど独占されており、国家装置が比較的未発達で、市民社会が国家的活動から大きく自立し、軍事力と国家的軍備の制度が限定され、各国の国民経済が世界市場の経済的関係から大きく自立していた等々の状態である。」(①一九五—六頁)

いまだ流動状態にある市民社会の状態、とグラムシはいう。たとえば、本源的蓄積が資本家的蓄積に転回する現実的局面を想起すればよい。農村からの土地収奪と都市への人口流入、共同体や家族の崩壊と無秩序な都市、人身売買と労働力の商品化、要するに共同体の人格的依存関係の解体が新たな社会的再契約として実現し得ておらず、せいぜいブルジョアの特権的サロンや秘密結社や少数知識人の協会等々が「市民的公共性」として点在していた局面である。ここには強大な大衆政党も労働組合も存在しない。そして、この「市民社会の流動状態」に対応するのが「国家装置の相対的未発達」である。そして最後に、資本循環の国際的展開が自由貿易帝国主義として展開し、相互に敵対関係を形成しつつ世界経済としての相互依存は成立していない。「永続革命の原理」が提起されたのは、このような市民社会と国家の時代においてである。ところが、とグラムシは付け加える。「一八七〇年以後の時期になると、ヨーロッパの植民地的膨張にともない、これらすべての要素が変化し、国家の国内的および国際的組織編成上の諸関係はいっそう複雑でどっしりしたものになり、〈永続革命〉の四八年定式は政治学では〈市民的ヘゲモニー〉の定式に練り上げられ、それによって乗り越えられたのである。」(①一九六頁)

それでは、一八四八年から一八七〇年までの間に何が生じたのか。五〇年代には、資本循環と蓄積が物質的生活諸関係の総体を変革しつつ飛躍的に展開するとともに、その上部構造もまた来るべき帝国主義の政治的イデオロギー的装置として確立していった。すなわち、資本の循環=蓄積過程は生産・流通・分配・消費の諸過程に労働組合、生活協同組合、流通諸団体、産業資本や銀行資本の経済団体を生み出す。それは解体しつつあった社会的絆の再構築であり、資本の正常な運動にとって不可欠な私的諸組織の制度化であった。と同時に、国家諸装置の発達、官僚機構の合理化、教育・衛生・都市整備の立法化や制度化が進行する。このように私的諸機関の社会的体制としての市民社会形成が資本の正常な循環=蓄積軌道を保証するとともに、政治社会もまた新たな資本主義国家としての諸装置を装備していった。グラムシは、このような社会=国家形成を次のように指摘する。

「一八四八年以降、議会制度や組合組織や政党結社の体制が拡大し、広範な国家官僚制と〈私的〉(政党と組合の政治的―私的)官僚制の形成が展開し、広義の内務行政組織のなかに、すなわち犯罪の抑止のための国家業務だけでなく、指導階級の政治的経済的支配を守るために国家と私人によって組織された社会的諸勢力の総体に変化が生じ、それ以来、現代の政治技術は完全に変化したのである。この意味で、あらゆる〈政治的〉党派と経済的組織やその他の多様な諸組織は、調査と予防の性格をもつ政治的内務行政組織とみなすべきである。」(①一六七頁)

グラムシはここで、一八四八年以降、つまり永続革命が定式化されて以後に生じたこととして、国家諸装置(議会制や国家官僚制)の発展とともに、政党・組合・市民的諸団体の形成を指摘している。それは「政治社会プラス市民社会、すなわち強制の鎧をつけたヘゲモニー」(①二〇七頁)としての現代国家の総体である。ここに「現代民主主義の強靭な構造は、国家組織としても、市民生活における諸組織の複合体としても、政治技術にとっては陣地戦における〈塹壕〉と要塞のようなものとなっている。」(①一九六頁)

かくして一八五〇—六〇年代の資本循環=蓄積過程とそれに規定された社会=国家形成の過程において、永続革命の定式はのりこえられ、ロシア革命のような機動戦は不可能になった。それはもはや革命運動のモデルにはなりえないのである。現代民主主義の強靭な構造に即した社会変革の新たな戦略が要請されるようになる。このように、陣地戦の構想は狭く戦術上の意味をこえて、市民社会と国家の総体的変化に関する歴史認識と深く関わっていると言えよう。グラムシはこの歴史認識に立脚して、世界史におけるヨーロッパと非ヨーロッパとの相違を次のように指摘する。

「東方では国家がすべてであり、市民社会は幼稚でゼラチン状のものであった。ところが、西方では国家と市民社会の間に正確な関係があり、国家が動揺するとすぐに市民社会の頑強な構造が姿を現した。」(①一〇八頁)

こうしてグラムシは「国家と市民社会のあいだの正確な関係」を視野に入れ、「陣地戦での防衛体制に照応する市民社会の諸要素」（①一七八頁）を深く研究する必要に迫られるのである。そして、ロシア革命に代わる新たな社会変革の道を模索するのである。国家の形成と再形成をめぐってヘゲモニー闘争が展開する場としての「市民社会」、ロシア革命から反ファシズム闘争のなかでグラムシが切り開いた理論的実践的概念のひとつはこれである。

「市民的ヘゲモニー」のモデルが、それである。

しかし、グラムシの市民社会問題はこれに尽きない。というのも、グラムシの眼前には新たな注目すべき事象が立ち現れていたからである。「フォード主義とアメリカニズム」（③一五頁）である。一九二九年の世界恐慌を契機に、世界の経済的・政治的・文化的ヘゲモニーはヨーロッパからアメリカに移りつつあった。第一次世界大戦で疲弊した旧世界のヨーロッパをよそに、大西洋の向うの新世界では大量生産／大量消費の豊かな社会が到来し、資本主義的市場経済は新たな発展様式を構築しつつあった。この新しい発展様式が「歴史と伝統のヨーロッパ」に押し寄せ、その古い政治的経済的システムを変革しつつあった。事実、イタリアではすでに「フォード主義のファンファーレ」（③二四頁）が鳴り始め、ファシズムはフォード主義を導入しようとしていた。これには新しい対応が必要である。それゆえ、グラムシにとって「市民社会」とは、資本主義経済の新たな発展様式をめぐって展開するヘゲモニー闘争の過程として提起される。(6)

3　社会諸階級と資本蓄積

グラムシはフォード主義的発展を基礎に世界経済のヘゲモニーを掌握しつつあったアメリカと「市民社会と国家の間に正確な関係」を築いたヨーロッパ資本主義を対比する。そして両者の「経済的社会構成」（③一九頁）の著しい差異に着目する。それはまず、人口構成にみられる。ヨーロッパ、とくに市民社会の歴史的伝統を堆積しているイタリアでは、聖職者・軍人・官僚・知識人・地主・商人・金利生活者などの「経済的に受動的な人口層」（③二〇頁）が肥大化し、アメリカの「合理的人口構成」に比べて著しく時代錯誤的状況を呈している。「経済的に受動的な」というのは、「生産の分野で不可欠な役割をもたない」という意味で「寄生的な」ということである（③一七頁）。それゆえ、「寄生的不生産階級」とカテゴリー化しておこう。

この寄生的な社会階級は、それ自体いくつかの部分集団からなる。その中で「もっとも重要な部分」は「農村ブルジョアジー」（⑥一九九頁）である。土地のほとんどはこの階層の所有であり、耕作農民は「現物または労役」での「分益小作」（③一九頁）の下におかれている。また、同じ土地所有者の中には「自ら耕さず都市に居住する地主層」（⑥一九六頁）がある。そして、これらの土地所有層の上に彼らを指導する「金融ブルジョアジー」がいる。彼らの多くは「一〇〇の都市」に住む「年金生活者」あるいは「金利生活者」を構成し、「膨大な剰余価値を浪費」する（③一七頁）。第二に、このような寄生的階級がイタリアの経済的社会構成を支配するがゆえに、この支配的社会集団に「サービス」を提供する従属的社会集団が形成される。この部分は「間接的に寄生的なもうひとつの膨大な労働人口」（③二一頁）を構成し、「馬一頭の糞が雀百羽のご馳走」（③一九頁）といった状況を作り出している。そして、第三の寄生的社会諸集団は「国家行政」に「生活の基礎を置く」人口層である。彼らの多くは四〇歳で公務を終えて、あとは恩給だけで暮らすという状態で、「六五歳まで保険を受け取れない労働者」や「労働年齢に制限はない農民層」と著しく対照的である（③二〇頁）。

この寄生的不生産階級が生産的諸階級にのしかかり、「鉛のマントの重圧」を加えている、とグラムシはいう。ここでは「純寄生的・半寄生的人口」が「国民的経済生活の諸源泉を枯渇」(③二二頁)させ、「不健全な資本蓄積」(③二〇頁)を生み出している。つまり、剰余価値のうち生産資本に転化すべき「利潤が寄生的階級に吸収され」(⑥一九七頁)、生産資本の経営を圧迫して資本蓄積を困難にすると同時に、勤労者の賃金所得をも押し下げ、国内市場を狭めている。他方、寄生的階級が作り出す「貯蓄」の大半は国内の生産資本に投下されず、「冒険的開発資本」(=投機)として海外に流出している(⑥二〇〇頁)。

要するに、寄生的不生産階級がヘゲモニーを握る市民社会の構造が、一方で国内における市場の狭隘性と資本蓄積の停滞を引き起こし、他方では「保護関税と低賃金による海外市場確保」という「ナショナリズム」を生み出している(⑥二〇四―五頁)。それが大恐慌下での「蓄積の危機」(⑥一八八頁)となって現れている。ここでグラムシは、明らかに生産資本の循環=蓄積の視点で「蓄積の危機」を分析し、この視点から「寄生的不生産階級」と「生産的諸階級」との矛盾・対立を読み取る。[7] もちろん、この対立は相対的なものであり、これらの社会諸階級と並んで、もうひとつ「労働者と農民大衆」の階級がある。さしあたり、次のように整理しておこう。[8]

(一) 寄生的諸階級
(a) 土地所有と金融資本の支配的階級
(b) 労働者と農民の従属的諸階級
(二) 生産的諸階級
(a) 生産資本の支配的階級

（b）労働者と農民の従属的諸階級

このような寄生的諸階級と生産的諸階級との矛盾と葛藤、対立と同盟、そして「政治的・知的指導」の体制（⑥一九六頁）として形成される市民社会の構造がイタリアの経済的停滞を引き起こし、一九二九―三〇年の「蓄積の危機」となって現れている。だが、注意すべきは、「蓄積の危機」がそのまま「国家の危機」につながるわけではないということである。その理由は、まさにこの同じ市民社会の構造にある。市民社会の構造が経済過程の危機を吸収し、やわらげる緩衝装置として機能するからである。

「高度に発達した（資本主義）諸国では、〈市民社会〉は非常に複雑な、また直接に経済的要素（恐慌・不況）の破局的〈侵入〉にたいして粘り強く抵抗する構造になっている。この市民社会の上部構造は、近代戦における塹壕体制のようなものである。この体制の下では、砲兵隊の一斉放火が敵の防衛システムを完全に破壊したように見えても、実はその外観を破壊しただけで、攻撃と前進のさいになると攻撃側はなおも強力な防衛線に直面することになる。同じことが、大経済恐慌のさいの政治についてもいえる」（①一七八頁）。

では、アメリカはどうか。「アメリカニズム」を成立させる基本的前提条件は、「人口構成の合理性」にある、とグラムシは言う。イタリアに典型的に見られる「寄生的不生産階級」が存在しないか、あるいはその階級の社会的機能が異なっているのである。そして、資本循環＝蓄積体制としてのフォード主義についていうなら、それは二つの点で合理的に編成されている。第一に、「商業と金融のシステム」（⑥二〇四頁）は生産資本の循環＝蓄積過程に従属し、それを促進する形で機能するからである。ここでは商業資本・銀行資本の活動が機能資本たる産業資本の運動に基礎づけられ、それを促進するという「健全な」（③二二頁）関係にある。そして、このことがヨーロッパの高コスト体質に対するアメリカ経済の比較優位を保証している。

他方、「フォードシステム」のもうひとつの柱である「労働と生産のシステム」（⑥二〇四頁）においては、「古い職能的熟練労働の精神的肉体的関係」を解体し、単純労働の機械的分業による高い生産性を実現している。そこでは直接的生産過程における労働編成のみならず、「生き方」「考え方」「生活感覚」などにおいて全く新しい型の労働者を主軸とした生産システムが作られている。つまり、「新しい生産方法によって搾取される労働者の生理的破壊を防ぐための精神―肉体関係の均衡を、労働の外部で確保する」（③四四頁）という目的で、高賃金・各種の企業内福祉・家父長的家族の男女関係などが意識的に推し進められている（③四五―六頁）。

こうしてフォード主義型産業資本は、旧来の熟練労働者中心の職能的労働組合を徹底的に解体し、人間を単純労働の担い手として生理的極限まで利用し尽くすという暴力を引き受ける一方で、働き方から暮らし方まで生産的階級の重要な担い手となるべく指導するという役割を引き受けている。市民社会における暴力と指導の契機は、フォード主義的生産資本の中で直接に作動する。それがそのまま「真のアメリカニズム」として「国家のイデオロギー」（③四五頁）となっている。このことは、アメリカではヨーロッパと異なり、「下部構造がいっそう直接に上部構造を支配する」ということを意味しており、したがってまた、アメリカでは「ヘゲモニーの基本問題はまだ提起されていない」（③二四頁）ということになる。なぜなら、「ヘゲモニーは工場の中から生まれ、その行使にあたっては、政治とイデオロギーの職業的媒介者は最小限の数しか必要とされていない」（③二三頁）からである。官僚から聖職者にいたるまで、市民社会の多様に分岐した私的諸機関に根を下ろすヨーロッパの知識人と、技術者・経営者など「工場の中から生まれる」アメリカの知識人との相違がここにある。

こうしてグラムシは「アメリカニズムとフォード主義」の核心を生産資本の循環＝蓄積過程の視点から分析し、歴史と伝統の古いヨーロッパにおける「市民的ヘゲモニー」の問題を提起する。

4 国家コーポラティズムと社会的ブロック形成

ところで、一九二九年恐慌は自由主義的経済に対して批判的立場をとる経済的潮流を生み出した。それはコーポラティズムの形態をとった。ウーゴ・スピリットの『自由主義経済学批判』をはじめとして、多くのコーポラティストたちがリベラル派のクローチェや限界主義経済学と論戦を展開し、生産過程の合理化とそれを基礎とした国民経済の再組織化を主張する。グラムシはコーポラティストの一人、M・フォーベルが目指す資本主義改造の方向性に関心を示す。なぜなら、彼らは明らかにアメリカ資本主義の動向を念頭に置きながら、「生産と労働様式の先進的アメリカ的システムをイタリアに導入する」ことを目標としているからである。そしてまた、「特定の経済的勢力」（③二七頁）と結びついて、新しい社会的ブロック形成を構想しているからである。

フォーベルもまた、イタリアの不合理な産業構造を批判する。この産業構造においては「剰余価値から過剰な貢納を先取りする社会の半封建的寄生的要素」（③二九頁）と単なる金儲けという「卑俗な意味での《資本主義的》要素（＝貨幣資本循環G…G'）」（③三〇頁、以下括弧内の＝は引用者）とが一体化し、不健全な資本蓄積が展開している、と。だから、彼は、一方で「剰余価値の浪費者」である寄生的不生産階級を排除しつつ、その所得形態（利子・地代）とその貨幣資本循環を「産業的・生産ブロック内部の一つの機能に転化させる」ことをねらう。他方、テーラー・フォード主義的生産システムの導入によって生産資本循環（P…P）における「管理と労働の技術的要素」を合理的に再編し、資本蓄積のリズムを生産的階級の経営内部から展開させようとする。その実践的帰結は何か。生産資本のヘゲモニーによる貨幣資本諸分派の再編、それによる「健全な」アメリカ型資本の循環＝蓄積体制の構築である。この意味で、彼らもまた生産資本循環視座に立って、半封建的寄生的要素と一体化した貨幣資本循環を批判し、「合理的資本主義」としてのイタリア経済の再構築を目指す。「半封建的寄生的要素」に由来する社会的コストを排除し、労働と生産の様式を合理的に再編するなら、企業利潤は増加して資本蓄積を促進する。その結果として「賃金」も上昇し、「よりよい市場」（＝国内市場の拡大）も可能になる。それは利潤主導型賃金上昇による蓄積戦略といってよい。こうして、コーポラティストは「生産に役立つ人びと、組合に団結し、したがって生産的協調組合を構成する唯一の能力を持つ人びととの全体のブロックが、産業の首領たちと小ブルジョア貯蓄家たち（＝寄生的不生産階級）との同盟に取って代わらなくてはならない」と主張することになる。「自主的な産業的―生産的ブロック」の形成、これこそ「コルポラツィオーネ」の概念の含意であると、グラムシはいう（③二九頁）。

すでに述べたように、寄生的不生産階級はそれ自身、諸種の支配的および従属的な社会諸集団から構成され、それらの間に支配―従属的関係や譲歩と同盟のシステムを形成している。そして、この不生産的諸階級が特定の社会的ブロックを形成し、市民社会にヘゲモニーを行使している（さしあたり、「地主的・寄生的―金融ブロック」と呼んでおこう）。他方、このヘゲモニー・ブロックに対抗して、コーポラティストたちはトリノの産業界を基軸とした生産的諸階級を結集し、「産業的

—生産的ブロック」を形成しようとしている。そして、両者は大恐慌という経済危機の処方箋をめぐってヘゲモニー闘争を展開している。このように捉えるグラムシは、もちろん「産業的—生産的ブロック」の形成に一定の意義を認める。イタリアでは「半封建的金利生活者の一掃」が「産業を変革する上で最大の条件のひとつ」(③三二頁)だからである。だが、コーポラティストの「最大の弱点」(③三〇頁)もまさにそこにある、とグラムシはいう。そして、コーポラティズムをめぐる理論的論戦の底にある真の問題を提起する。

寄生的不生産的諸階級が生産的諸階級の上に「鉛のマント」のごとくのしかかり、「国民的経済生活の諸資源」を枯渇させ、「蓄積の危機」を引き起こしている。したがって、このヘゲモニー闘争で問われていることは、新しい蓄積体制とそれに照応した社会諸階級の調整の仕組みを創造することである。それがフォード主義とアメリカニズムにかかわる真の問題であり、大恐慌における「蓄積の危機」の意味である。この点を、グラムシは大恐慌が寄生的不生産階級の「貯蓄」(=貨幣資本循環)に及ぼした効果を分析しながら、次のように提起している。

株式市場の崩壊に始まった恐慌は、「膨大な富の移転」と「貯蓄の剝奪」(③五八頁)という現象を引き起こした。それはアメリカで著しかった。それは生産資本循環を麻痺させ、国民経済を危機に陥れた。ところが、イタリアでは富と貯蓄の主体は生産的階級ではない。地代と利子を生活源泉とする寄生的不生産階級である。だから、この階級は富と貯蓄を守るために投資形態を株式から公債に移動させた。彼らは「私的資本主義制度全体と直接に結びつく」ことを放棄し、「確実な利子を保証する国家を媒介として結びつく」(③五九頁)ことを選択したわけである。このとき国家は二つの役割を与えられた。第一に、国家は「私的産業・私的活動の自由に供するための貯蓄」を集中する「経営体（国家の持ち株）」（同）となった。そして第二に、国家は産業再建のための各種動産信用機関の創設・商業銀行の改組・貯蓄金庫の強化・郵便貯金の新しい形態の創設を通じて、中期および長期の最大の投資家となった。こうして、国家は寄生的不生産階級の富と貯蓄を吸収して、「資本主義制度の中で最高の地位」（同）に立たされることになった。だが、国家が引き受けたこの機能は、市民社会に反作用し、それを変容させる。

「差し迫った経済的必要性のために国家が一度この任務を帯びたとなると、国家は生産の組織や交換の組織に無関心でありうるだろうか？従来のように、この（市民社会の私的な）組織を競争のイニシアチブ、私的イニシアチブに委ねることができるであろうか？」（同）。

「経済的社会的組織全体の破局」を避けるには、もはや国家は不可欠の地位に立っている。そこで「国家は必然的に、その国家介入によって行われた諸投資が適切に運用されるように統制的干渉を試みる」ようになる。これが「コーポラティズムをめぐる理論的討議」の意味である、とグラムシはいう（③六〇頁）。そこから引き出される実践的結論は何か。国家の経済的指導によって、貯蓄の創出を「寄生的階級の機能」から「生産的有機体自身の機能」に転化させることである（同）。国家の媒介による社会的剰余の循環＝蓄積過程の転換である。具体的な政策として、グラムシは「農業改革」と「工業改革」を提起している（同）。農業については、寄生的地主階級の所得としての地代を廃止し、その所得を農業における生産的活動に吸収する。他方、工業についても、資本の所有権を基礎にしてではなく、「生産活動の技術的・産業的機能」にもとづいて所得の配分を行う。こうして、社会的剰余の循環を農業と工業の産業育成に結びつけていく。コーポラティズムをめぐる議論に「歴史的正当性」があるとすれば、この方向においてである。

ところが、彼らの経済政策や財政政策においては、この問題が基調となっていない。むしろ、彼らの政策は「古い形態の寄生的蓄積」（③三三頁）を促進すると同時に、その失業対策を通じて寄生的不生産階級内部の従属的労働人口層に新しい雇用機会を作り出している（同）。そして、「国家の構造」は「寄生的貯蓄」と「寄生的土地所有」との結びつきを断ち切れていない（③六一頁）。これはコーポラティズムが経済的社会構造の変革という深い根拠から出てきたものではなく、大恐慌による「破局を回避するための均衡の維持」という情勢から要請されたことによる。だから、寄生的不生産階級の社会ブロックとコーポラティストの「産業的・生産的ブロック」のヘゲモニー闘争は「危機の有機的解決」ではなく、「教祖的首領」をいだくことによって「ひとつの静止した均衡」を保つという解決形態に帰着する。「進歩的勢力が未成熟」であるために、「保守集団も進歩集団もいずれも勝利するだけの力を持たず、保守集団自身がパトロンを持つ必要に迫られている」（同）という状態である。要するに、「労働者自身が変革の旗手となるために闘うことができない」（③三二頁）という情勢のなかで出てきたのがコーポラティズムである。

イタリアにとってファシズムは「陣地戦の実践的代表者」である、とグラムシは述べていた。一九一五年以来、市民社会の重要な要素となったファシスト運動は、一九二二年のムッソリーニによる組閣とともに政治社会の権力を掌握した。伝統的自由主義国家がその歴史的基盤を喪失する過程で、ファシズムは議会制民主主義の諸装置に取って代わる市民社会の支配的なヘゲモニー勢力として政治の舞台に登場したのである。それはまた、恐慌の過程で経済的破局を回避するという「経済秩序維持」（③三二頁）の要求を実現する国家をつくりだした。「自主的な産業的―生産的ブロック」と「寄生的な金融的―不生産的ブロック」との妥協と同盟としての国家コーポラティズムである。ここでは、国家の干渉によって「近代的大工業と手工業と中小農業と大地主制度が均衡するような経済構造」(⑥二〇四頁)が政治的に再生産される。それゆえ、社会諸階級間のヘゲモニー闘争がどれほど激しく、熾烈であっても、「蓄積の危機」に対する「経済的社会構造の近代化と革新」(③三二頁)という本質的問題に踏み込まない限り、「危機の有機的解決」とはなりえない。(9)

しかし、とグラムシはいう。一九二六年以前のイタリアの労働運動を正確に分析するなら、この問題を提起し、実践的に担ってきたものこそ、工場評議会運動であった。この労働運動が多くの限界をもっていたにしても、その運動の「最も深いモチーフ」を正しく理解するなら、「近代的産業的要求の担い手であったのはまさに労働者たちであり、この要求を自らの方法で主張した」(③三一頁)のである。この要求はテーラー・フォード主義の基調でもあるが、しかし労働者は「飼いならされたゴリラ」(③五四頁)ではありえないということを示したのも、この先進的労働運動である。それが工場評議会運動を闘ったグラムシの確信であった。

それゆえ、グラムシが提起するのは「産業的―生産ブロック」と「地主的金融的―不生産ブロック」に対抗しうるオルタナティブな「歴史的ブロック」(②六九頁)の形成であるほかない。それは市民社会の伝統的な構造そのものの変革であり、それゆえ市民社会と政治社会との既存の関係の根本的転換として展望される。その第一の前提は、寄生的不生産階級が生産的階級とともにヘゲモニーを行使する伝統的市民社会の構造を突き崩すような従属的諸階級の自己変革である。労働者および農民の従属的諸階級は、市民社会のヘゲモニー構造に応じてファシズム的国家形成の主体ともなりうるからである。第二に、市民社会の変革は市民社会と政治社会の関係の根本的転換である。グラムシはそれを、市民社会による政治社会の吸収として構想する。「自主的な産業的―生産的ブロック」と「寄生的な金融的―不生産ブロック」との妥協と同盟としての「国家コーポラティズム」か「労働者・農民大衆」の自己変革を通じた「市民社会による政治社会の吸収」か。この違いは決定的である。そして、グラムシのこの視座を支えたものは、ヘーゲルとマルクスの市民社会をめぐる古典的議論であった[10]。

5 新たな歴史的選択と市民的ヘゲモニー

ヘゲモニー闘争の過程としてのグラムシ的市民社会概念は二〇世紀に固有の概念ではあるが、理論的にはヘーゲルとマルクスの古典にその多くを負っている。以下において、市民社会概念の古典と現代を発生史的に振り返っておこう。一方で、グラムシはヘーゲル『法哲学』の「市民社会」概念を批判的に継承する。とはいえ、ヘーゲルのいう「市民社会」とは Bürger が主体となる社会としての bürgerliche Gesellschaft である。

つまり、二〇世紀転換期に提起された「Zivilgesellschaft としての市民社会」ではない。Bürger とはフランス語の bourgeoise であり、それは「欲望し労働する人間」として近代社会の主役となった、とヘーゲルはいう（[二〇〇〇]§一九〇）。つまり「ブルジョアの社会」はさしあたり、市場に媒介された「欲望と労働の体系」としての経済社会として展開している。それは私的諸個人が生産者や消費者として、また資本家や労働者として対立・衝突する弱肉強食の競争社会であり、万人の万人にたいする闘争社会である。だからこの社会は、一方で富と欲望の無限増殖を本性としており、他方で過剰労働と失業と貧困を必然化し、絶えざる崩壊の危機に瀕している。にもかかわらず、「ブルジョアの社会」がその全面的闘争状態の中で燃え尽きることなく持続しうるのは、この社会が自らの危機に反省的に関わり、それに方向性を与え、制御調整しつつ自らを統合する制度的な諸装置を創出するからである。

確かに、「ブルジョアの社会」は「人格」と「所有」を保護する「法」の支配を第一の普遍的原理とし、その上で「道徳」という第二の原理を私的諸個人の内面的ノルムとして育み、さらに法と道徳の外面的・内面的規制を「倫理」としての国家形成原理にまで高めようとする。「ブルジョアの社会」はこのような政治的統合の諸契機をそれ自身の内部に生み出す、とヘーゲルには思われた。この政治的諸契機を彼は「司法活動」や「福祉行政と職業団体」として理論展開している。それゆえ、ヘーゲルの「市民社会（bürgerliche Gesellschaft）」は単なる「欲望と労働の体系」にとどまるものではない。いわんや市場経済に還元されるものでは全くない。それは欲望と労働の体系に内在する矛盾と対立の調整という政治的契機をはらんでいる。

したがって悟性的に整理するなら、ヘーゲルの「市民社会」には二つの次元があると、ひとまず総括することができる(11)。それは市場経済として展開する「労働と欲望の体系」であると同時に、この体系の矛盾を調整する政治的過程としての「媒介の体系」でもある。アトム化した私的諸個人は、後者の過程において自らの共同性を再認識し、市民としての倫理的・政治的資質を育み、そして自らを国家の成員として再定置する。この「ブルジョア社会」の内部に再形成される政治的諸契機をそれ自体として取り出し、歴史としての現代に立って、「Zivilgesellschaft」としての市民社会」と定義しよう。それはヘーゲルの場合にも、統合的国家形成を媒介する重要な契機として位置づけられていた。このように「ブルジョア社会としての市民社会」を吸収する統合的国民国家形成として近代世界を構想し、国家による公共性の回復を図るというのがヘーゲルの国家―市民社会論である。

このような国家―市民社会論において近代的世界を構想するヘーゲルを、グラムシはヘゲモニー概念を提起した人物として捉え返す。

「ヘーゲルは国家の私的なネットワークとしての政党や結社について論じている。……政府は被統治者の同意を得る。しかし、これは組織された同意であって、選挙のときに見られるような一般的であいまいな同意ではない。国家は同意を得て、同意を要求するが、それだけではない。国家は同時に、政治結社や組合結社を通じてこの同意を〈教育〉するのである。しかし、こうした結社は私的な機関であって、指導階級の私的イニシアチブにまかされている。このようにして、ヘーゲルはすでに純粋の立憲主義を乗り越え、議会制国家とその政党体制を理論づけている」(①二〇二頁)

国家が市民社会の私的な組織を通じて「教育者」になる。それがヘーゲルの「倫理的国家」である、とグラムシはとらえる。確かに、「ブルジョア階級」は「法の思想」と「国家の機能」に革命をもたらした。この革命の意味は「法と国家の倫理性」ということにある。そして、ブルジョア階級はそういう歴史的使命をもって自己を提示し、「教育者としての国家」によって「社会全体を吸収」しようとした。しかし、とグラムシはいう。国家が教育者として機能し、みずからを倫理的国家として実現するとき、そのとき「国家と法の目的は市民社会に吸収される」(①二〇四頁)はずである。この弁証法的反転を提起したのはマルクスだった。だから、グラムシはマルクスに学びつつ、ヘーゲル的な国家中心の構想を批判的にとらえ返す。

「倫理的国家、文化的国家についてのより賢明かつ具体的な議論は次のようになる。すなわち、最も重要な国家機能のひとつが住民大衆を特定の文化的・道徳的水準に引き上げる機能であるかぎり、いかなる国家も倫理的である。……ヘーゲルの思想は、ブルジョアジーの発展が無限であるかに見えた時代、それゆえブルジョアジーの倫理性と普遍性が肯定され、全人類がブルジョア的になるかのように思われた時代に固有の思想であった。しかし、現実には、国家と自己自身の終焉を到達目的とする社会集団だけが、倫理的国家を創りだすことができる。この倫理的国家は、被統治者の内部分裂を終わらせ、統合的な技術的・道徳的社会機構を創りだそうとする」(④五七頁)。

国家による市民社会の吸収は、それ自体が歴史的社会形成のひとつの形態である。問題は、市民社会そのものにおけるコンフリクトの具体的形態とその総括のされ方にある。またヘーゲルも語るように、国家形成の諸契機は「ブルジョア社会」としての経済的にして文化的かつ倫理的な社会形成過程にあり、この基礎的過程におけるイデオロギー的諸装置こそ体制的ヘゲモニー装置である。そして、国民国家の基礎過程に着目し、そこに作動する倫理的政治的力の方向性を固有に問題化するとき、「ブルジョア社会としての市民社会」の内に再形成される新たな政治的契機の両義性が見えてくる。

ところで、今井弘道[一九九八]は、それを「Zivilgesellschaftとしての市民社会」に内在する二つの方向性として指摘している。すなわち、「市民社会において実現されている普遍性を国家の方向に疎外させる方向性」と「それを市民社会の内部において実現しようとする方向性」(二七〇頁)の二つである。前者は官僚身分の担う福祉行政を介しての「官僚主義国家」へという方向であり、後者は市民社会の多様な自律的職業集団・地方自治組織・組合などの知的道徳的リーダーシップを通じた市民社会の再協同化という方向である。もちろん、ヘーゲルの場合、前者の方向が全面に出ている。一八世紀イギリスの「ブルジョア社会としての市民社会」の矛盾をその根本において見定め、しかもなお特殊利害の抑圧のうえに普遍的利害を直接に実現しようとするフランスの集権的国家の不安定性を眼前にし、それらに代わるドイツの社会＝国家形成を構想するには、何といっても市民社会と国家の媒介過程を探るという知的営為が欠かせない。その媒介項は、ヘーゲルにとっては「最も優れた国家意識と教養」を備えた「官僚身分の形成」であった。

だが繰り返すなら、国家形成の基礎的諸契機は、ヘーゲルにとっても国家そのものではなく、「市民社会」の経済的にして文化的かつ倫理的な社会形成過程にあるのであり、それゆえにこそ、この過程で社会の批判的再形成を試みる対抗的ヘゲモニー闘争が展開する。つまり、国家を疎外する市民社会の諸契機はそれ自身、市民社会が国家を再吸収する媒介項をなすとともに、体制揚棄的ヘゲモニー装置に転換しうるものでもある。これこそが、マルクスの脳裏に刻まれていた変革の構想の具体的核心であった（平田清明［一九九三］二五三頁）。このマルクス的構想に学びつつ、グラムシは国家形成を媒介する市民社会の諸契機を、逆に市民社会による国家の再吸収の諸契機として提起し直す。そして、言う。「国家と自己自身の終焉を到達目的とする社会集団だけが、倫理的国家を創りだすことができる」、と。

「ある国家理論は国家を否定的なものとして捉え、次第に消耗しついにレギュラシオン社会に解消してしまうものと考えるが、この国家理論においては、問題は基本的である。国家―強制力の要素はレギュラシオン社会（倫理国家すなわち市民社会）の次第に重要となる要素が自己を実現するにつれて消滅していくものと考えられる」（①二〇七頁）。

こうして、グラムシはマルクスに学びつつも、マルクスを超えて国家の理論に新境地を拓くことになる。なぜか。この「レギュラシオン社会」概念[12]においては、もはや「独裁」概念を必要としなくなるからである。というよりも、「独裁」概念は「ヘゲモニー」概念に転換する。[13]問題は機動戦による政治的国家の暴力的転覆や階級独裁ではなく、市民社会における指導と合意をめざす漸進的なヘゲモニー形成だからである。グラムシにとってのヘーゲルとマルクスの「市民社会（bürgerliche Gesellschaft）」概念は、このようなプロブレマティークにおいて継承されていた。国家と階級の消滅という構想において提起された伝統的「独裁」概念を、レギュラシオンとしてのヘゲモニー概念に置き換えたこと、それがグラムシの現代的意義である。

結語に代えて——現代のレギュラシオン社会へ

二〇世紀における国家中心のパラダイムの下では、個々の市民は「国民」という想像の共同体の成員とされ、国民政党と国家諸装置のシステムによって垂直的に組織された。国家中心主義の政治である。政治は国家に先立って存在せず、国家の次元にのみ政治があった。「フォード主義的労資妥協」は、このような政治の典型であった。この妥協では政治が国家諸装置のレベルに委ねられ、妥協の当事者は成長経済における生産性の向上とその成果の所得配分に自らを限定するからである。それゆえ、労資双方が効率性や配分の公正・不公正をめぐっていかに激しく闘おうとも、そのことによってフォード主義のパラダイムそのものが挑戦を受けるわけではない。現在の労働—消費の循環形態とは異なる社会を構想することが排除されており、とりわけ二〇世紀における労働運動の主流は生活と時間に対する自己決定の意志と力を放棄しているからである。グラムシが危惧した「政治抜きの順応主義」がここにある。

A・ゴルツはこれを「労働運動における政治の欠如」と批判する。そして「政治の欠如」は同時に「社会の欠如」でもある、という（ゴルツ［一九九七］三〇九頁）。自律的に自己調整する市民社会が不在であり、この社会の不在を「社会的国家」としてのケインズ主義的福祉国家が補完するからである。ここでは、市民は政治の自律的主体ではない。秩序維持コストの負担者および社会福祉の受益者として行政的に管理される客体でしかない。このような国家中心の政治（その裏返しとしての市場中心主義）が、いま再審に付されている。

このような国家中心の政治に対して、フェミニズムは適切にもこう宣言する。「個人的なことは政治的なことである（the Personal is Political）」、と。「政治」は私たちの日常生活のただ中にこそある。私たちがそこに生まれ、そこで育つソシエタルな諸関係、すなわち〝生きられた場〟としての「市民社会」にある。そこに家庭や職場や地域の家父長制的ジェンダー支配や規格化と同質化によるヒエラルキー支配の政治的実践が展開する。そして、それに対して多元性と複数主義をめざす対抗的実践が闘われている。だから、新しい社会運動が市民社会のただ中に生成するヘゲモニー的実践としての「政治」を提起するとき、それは国家中心の政治をひとつの特殊な政治形態として相対化する。新たな社会関係や文化や倫理は、国家形成に先立って、生きられた場としての市民社会から生まれる。国家形成に先立ち、国家を再定義するものとしての市民的ヘゲモニー闘争に媒介された社会形成過程。この視座において国家の社会への再吸収を模索する。それはマルクスが、そしてグラムシがすでに提起していたことだが、現代に甦る市民社会論の核心でもある。結びとして、現代のレギュラシオン社会を提起するF・ガタリの言葉を引用しておきたい。

「社会機構の大々的な再建が必要である。ただし、それはトップレベルにおける法律、政令、官僚的計画などの改革を通してなされるというよりも、むしろ、革新的な実践の促進、オルタナティブな経験の積み重ねなど特異性の尊重や主観性の生産の恒常的作業に収斂され、それが社会全体に適切に接合されながら、自動的におこなわれるようになっていくことを通して実現されるのである」（F・ガタリ［一九九一］五四頁）

付論　現代市民社会と「政治」の復権
――黒沢惟昭『疎外と教育の思想と哲学』を読む――

はじめに

私たちは、「ポスト」が語られる時代を生きている。何かが終わり、そして何かが始まりつつある。その何かが不確実で、不安な時代である。ポストモダンは、それゆえ、モダンを超えるものではなく、モダンの不在状況とそれに対する不安の意識である。それは、根拠のないことではない。暴走するグローバル資本主義の中で、二〇世紀の国民国家は大きな構造転換を迫られている。その国民国家を共通の枠組みとして資本主義と成長経済を競った社会主義も、凄まじい悲劇の教訓だけを残して消滅した。そして今、社会的なものの危機と限りない奈落への予感がグローバルに展開している。

だが、それゆえにこそ、社会的なものの再生をめぐる闘争が展開していることも確かである。多様な形態での社会の再形成の運動が模索されている。そして、それに呼応するかのように、かつての労働運動は社会運動への転化を迫られ、社会的労働運動として再生しつつあるかに見える。このような混沌と危機と再生の狭間にゆれる現代において、国家と市場を超える対抗的ヘゲモニーをいかに形成しうるのか。本書は、この課題に挑戦するひとつの試みである。

本書に先立って、著者は『市民社会と生涯学習』（一九九九年）および『国家・市民社会と教育の位相』（二〇〇〇年）を公刊している。前者は「自分史のなかに教育を読む」という副題を持っており、後者は「疎外・物象化・ヘゲモニーを磁場にして」をサブタイトルにしている。そして本書は、これら二つの著書を前提とし、「現在の課題意識」に照らして、著者自身の学問形成の総括を試みたものである、と著者に即してひとまず言うことができる。だが、ひとたび本書に分け入るなら、そこに展開されているものが、ひとりの教育学者の個人的研究遍歴やその総括にとどまらないことは直ちに分かる。それはむしろ、戦後日本の社会形成をめぐる格闘の姿そのものであり、そこに実践的に介入した批判的知性の自己形成過程でもある。その意味で、戦後思想のひとつの到達点として、普遍的に共有されるべき内容であり、ポストモダン状況の現在をのりこえる貴重な羅針盤でもある。

批判的疎外論の射程

著者の「現在の課題意識」とは何か。著者とともに、それを確認することから始めよう。

「人間が疎外されているという事実、そしてこの事態を人間はどのように認識し、いかにして回復をはかろうとするのか。これが私の教育研究の根本意想である」

ここにいう「疎外」とは、時代が抱える最も根本的な否定的現実を指示することによって、その現実に立ち向かう認識主体に自らの限界とその克服を迫る批判的概念である。そして「教育」とは、この否定的現実の克服を新たな社会形成において成就しようとする実践そのものである。それゆえ本書は、「受苦性」という現代的疎外概念を核としつつ、新たな社会形成＝主体形成を模索する試みということができる。

本書は、二つの部分から成る。前半部では、ヘーゲル、マルクス、グラムシの古典に内在しつつ、彼らの思想を貫く共通の問題が「疎外と教育」の視点から考察される。第一章では、マルクスの疎外論を人間本質の疎外と回復という存在論的疎外論としてではなく、根本的な社会問題の提起とその克服をめざす批判的疎外論として捉え返され、「互いに教育しあう自由人の結合体」という初期マルクスの構想が検討される。そこには、本書全体を貫く基本的な構えが見られる。若干、立ち入って紹介しよう。著者は、次のようにいう。

マルクスが「プロレタリアート」と定義する「貧民」集団は、ブルジョアジーがヘゲモニーを行使する社会において「非人間的な頂点」に置かれているがゆえに「この非人間性に対する反逆へと直接に追い込まれている」存在である。この反逆は「ブルジョアの社会」を否定する闘争として展開するが、しかしそれは「社会」そのものの否定を意味するわけではない。同時に、「新しい社会＝自由人の結合体」を創造することこそ、重要な課題である。この否定と創造をめぐるヘゲモニー闘争の展開する場が、「国家」ではなく、「市民社会」である。そして、このヘゲモニー闘争において、「プロレタリアート」は自らを主体として自己形成すると同時に、「新しい社会＝自由人の結合体」を創造する。このような過程としてのヘゲモニー的実践が、「市民社会の自己組織」としての「教育」である。

初期マルクスの「疎外と教育」に関する著者の議論を以上のように要約することが許されるとするなら、ここには、次の二つの論点が伏在している。第一に、初期マルクスが「国家―市民社会」論のヘーゲル的問題構成を逆転させて、「互いに教育しあう自由人の結合体」として新しい社会形成を展望するとき、そこには「ブルジョア社会」と「市民社会」を区別する論理がはらまれていたということ。もちろん、ドイツ語ではいずれも、bürgerliche Gesellschaft である。後に、マルクスはフランス語でこれらを区別することになるが。第二に、その社会形成と主体の問題である。

「ブルジョア社会」の否定と「互いに教育しあう自由人の結合体」の創造というマルクスの展望においては、「プロレタリアート」であれ、「自由人」であれ、ヘゲモニー闘争と教育に先立って実体的に存在するわけではない。それは、ヘゲモニー闘争の過程において自らを新しい社会形成の主体として生成させるのである。

このようなマルクスにおける「疎外と教育」をめぐる議論を前提にして、さらに著者はこの論点が現代日本における市民社会形成という実践的課題とどのように切り結ぶのかを、三井三池の労働者の闘争と教育および戦後日本の公教育体制とそれに対する批判教育運動に即して考察する。そして、自治体における対抗ヘゲモニーの形成を通じた教育改革の構想を提起する。その意味で、第一章は本書全体の課題設定の章ともなっている。

続く第二章では、『法の哲学』を中心に、教育をめぐるヘーゲルの議論がヘゲモニー論として再構成される。そして、第三章ではヘーゲル市民社会論の現代的意義が考察される。「現代的」という意味は、ヘーゲル市民社会論に含まれる「ブルジョア社会としての市民社会」と「Zivilgesellschaft としての市民社会」という二義的構造が、冷戦体制崩壊後における新しい「政治的なもの」の意味を浮き彫りにするからである。

次に第四章では、「ヘゲモニーは教育的関係である」というグラムシの命題の含意が本格的に検討され、新たな主体形成に支えられた新たな社会形成、つまり市民社会の自己組織としての教育という構想が提起される。そして最後の第五章では、ボッビオの議論を手がかりに、市民社会による国家の再吸収を展望するグラムシ市民社会論の構造が検討され、マルクス『経済学批判』「序言」における歴史理論のポスト・ブルジョア的市民社会論としての再構成が示唆される。

このような内容から成る前半部だが、実は個々の章の執筆時期には二五年以上の時間の開きがある。にもかかわらず、その開きを感じさせない。長い時間の経過の中で出会うさまざまな時代の問題を、古典に内在しつつ批判的自己認識と社会的実践の契機として自らの内に包摂していく。そのような著者の学問形成の強靱な意志が、そこにはうかがわれる。

本書の後半部には、このような著者自身の社会的実践と批判的自己認識の深化が現代日本の市民社会形成という問題として再構成されている。まず第六章では、権力機構としての国家（スタトゥス）と共同性としての国家（キヴィタス）の区別を前提に、後者の側面から教育勅語における国家のヘゲモニーが検討される。そして、資本―賃労働の階級関係だけではなく、家族や地域社会の道徳や慣習を貫く文化的ヘゲモニーの構造が解明される。第七章では、教育勅語に代わる民主的教育として登場した教育基本法が、国家のヘゲモニーによる教育の国民化、つまり二〇世紀的な「社会的国家」の不可欠な契機として機能したことが指摘される。それゆえ、「国民の教育権」を超えた新しい人権概念での教育が「地域における新しい教育共同体の創出」として要請されことになる。第八章では、高度成長に向けた国家と資本のヘゲモニーによる地域の動員体制と戦後日本の教育体制との構造的一体性が分析され、そこから地域の疎外状況の克服を目指す社会運動と教育活動との再接合の必要性が提起される。そして、自治体の市民社会としての再生（グラムシの「ソチエタ・アウトレゴラタ」の創造）が展望される。

最後の第九章は、著者自身の教育改革に関わる社会的実践の理論的総括を試みた論稿である。著者は国家のヘゲモニーによる国民教育の再構築と市場原理主義による教育の自由化のいずれも拒否し、教育を地域社会の協働事業として位置づける。そして、「自由化」「社会的公正」「生涯学習」

の三つの視点で教育改革の構想を提起する。ここで「自由化」とは教育の市場競争ではない。多様な選択肢の設定と自己決定という意味である。重要なことは、その選択と決定が異質な他者の存在を無視した狭隘なエゴではなく、他者の状況に自分が置かれたときにどう判断するかという他者の状況への洞察を自己の内部に育むこととセットで提起されるということだ。つまり、「異なる人々との交流の中で、自分の個性の発見と確立を図る」という多層的・複合的なアイデンティティの形成である。この意味での「自由化」であるからこそ、格差を作らない「社会的公正」と地域の多様な人々が参加する「生涯学習」の視点が出てくる。ポストモダン状況を克服する新たな市民社会形成としての教育ということができる。

以上が、本書の概略である。著者の課題意識は一貫しており、しかも深い。その一貫した課題意識を支えるかのように、本書の基底を通奏低音のごとく流れているものがある。三池の闘争である。著者が学問形成の出発点において出会ったこの闘争を、どのように学問的に昇華しえたのか。自らの始原に向かって続けられる格闘と新たな概念形成が本書を貫いていると思われる。この歩みが、疎外と教育をキーワードとして語られる。それは三池の闘争から現代日本の市民社会形成へ、ということもできる。著者の壮大な課題意識をこのように集約することは一面化の謗りを招くかもしれないが、ここでは、この論点に焦点を絞って筆者なりの問題提起としたい。

生産点から市民社会へ

「三池」とは何か。働く者が労働において「人間性の完全な喪失」状況に貶められ、それゆえ「この非人間性に対する反逆へと直接に追い込まれている」という最も根本的な否定的現実を指し示すものである。と同時に、この疎外状況に立ち向かいつつ、それを実践的にのりこえる集団的主体として自己形成しようとする運動である。それは働く者が労働の場において展開した運動であるだけでなく、同時にそれを超える社会運動としての可能性も指し示していた。

資本とは何か。三池はこれを労働の場から最も鋭く提起した。資本とは単なるモノではない、それは近代的搾取関係としての階級関係の物象的形態だ、という認識がそこにある。それゆえ、労働をめぐる階級関係の否定的現実をラディカルに暴き出した。そこから、生産点における労働者権力の確立というスローガンが出てくる。そして、「労働共同体の実現と内部における自覚的規律性への模索といった『労働社会』の将来」が展望される。それは資本家社会の否定として提起された社会概念である。労働における人間の疎外状況から出発し、そこにおける人間の普遍的苦悩を克服するという意味で、三池の闘争は鋭くもあり、根本的問題提起でもあった。

だが、いかに鋭く根本的であっても、「生産点」の理論と実践が一面的に固定化されるなら、独断と偏見の土壌となりかねない。第一に、「生産点」(資本の直接的生産過程)は、流通と分配と消費の諸過程に媒介されてはじめて現実的生産過程となる。この総過程としての現実的生産過程において自己増殖する価値が資本である。つまり、資本とは労働をめぐる階級関係であるだけではない。それは「過程」である。そして、この現実的生産過程において、資本はヒトとモノのすべてを自己のうちに包摂し、様々な社会的諸関係を創出する。だから、資本は労働をめぐる階級的関係であるにしても、その階級関係は男女、世代、人種などの社会的連関を横断して不断に再生産される。さらに、労働と非労働の差別的社会空間が家庭と地域において編成される。それゆえ、著者はいう。「資本のヘゲモニー」は、「工場内だけでなく、家庭・地域社会における労働力の再生産過程をも包摂するトータルな過程」である、と。

第二に、著者が指摘する「トータルな資本のヘゲモニー」は、私たちに、再生産の概念には文化的契機が含まれるというマルクスの指摘を想起させる。マルクスはいう。「現存状態の根底にある諸関係の不断の再生産」は、時間の経過とともに、「規律化され秩序化された形態」をとるのであり、そのとき以降、伝統や慣習として現存するものは法律として神聖化され、固定化される。と同時に、法的に固定された慣習や伝統が、逆に現存する生産様式の「不可欠なモメント」に転化する。そして、このこと自体が「社会の支配者の利益」となる（『資本』第三部）。

このように、再生産＝蓄積の過程こそ、それ自体が経済過程であると同時に、政治過程であり、文化的契機そのものの進展過程なのだ。グラムシ的に表現するなら、「ヘゲモニーは工場（生産過程—土台）から生ずるのであるが、そこにとどまらず、政治、文化の領域にまで貫いて推進され、強化される」と言うことができる。このような資本循環＝蓄積の総過程を貫く「トータルな資本のヘゲモニー」の地平から省みるなら、「労働者が生産過程の主人公になる！」という「労働社会」の展望はいかにも抽象的で一面的である。そして、それを展望する三池闘争が「階級のヘゲモニー争奪のための空前の闘い」であったにしても、依然として狭隘な「生産点主義に陥っていた」と、著者とともにいわざるをえない。

とはいえ、三池が生産点主義の自己閉鎖性をのりこえる可能性をもっていたということも、著者は指摘する。三池の闘争は生産点での諸闘争を踏み出して、「地域」（大牟田市の商工会）の組織化の試みや「三池主婦会」との密接な協力による地域社会の闘争として展開し、労働組合の「情宣」活動の域をはるかに超えたいわば「生活革命」あるいは「文化革命」ともいうべき地平にまで達していた。また、企業内労働組合の塀をのりこえて中小企業労働者との連帯を模索し、さらには部落解放運動など「労働社会」の外に広がる多様な運動との社会的接合の兆候を示していた。このように著者は、三池の闘争が、単なる生産関係の域を超えた広範な社会的文脈の中で展開し、多様な社会諸関係との接合の可能性が開かれていたことを指摘する。それは新たな市民社会の創造をめぐる社会運動の兆候であり、三池闘争が「労働社会」の言説を突破するモメントでもあった。

したがって、「労働者階級という一元的集団」をアプリオリに仮定し、それを資本主義に対する「対抗的ヘゲモニー」の中心として特権化するのではなく、生産点を超えた広範な社会的諸関係の文脈において、自らの闘争を再構築することが必要であった。それを成しえなかったところに、最大の限界があった。問題は、一枚岩の均質な「労働社会」など存在しないというだけではない。この言説自体が新たな差別と抑圧の再生産のモメントとなる。しかも、そのことを見えなくさせるイデオロギー装置として作用する。これこそ「トータルな資本のヘゲモニー」の作用である。

こうして、労働と欲求、生産と消費、そして経済と文化と政治におよぶ「ヘゲモニー関係の総体」を資本のヘゲモニーが貫徹する一方で、三池は自らを生産点主義の狭い枠に閉じ込めてしまった。著者はいう。「三井三池争議の敗北」によって労働運動が対抗的ヘゲモニーの中心性を失うのに逆比例して、六〇年代末には「女性、学生、エスニック・マイノリティなどが、広く支配者集団のヘゲモニーに対抗して、異議申し立ての運動を起こし」、それとともに「対抗的ヘゲモニーは『労働』の場から広く市民社会に拡散した」といえる。

つまり、三池闘争の敗北後、資本循環＝蓄積の新たな展開とともに、賃労働関係が著しい変容を遂げ、福祉国家と消費文化の戦後的ヘゲモニーが構築されたが、このヘゲモニーとともに浸透した新しい服従形態に対する対抗ヘゲモニーが新しい社会運動となって噴出したのである。だが、問題は「労働運動」に「社会運動」を対置することではない。労働運動が自らをヘゲモニー関係の総体のモメントとして位置づけ、新たな社会形成をめぐる対抗的ヘゲモニーとして自己を再生させることである。

「ヘゲモニー関係の総体としての市民社会」

著者は、このことをグラムシに学びつつ、「生産点から市民社会へ」という視点で次のように語る。

「グラムシは、最初、労働の現場―生産点のヘゲモニーから社会変革を志向した。しかし、グラムシは、労資のヘゲモニー関係を考察しつつ、生産点のヘゲモニー（労働者権力の確立）は、そこにとどまらず、家庭、地域社会のヘゲモニーとも深く関わっている事情を、工場評議会運動の経験（挫折）から学んだ。そこからグラムシは次第に、ヘゲモニー関係の総体としての市民社会の考察に向かうのである」

このような「生産点から市民社会へ」というグラムシの歩みは、三池から市民社会へという著者自身の歩みである。それは、五五年を旋回点とする戦後日本の歴史過程に対する批判的総括でもある。

ここに「市民社会」が「ヘゲモニー関係の総体」として提起されていることに注意したい。つまり、著者の「市民社会」は、「資本家社会」（ブルジョア社会）の労働をめぐる階級関係だけでなく、それ以外の多様な社会的諸関係が階級関係と有機的に分節＝連節する場としてとらえられる。

言い換えるなら、市民社会とは、人間と自然の循環や家族と地域社会における利害とアイデンティティをめぐって展開するヘゲモニー闘争の過程である。そして、階級的利害関係を多様な社会的諸関係の内に編成し、独自な社会的・公共的な圏域を構築する過程である。それが著者のいう「ヘゲモニー関係の総体としての市民社会」である。

それゆえ、「トータルな資本のヘゲモニー」に対抗する運動の第一の課題は、社会的運動の複数性を差異として維持しつつ、そこに発生するセルフインタレストを超えて「自ら共同性を創り上げていく」という「シトワイヤンとしての市民」の政治的実践である。そして、この意味での政治的実践が、対抗的ヘゲモニー形成の核心として提起される。一枚岩の「労働社会」という虚構が新たな差別と支配を再生産するのと同様に、同質な「市民社会」なるものは排除と抑圧を構造化するからである。

著者はグラムシに学びつつ、「ヘゲモニーは教育的関係である」という。教育的関係としてのヘゲモニーとはどういうことか。その直接的含意は、それがゲバルトではなく、知的指導と共感に基づく合意形成の政治的実践だということである。が、この実践的過程では、共通の言説に基づく利害関係とアイデンティティが構築され、集団的意志が形成される。この政治的実践が教育的であるというのは、それが個々人の社会的自己形成の過程だからである。ヘゲモニーないし教育に先立って主体としての自己が実体的に存在するわけではない。むしろ逆に、社会的個人はヘゲモニー的実践の結果として生成する。だから、「ヘゲモニー関係の総体としての市民社会」とは、多様な利害とアイデンティティをめぐるヘゲモニー闘争を通して人々が「市民（シトワイヤン）」として自己形成＝社会形成する過程そのものである。

むすび——「自律した社会 società autoregolata」へ——

最後に、この点を著者自身に具体的に語ってもらうことにしよう。著者は、地方自治体の生涯学習における市民（団体）と行政との協働（コ・プロダクト）に積極的に関わりつつ、その可能性について次のように述べる。

「この（コ・プロダクトの）過程で、『地域の人々』が『自律した市民』に転生し、同時に行政の任務の基本も市民活動の支援に徹するように変容する」

「地域の人々」は、それ自体では意識も利害も多様であり、バラバラの存在でしかない。その限りでは、自治体の主体ではない。そして、「自治体」も特定の支配的集団と行政権力との同盟関係でしかない。しかし、「地域の人々」がこの関係に介入し、対抗的ヘゲモニーを形成する過程において、人々は「自律した市民」として自己形成する。このヘゲモニー闘争の過程は、単なる利害同盟でしかなかった自治体が、「自律した社会」（ソチエタ・アウトレゴラータ）に転化する過程でもある。つまり、「地域の人々が」「自律した市民」となる過程は、同時に「自律した社会」が形成される過程でもある。著者にとっての「教育」とは、このような「市民社会の自己組織」としての政治的実践である。

それゆえ、「疎外と教育」をタイトルにする本書が提起するものは、「ブルジョア社会」対「労働社会」という資本と労働の階級関係のみならず、ジェンダーやエスニシティや地域の生活権が問われる現代市民社会にふさわしい「政治的なもの」の復権である。そして、「Zivilgesellschaft」としての市民社会」概念において著者が発見するものも、これである。

第6章

新しいソシエタル・パラダイムとしての現代市民社会

1 市民社会の経験と概念

二〇世紀を通じて、国民国家は人びとのアイデンティティを形成する中心的な枠組みであった。それは明確に境界を定められた領土を中心に組織され、国境内部のヒトとモノと情報を管理する中心的な主体であった。国家による管理は社会生活のすみずみに浸透し、国家と社会の境界は限りなく希薄になった。生まれや職業や階層のちがいを越えて、人びとは自己をひとつの国民とみなし、〈国民社会〉としての社会空間を形成した。そして、このような国家と社会の枠組みを支える経済的基礎が〈国民経済〉という経済空間であった。かつては、経済学も国民経済を自明の経済単位として前提し、閉鎖経済の体系として分析してきた。〈国民国家―国民社会―国民経済〉は政治と社会と経済の三位一体的枠組みをなし、さまざまな人びとをひとつに統合する表象と言説の閉じられた空間であったといえる。

ところが、一九七〇年代以降、情報技術の革新と交通＝運輸の変革にともなう資本と労働のグローバルな移動によって経済の国民的枠組みは徐々に侵食され、その中から文字どおりグローバル化した経済が登場してきた。と同時に、社会生活も著しくボーダレス化し、国民国家としての政治的統合の枠組みも揺らぎだした。この動きのなかで人びとは、一方で国民的な枠を越えた世界の異文化に対面させられると同時に、他方で地域の忘れ去られた文化や伝統や言葉に目を向けはじめた。ナショナルな枠組みがローカルなものとグローバルなもののはざまで揺らぎ、諸文明の新たな葛藤と対立が生じている。もはや国民国家と国民経済は人びとのアイデンティティを保証する唯一の政治的枠組みではありえないし、安定的な経済空間でもない。

このような政治と経済と社会の国民的枠組みの揺らぎは、とりわけ〈国民〉意識が強固な日本に、これまで経験したことのない変容をもたらした。地域の生活は異文化接触の最前線となり、好むと好まざるとにかかわらず国民国家の求心力から解放されつつある。かつて都市で共に暮らす隣人たちのほとんどは、日本列島の各地から集まった人びとであった。だが、今日では都市の住民は世界の至る所から来た人びとである。言葉や生活習慣が全く違い、食べ物や服装も多様で、色も匂いも全く異なる。そのような人びとが同じひとつのエレベーターのなかで体を押しつけ合い、地下鉄やバスに乗り合わせ、無言のうちに行き交う。だが、地域の町や村ではともに同じ水を飲み、ゴミを出し、様々な仕方であいさつを交わす。この交流のなかで、これまでとは異なったコミュニティづくりが進んでいる。都市近郊の農村や最北の漁村にいたるまで、多くの〝外国人〟が地域産業の活性化に共同で取り組み、都市の食生活を支えている。そして、自らの住まう街と環境を想い、排出するゴミ処理問題の議論に参加し、ときには住民投票にも加わる。これは確かに資本と労働のグローバル化が生み出した〈思わざる結果〉であり、国民国家の枠組みを越える社会形成の胎動である。

グローバル資本主義という状況は、全世界の産物が毎日の食卓を飾るということ以上に、文字どおり people to people な関係の日常化である。そして、この関係を日常的に経験するなかで、自らを〝日本人〟と称してきた人びとは、〝外国人〟とはだれのことかと自問している。と同時に、〈社会〉とは何かと問わざるをえなくなった。人は〈国家〉という政治的組織の〈公民citoyen〉であるまえに、ピープルとして同じひとつの地域社会のなかで、常に、すでに生きている。〈住まう〉という行為で定住圏をつくっている[1]。人は、容器にモノが入っているような仕方で居住しているのではない。大地に足をつけ、自然や他者と交流し、不断に新しい世界と自己を創造する。生きられた協同空間を不断に創り変えつつ自己形成する。このような〈住まう〉という創造的実践において暮らしを創っている。つまり、ピープルは国家の〈公民〉であるまえに、〈人間〉として〈社会〉を形成している。だから、〈公民〉としての権利に先立って、まず〈人間〉の権利が存在するという経験がある。かつてルソーもこう述べていた。「peuple が peuple になる行為は peuple が citoyen として自己の代表を選ぶ行為に先行するのであり、この最初の行為こそ社会（société）の真の基礎である」（ルソー［一九九二］二〇頁）、と。〝外国人〟が市長であってならない理由はない、とも言っていた[2]。

国籍を越え、それに先立って存在するピープルの〈住まう〉という行為が〈社会〉の基礎であり、人間感覚（moral sentiment）の源である。この社会形成の地平に降り立つなら、同じコミュニティで長年隣人として生活する〝外国人〟に日本式の姓名や指紋押捺を強制するのを、なぜ当然とみなしうるだろう。思い起こせば、旧帝国主義的な資本のグローバル化によって、日本では在日の人びとやアイヌの人びとが〝日本人〟への帰化を強制されつつ生きてきた。帰化に抵抗しつつも、同化を選択させられてきた。他ならぬ日本が国家の力で強制的に在日させたはずの人びとに対して、人間の根源的な〈住まう〉という行為（学び、癒し、働くこと）においてさえ制限を課すことを当然とみなすのは、一体どのような感覚なのだろう。国家中心の〝日本人〟意識と国籍感覚が〈人間〉感覚を押し潰し、〈社会〉を解体する。この国籍感覚が戦後五〇年を経た現在、新しい資本のグローバル化のなかで改めて問い直されている。受動的ではある。しかし、国籍感覚からの離脱である。国家が無用になったというのではない。いや、むしろグローバル化の中で国家の役割はいっそう重要になっている。しかし同時に、国家形成のまえに社会形成があるという経験が着実に蓄積されている。アイデンティティの複合化と利害の多様化のなかで、新たな社会と国家の再形成が問題となっているのである。

〈国家〉の構成員としての〈公民〉に先立って日常的に経験している people to people な関係、それゆえ個体性と同化の格闘のなかで対等な〈人間〉の感覚をはぐくむ自律的な生活世界の営み、この営みにおいてピープルがピープルになるという根源的社会形成の経験が成立する。この経験の過程を〈市民社会〉という概念でとらえておく。それは「再生産の空間としての市民社会」(平田清明［一九九六］二九五頁)と言い換えることができる。すなわち、「社会的諸個人の出生・成長・生殖・死亡というライフサイクルを通じての世代交代 (generation) の進展、その永遠の反復としての人類史の継続」という意味での再生産の過程とソシエタルな空間形成、それがここでの〈市民社会〉である(3)。

この意味での〈市民社会〉に生きる権利は、国籍と結びつかずに承認されうるものである。この権利は、生まれながら人間にそなわる自然権といったものではない。いわんや国家によって与えられるものでもない。この権利は、人間がみずからを再生産する場に足場をもつという行為、すなわち〈住まう〉という行為において問題になる。この実践的行為は人間が自分の存在を他の人びとと相互に承認しあうというソシエタルな関係づくり、つまり「社会的諸個人」としての自己形成である。この〈住まう〉という創造的実践において生きる権利は、あらゆる権利に先立つ権利という意味で、諸権利の権利である。だから、〈市民社会〉に生きる根源的権利としての市民権は人間の複数性、多様な人と人との相互承認の関係において成立する権利である。

2 国民統合のモメントとしての市民権

だが、二〇世紀を支配した主権国家はこの意味での〈市民〉権を承認しない。自由・平等な人間とは主権国家の構成員としての〈市民＝国民〉のことであり、この政治的結合体に帰属する者だけが権利の主体として承認される。無国籍者に権利は存在しない。難民や移民の〈住まう〉権利は、国家の一時的恩恵としてのみ付与される。このように政治的国家によって認定された市民権は国籍と結びついて排除と統合の権力作用に転化し、人間の自律と尊厳を奪う。権利を享受できるのは、国家によって権利保障をあらかじめ実質的に約束されている人びとだけであり、逆にそれがもっとも必要とされる限界状況の人びとに対しては、人権が拒否される。これは国籍と一体化した現代の市民権の最も深刻な矛盾である。

「政府の保護を失い、市民権を享受することができず、やむなく生まれながらに持つはずの、最後の切り札としての人権にたよるしかなくなった人びとがあらわれたとたんに、その権利を保障できる者はだれもおらず、どんな国家の権威も国際的権威もそれをまもる用意がないことがあきらかになる」（花崎皋平［一九九三］一三八頁）

経済開発や国家紛争や環境破壊によって発生する数千万の〝不法〟難民。そこに横行するレイプや人身売買や虐殺。生まれながらにもつはずの人権を彼ら・彼女らが享受できるのは、犯罪者として国家の法廷に引き出され、〝平等〟に裁かれるときでしかないという悲劇的矛盾。日本の男たちの性暴力にさらされたアジアの女性たちが、逆に日本の法定で裁かれるという転倒性。これは国籍と結びついた市民権の限界状況であるとはいえ、二〇世紀の国民化された市民権の特権的性格を示している。「国籍は市民権と結びつき、特権を手に入れ、排除の領域を抜け出す唯一の手段として現れる」(斉藤日出治［一九九六］二六二頁)からである。

こうして、国民国家における市民権は国籍と結びつくことによって、市民社会の諸階級・諸階層をひとつの国民に統合し、社会の対立と紛争を制御調整する制度的装置となった。たとえば、国民の代表的存在としての賃金労働者。国民国家の形成途上期に、賃金労働者はアウトローでしかなかった。彼らや彼女たちはピープルとして社会生活を営み、生きてはいたが、国家の外なる存在であり、公式にはこの世に存在しない身分であった。その彼らや彼女たちが〈社会〉に存在するひとつの階級として承認されるのは、二〇世紀の国民国家によって労働に関する諸権利を認められたときである。もっとも、女性たちはその後も実質的には二級市民でしかなかったが。他方、賃金労働者自身も国民国家の構成員として市民権を享受し、国家の内なる存在としてみずからを位置づけるとき、彼らや彼女たちは国家の同化主義をごく自然に受け入れた。そして、国家の外なるピープルに対する帝国主義的支配の忠実にして最大の支持者として登場した。「インペリアル・デモクラシー」の状況である。(4) E・バリバールはいう。

「この〝危険な階級〟が市民権を取得できたのは、この階級自身がみずから積極的に民族という〝社会的身体(corps)〟の構成員になり、したがって帝国主義的支配の推進者、より厳密にいえば帝国主義的支配の手先になるという条件を満たした場合であった」(バリバール［一九九二］八四頁)

こうして、国民＝市民権は近代的階級としての労働者を〈国民国家―国民経済〉に統合する最も重要な契機となる。この流れを決定的にしたのが、二〇世紀の幕を開いた二つの世界大戦であった。

この世界大戦とともに戦争はもはや職業軍人のみが行う機動戦ではなく、統合的国民国家としての外交・イデオロギー・経済力の総体に裏づけられた総力戦となった。先進資本主義諸国の国民国家は、国境内部の多様な諸民族をジェンダーや世代の区別なく〝ひとつの国民〟に統合し、国家間戦争に向けて総動員した。前線におけるヒトとモノの大量破壊戦と銃後からの大量補給が〈国民的生産力〉の発展を要請し、あらゆる経済的諸資源は文字どおり〈国民経済〉として囲い込まれた。統合的国民国家におけるヒトとモノの国有化と動員による総力戦。銃後の女たちも少数民族も、男たちや支配的民族に対する従属的関係においてではあるが、総力戦という国家事業の担い手となることを要請され、国民国家のメンバーとして自らを統合していった[5]。こうして国籍と市民権の一体化による国民的統合は、国家による国民の政治的・社会的管理を徹底した。

要するに、総力戦体制は国家の社会への暴力的介入によって、近代社会に内在する諸階級やジェンダーやエスニシティなどの葛藤と対立を打ち砕き、諸市民社会を国家の部分領域として吸収したのである（山之内靖［一九九六］三七頁）。

3 グローバル経済と市民社会の再生

だから、二〇世紀における市民権の拡充過程においては、国家によってすべての国民が権利の主体として承認されると同時に、国民の出生から死にいたる個人的ライフサイクル総体が緻密に管理されるようになった。社会は国家の部分領域として吸収され、国家による人間管理がシステム化された。この意味で〈国民国家—国民経済〉という枠組みによる社会統合と組織化としての〈国民社会〉は二〇世紀の支配的な原理であったといえる。だが今日、この強固な支配力を誇った原理も揺らぎはじめた。そして冷戦体制の崩壊とともに、〝ひとつの国民〟というアイデンティティの虚構性はだれの眼にも明らかになってきた。

国民国家を揺るがした第一の要因は、一九七〇年代以降急進展する資本のグローバル化とそれにともなう情報ネットワーク化である。それはまず、国民国家の経済的基礎である国民経済を掘り崩した。今日では、ひとつの国民国家内部に自給型のフルセット産業構造を構築し、国内市場中心の価格メカニズムを維持することなどもはや不可能となった。また、主権国家の枠内で国民経済をマクロ的に制御調整することも不可能である。情報ネットワーク化する資本の運動と労働のグローバルな移動が国民経済にトランス・ナショナルな枠組みへの転換を迫っており、国家もまた市場に対するトランス・ナショナルな介入を迫られている。国民経済を越えた広域経済圏の形成と市場メカニズムのグローバル化、主権国家による伝統的介入の撤廃ないし規制緩和が進んでいる。(8) この歴史のうねりのなかで、国民経済は徐々に空洞化し、主権国家の絶対性が揺らぎはじめた。

その意味で、今日、国家に代わって唯一絶対的なイデオロギーとして支配力を有しているのは、グローバル化した資本による市場経済であるかにみえる。だから、新自由主義の経済学は国家が独占してきた政治を市場に委ねるべきだという。それは市場経済によって社会を再構成するというに等しい。だが、市場が社会をつくりだしたことはないし、これからもありえない。むしろ、市場経済はそれ自体では〝コモンズの悲劇〟のシナリオに沿って自己崩壊せざるをえない。

国家と社会から自立した現代のグローバル市場は、一九世紀の自由主義的市場にもまして、その内部と外部で危機の度合いを深めている。これまで都市や地域の生活を支えたのは国民経済を単位とする労働―消費の循環であった。また、人びとの社会的セーフティネットも、この画一性においてではあったが、ともかくも維持されてきた。国民経済の保全は今日では、暮らしのアメニティを充実するうえで欠かせない最も重要な経済的単位のひとつとなっている。だから、国民経済の空洞化は人びとの最も根源的な住まう権利に対する重大な脅威となる。他方、資本のグローバル化は先進諸国のカジノ資本主義化と最貧国の累積債務、経済的富の世界的格差拡大とノマド化する労働力の激増、自然資源の枯渇と地球環境の破壊を結果している。このような危機のなかで市場が正常に機能しうるとすれば、それはむしろ市場の働きを歪めるとされる非市場的な介入によって市場経済が規制され、資本の循環＝蓄積過程の新たな制度的枠組みが構築される場合である。

かつて労働保護立法が成立したときに初めて、資本の循環と蓄積は労働力再生産のメカニズムを自己のうちに包摂し、そのことによって市場経済はその本来の機能を発揮するようになった。だが、この社会的規制は市場経済の成果ではない。それは、資本の循環＝蓄積過程に対する市民社会の闘争と、それを制御調整する社会的諸制度の確立である。そして、この社会的諸制度に公的な裏づけを与えたのが主権国家であり、国家はみずからも介入国家として経済の制御調整の一翼を担った。その国家がいま絶対性を喪失し、揺らいでいる。多国籍企業とグローバルマネーが商品取引のみならず生産過程そのものをグローバル化し、主権国家の制御調整能力を越えた世界的経済空間を成立させた。

だが、それだけではない。市民社会もまた国家から自立したもうひとつの公共的空間として、それゆえ歴史形成の主体的な場として登場してきた。市場のグローバル化が主権国家の制御調整能力を空洞化し、そのことが今度は逆に市場と国家に対するカウンター・ヘゲモニーとしての新しい市民社会を甦らせた。歴史的弁証法の〈思わざる結果〉である。だが、この歴史過程は同時に、ナシヨナリズムをめぐる神々の闘争を伴っており、そこには再び少数民族に対する流血的な差別と抑圧という現実を生み出している。現代の最大のエゴイズムはグローバルマネーとナショナリズムである。新しい市民社会にはこのふたつを飼い慣らすことが求められている[9]。それゆえ、現代の市民社会は「トランス・ナショナル・シビル・ソサイアティ」(宮崎義一［一九九〇］)である他ない。

4 市民的レギュラシオンとしての政治

市場のグローバル化と国民国家の空洞化のなかで、現代市民社会はどのようなものとして甦りつつあるのか。斉藤日出治［一九九七］は、現代の市民社会形成が相互に関連するふたつの次元で展開しているという[10]。第一に、国民や民族などの従来の国家化されたアイデンティティが絶対性を喪失し、それに代わるアイデンティティ形成を市民社会の社会諸集団が担うようになってきた。そして、それらが国家の次元を越えて相互にネットワーク化し、新たな市民社会形成を推し進めている。たとえば、メルティング・ポット型からサラダ型の複合文化社会へ変貌しつつある現代のアメリカに、それを見ることができる[11]。

一九世紀のアメリカ社会は二〇世紀初頭のフォード主義的国民国家形成に吸収されていったが、激動の六〇年代における公民権運動の飛躍的展開とベトナム戦争の敗北によって国民国家の理念と体制が揺らぐなかで、一九七〇年代には政治の battle field は再び国家から市民社会へと移動しはじめた。一九世紀の非国家的な公共精神が再評価され、国家と個人という一元的な政治の回路にかわって諸市民社会の集団的主体形成が注目されるようになった。市民社会は国民国家内部で自律化し、従来の国家中心の政治に対して新たなシステムづくりをする政治的実践の基礎になりはじめたのである。

デモクラシーとはもともと、国家と個人との関係における統治形態や権力の在り方の問題であるまえに、社会的個人の倫理的政治的諸制度（家族や隣人、教会や学校、企業や労働組合や文化団体などの市民的諸集団）における政治的実践の問題である。つまり、国家形成のまえに、その媒介空間として存在する諸市民社会が人間生活の主要な単位である。この再確認において、政治権力を主権国家から地方の自治組織や自律的市民団体へ返還請求する潮流が顕在化してきたのである。

この潮流の現代的特徴は平等な市民権の一元的拡充よりむしろ、差異や複数主義を重視する複合化の方向である。文字どおり、〝諸〟市民社会の運動である。かつてフォード主義の蓄積体制は、人びとを規格化され同質化された〈労働―消費社会〉の担い手につくり変え、労資妥協の国民化された調整様式において社会統合を推し進めた。〈労働者―消費者〉の画一的なソシエタル・パラダイムこそ、〈フォード主義的レギュラシオン〉の基礎であり、ケインズ型福祉国家の社会的基礎である。[12] しかし、現代の新しい諸市民社会の運動においては、このパラダイムを前提とした賃労働関係の調整という軸を越えて、エコロジー・ジェンダー・エスニシティの問題領域が主題化される。環境保護や開発政策、女性と子供の権利や高齢者と障害者の自律、少数民族や先住民の権利というテーマにおいて、人種・性・世代・職業・宗教などの多様な集団的諸主体が形成される。この複合化する諸市民社会のネットワークにおいて、新しい政治的実践が問題となる。それは、多様なアイデンティティと利害が衝突するなかで、それらの折り合いをつける合意づくりとしての市民的レギュラシオンである。

第二に、新しい市民社会形成は国民国家内部の新たな政治的空間形成にとどまらず、国民国家を越えたグローバルなネットワークとしても展開しつつある。多様な集団的アイデンティティに立脚し、しかも政府や国家間関係から自律して展開するNGOやNPO運動。これらの多様で自発的な集団的諸主体のイニシアティブを通して、諸市民社会のグローバルなネットワークが築かれる。これは、主権国家やその国際的関係とは異なる、もうひとつの市民的公共空間を創造する運動である。このソシエタルな空間形成の運動は、確かに資本のグローバル化と世界市場形成の意図せざる結果である。グローバル化する市場経済が国民国家を相対化すると同時に、そこに発生する危機の解決がグローバルな社会運動を呼び起こすからである。最貧国の累積債務とノマド化する労働力の激増は先進諸国のカジノ資本主義化と多国籍化する生産資本の開発戦略と結びついており、それらがひとつになって女性の世界的貧困化や都市のスラム化を引き起こし、エネルギー資源の枯渇や地球環境の破壊につながっている。それゆえこれらの世界的な不平等と不公正の連鎖を是正し、主権国家を越えた人権規約を確立し、エコロジカルな危機に対処するオルタナティブな開発戦略がグローバル市民社会の形成として展開する。だから、これらの運動は国家と市場から自律して、地球的規模での people to people な関係の自覚的連帯と新しい倫理（moral sentiment）を構築しようとするものである。現代の民主主義は主家国家の枠を越えて、地域社会やグローバル社会の次元へと重層化しつつある。[13]

確かに、私たちは今、「グローバルな連帯革命（associational revolution）」のただ中にある。そして、これが「国家と市民の関係そのものに永続的な変化」（L・サラモン［一九九四］四〇一頁）を引き起こす可能性がある。なぜか。グローバル化する現代の市民社会は、かつてのような同質的国民性を前提した国家的公共空間ではないからである。異質で多様な社会諸集団が、時には流血的な対立をはらみながら、しかし共存の途を模索している。そこでは、複合的で多元的な協同空間の可能性が賭けられている。だからグローバル市民社会においてこそ、市民的レギュラシオンとしての新たな政治的実践の力量が問われる。

5　歴史形成の場としての市民社会

このように市場のグローバルな発展は、その思わざる結果として、国境を越えたグローバルな市民的公共空間を形成しつつある。この市民社会は国民国家を相対化すると同時に、国民国家内部の町や村や都市の生活を複合化し、新しい people to people な関係の構築を促している。それは「トランス・ナショナル・シビル・ソサイアティ」というにふさわしい。地域社会はいまでは複合文化社会の様相を帯びつつある。かつて地域社会は国民国家の枠組み囲い込まれ同質化され、そこに住まう人びとは自己を〝ひとつの国民〟として認識した。確かにその場合でも、一人ひとりの個人が単一の全体性にまるごと統合されたわけではない。人は家族や地域の隣人関係、職場や仕事、世代や宗教や人種など、生活世界の異なった領域を横断して生きるのであり、現実の具体的な利害状況に応じて自分の位置を確定し、多様なアイデンティティのどれかを選択するからである。個人のアイデンティティや利害は単一なものでもなければ、階級や身分によって一義的に規定されるわけでもない。にもかかわらず、〝ひとつの国民〟という言説と表象は対立する利害を統合する中心的枠組みであったし、多くのアイデンティティのなかで圧倒的な位置にあった。

だが今日、経済と社会の飛躍的なグローバル化が同時に地域社会を著しく複合化し、国民的アイデンティティをも相対化した。人種・民族・ジェンダー・世代・宗教・職業などの多様な基準にもとづく人々の集団的アイデンティティと利害の承認を求める要求が高まっており、人びとは自己の集団的アイデンティティを相互承認し合う市民的公共空間を創造しようとしている。そして、社会諸集団の多様性についての新たな規範と合意を形成し、複合化する現代社会にふさわしい新たな市民権の概念を構築しつつある。(14)

複合文化社会としての現代市民社会において重要なことは、多様な社会的アイデンティティによる差異を私的な次元に閉じ込めて排除と同化の権力作用にゆだねるのではなく、「社会的差異についての新しい言説と表象空間」を構築し、それらの間に「政治的な分節=連節の可能性」を探ることである(斉藤日出治[一九九七]一〇頁)。個人は国民としての平等な市民権だけでなく、その多様なアイデンティティについても正当に承認されなければならない。社会的個人を単一のアイデンティティをもった同質の主体に還元してその利害調整をはかるのではなく、むしろ多様なアイデンティティと利害を構造化する複合的総体として承認し、そのような社会的個人による新たな社会形成を構想する必要がある。それが現代における新しいソシエタル・パラダイムとしての市民社会形成である。この社会形成は同時に、多元主義に立脚する新しい国家形成を要請する。多元主義的政治体制で重要なことは、「存在しているが存在すべきでない差異と、存在していはいないが存在すべきである差異を峻別する」(C・ムフ[一九九六]七二頁)という社会的見識であり、それをなしうるか否かが現代の市民社会と国家に問われる。が、ここでは国家形成に先立って、何よりもまず生きられた場としての市民社会形成を問題にしたい。

現代の市民社会は二重の課題を担っている。一方でそれは、従来の主権国家に対して新たなシステムづくりをする政治的レギュラシオンの基礎となる。他方、市場経済に対しても同様の役割を担う。第一に、国民国家中心のアイデンティティや利害が揺らいでいるとき、市民社会はそれに代わる言説と表象空間の形成を媒介しえなければならない。多様なアイデンティティと利害にもとづく社会諸集団が国民国家の枠を越えて展開しているという現実、この現実の中では利害とアイデンティティの多様性を相互承認するシステムづくりが欠かせない。現代の市民社会形成はそのような合意形成づくりとしての政治的レギュラシオンである。それは国家中心の政治をひとつの特殊な政治形態として相対化する。つまり、国家を「脱政治化（depoliticized）」する。と同時に、この政治的レギュラシオンはまた、市民社会の現代的再形成の過程において発生する様々な歴史的課題の創造的解決に向けて、新たな政治的言説と表象の次元を開示し、その表現方法を具体的に提起する。それはオルタナティブな市民的ヘゲモニーの「再政治化（repoliticization）」（武藤一羊［一九九三］一〇頁）であり、新たなソシエタル・パラダイムとしての市民社会形成である。現存する国家中心の政治の現実性を見据えつつ、しかもなおオルタナティブな社会を再構築するプロセスとしての政治的実践の模索である。新たな社会関係や文化や倫理は国家形成に先立って、生きられた場としての市民社会から生まれる。国家形成に先立ち、国家を再定義するものとしての社会形成と、そこでの政治的倫理的実践。だからこそ、市民社会は〈歴史の真のかまど〉であり、歴史形成の根源的な場である。それはマルクスが、そしてグラムシがすでに提起していたことだが、現代に甦る市民社会論の核心でもある。

他方、市民社会は市場経済に対しても同様の役割を担う。市場経済はあらゆるものが商品化される一次元的空間であり、私的利益のための効率性を基準とする。その市場経済が〈国民国家—国民経済〉という従来の枠組みを越えてグローバルな次元とローカルな次元で絶対性を獲得し、その無政府的展開の過程で自己破壊的様相を帯びているがゆえに、市民社会はいかにして市場を相対化し、制御調整できるのかということが問題となる。

坂本義和(二〇一九九七)は、冷戦体制の崩壊後、「市場の世界化」が国民国家を相対化するなかで、同時に「市民社会の普遍化」が進展したと分析する。だが国家の相対化は差し当たり、無政府的なグローバル市場の絶対性のみを顕在化させており、これがすでに述べたような現代世界の不安定性と危機を生み出している。しかも、グローバル市場は国家を相対化するだけでなく、人間そのものをも商品化し手段化する。だから、グローバル経済は地球的規模での人間の尊厳と権利にたいする重大な脅威となり、グローバル化する市場の制御が人類史的な課題となる。そして、国民国家の絶対性が失われた現代においてこそ、市民社会による市場の制御が現実的課題となる。

坂本はいう。「人間の尊厳と平等な人権」は「すべての人間に開かれた普遍的な目的価値という意味で絶対性をもった価値」である。「市民社会」とはそのような「(絶対性としての)人間の尊厳と平等な権利の相互承認に立脚する社会関係がつくる公共空間」と「その不断の歴史形成過程」である(同、五〇頁)。そして、市場経済がグローバル化し、人間も含めた一切のものが商品化するなかで、それに対抗しつつ人間の尊厳と権利を求める多元的で複合的な社会関係が、確かに着実に形成されようとしている。現代の市民社会は、自己破壊的な市場経済に対して、それを制御調整するもうひとつの政治的実践の過程として登場せざるをえないのである。この意味においても、市民社会は〈歴史の真のかまど〉である。市民社会による市場の制御調整は、主権国家の国家化された政治に代わるもうひとつの政治過程であり、市民的レギュラシオンとしての政治的実践である。(15)

ここでも、問題は市場経済の否定ではない。むしろ、新たな市民社会形成の中に市場経済を織り込むことである。それは利己心と利益追求の衝動を強圧的に封印するのではなく、それを自己制御しうる社会的連帯と倫理と制度を構築し、それを通じて社会的個人としての人間の尊厳と権利を実現するという政治的実践である。つまり、複合化する現代の市民社会は、利潤追求と効率性のみを基準とする資本主義的市場経済に対して、多様な基準を備えた多元的で複合的な経済空間の形成を提起し実践する。[16] それは、社会諸集団の多様性と差異に関する納得的な合意と規範としてのソシエタル・パラダイムをうちたてるためのデモクラシーの構築である。そして、多元化された経済システムづくりを実践する過程のなかで、市民社会もまた従来の国家的公共性に代わるもうひとつの公共空間として自己形成する。この相互的ダイナミズムが歴史形成である。M・ウォルツァーはいう。「市場はそれが association のネットワークに組み入れられ、所有の形態が多元化されるとき、疑いもなく市民社会と最も調和する経済編成になる」(［一九九六］、一七四頁)、と。

6 オルタナティブ・エコノミーと現代市民社会

私たちはいま、国家や企業やコミュニティの諸領域で、多様な基準を備えた多元的な経済システムづくりが試みられているのを確認できる。効率性と利益だけではなく、エコロジーやジェンダーや人権は企業活動の重要なテーマとなっている。それは二〇世紀後半以降、徐々に浮上してきた潮流である。たとえば、アメリカにおけるアファーマティブ・アクションの試み。これは直接的には女性や少数民族に対する雇用上の差別の結果を是正するための国家プログラム(一九六五・六七年大統領令)だが、その社会的効果は雇用問題にとどまらない。同時にそれは、公共事業の資金の一定割合を少数民族・女性・黒人所有の事業会社に振り向けることによって社会的資本の流れを変え、私企業や公共団体などの投資政策全体に強力な影響をおよぼす[17]。

さらに、この法律と同じ効果をもつものとして、一九七七年制定された地域再投資法（CRA＝Community Reinvestment Act）がある[18]。この法律は、低所得層やスモール・ビジネスなど、地域の金融ニーズに銀行が公正に対応することを求めている。非白人系市民に対する住宅ローンや事業融資を拒む差別的な銀行経営（〝レッド・ライニング〟と呼ばれる）が横行していたからである。カリフォルニア州のNPOのグリーン・ライニング連合は、CRAを武器に銀行との交渉や裁判闘争や監督機関への働きかけなどを通じて銀行に公正な融資を実行させ、荒廃した都市を地域産業の活性化で再生しようと試みる。社会的剰余資本の流れを変えようとする運動である。それは連邦準備制度理事会（FRB）や連邦預金保険会社（FDIC）の融資政策にも大きな影響力を行使している。こうして、地域における多様な市民団体と銀行資本とのパートナーシップが形成され、マイノリティや女性の起業活動・市民事業への公正な融資を通じて、新しいコミュニティづくりが進められる。

これは資本市場の否定ではない。公正な融資が公正な利益につながるという枠組みづくりである。マネーに既存の市場原理以外の新しい社会規範を付与し、グッド・マネーこそグッド・プロフィトになるという経済社会を形成することである。こうして、資本循環＝蓄積過程に対して市民社会の諸集団が介入し、貯蓄と投資をめぐる社会的剰余の新しい回路が形成されつつある。それは現代における新しい市民的公共空間と多元的経済空間の再形成である[19]。

マネーの流れは銀行などの間接金融だけではない。とりわけアメリカでは、株式などの資本市場が個人レベルに深く浸透している。だから、資本市場の直接金融に介入し、投資活動の社会的責任と倫理を確立するという運動も展開する。「社会的責任投資[20] socially responsible investment」と呼ばれ、八〇年代以降、アメリカの資本市場に広がっている。社会的剰余資本を市民社会の創造的な問題解決に活用しようとするさまざまな投資信託ファンドが資本市場に参入し始めたのである。その歴史は一九世紀後半にまで溯ることができるが、現在のように新しい市民社会形成の運動として資本の循環＝蓄積過程に参入するようになったのは一九六〇年代のことである。

ベトナム戦争への反戦活動のなかで巨大な産・軍複合体国家が問題となり、兵器生産から資本を撤収し社会的責任と倫理を自覚する企業に投資するという運動が活発化した。また、公民権運動やフェミニズムなどの高まりとともに、黒人や少数民族の差別是正、男女雇用機会の平等、環境保護や開発政策、労働環境の改善なども社会的投資の選択基準として浮上した。もはや高収益や経済効率だけの強い企業が投資の対象ではない。多様な社会的選択基準にもとづいて社会に責任ある投資活動を展開し、それを通じてもう一つの新しい市民的公共空間を創造する。これは複合化する諸市民社会のネットワークに市場経済を織り込むという政治的実践である。

アメリカだけではない。ヨーロッパのエコノミー・ソシアルの運動は協同組合・共済組合・NPOなどのネットワークとして結集し、市場経済に参入して社会的事業展開を試みる。ヨーロッパ連合EUの中にも「エコノミー・ソシアル部」が設置され、従来の私企業や国営企業とは異なる事業活動が市民社会の様々な諸組織によって展開されている。そのような市民的組織のひとつであるベルギーのワロン地域協議会は、「エコノミー・ソシアル」の原則を、（一）利潤より構成員または社会的利益への奉仕（二）自主的な経営管理（三）民主主義的意志決定（四）資本よりも人間と労働を重視する所得分配と定義する（川口靖史［一九九四］六二頁）。J・モローはいう。「エコノミー・ソシアルは連帯の意志から生まれ、利潤より社会貢献を優先し、経済活動のなかに社会的な次元を組み入れる」（J・モロー［一九九六］一九八頁）、と。

フォード主義の循環＝蓄積体制は、生産性の上昇を所得上昇に結びつけることによって無限の消費欲望を増殖させ、大量生産の成長経済を展開させた。その一方で市場経済の採算に乗らない財やサービスは、たとえそれがどれほど有用な財・サービスであろうと、市場経済の外部に排除された。そして、市場経済が切り捨てた社会的欲求の一部を国家が公共財として独占的に供給してきた。両者は相互に補完しあってひとつの循環＝蓄積体制を支えてきた。この蓄積体制が危機に陥っているがゆえに、この体制を越える活動が「エコノミー・ソシアル」として登場する。

エコノミー・ソシアルは資本蓄積に動員される消費欲望を再点検し、市民社会の隠された真のニーズを探り出し、生産される製品やサービスの社会的有用性と質を最優先する。だから労働においても、既存の支配的な賃労働形態とは異なった働き方が模索される。労働は単に所得を得るための手段ではない。労働とその生産物との社会的関係を革新し、そのことによって労働そのものに人間的意味を取り戻す。労働における個人の自己実現が、同時に持続可能な経済の創出でもあるような労働の再建である[21]。つまり、労働と欲望、生産と消費の新しい関係づくりであり、市場経済における市民的自律と連帯と新しい倫理の構築である。だから、エコノミー・ソシアルは従来の国家的公共性に対してはもうひとつの市民的公共性を提起すると同時に、市場経済に対しては経済の新しい基準を提起することによって多元的な経済空間を創出しようとする。F・ガタリ［一九九一］は言う。

「これまでは、資本主義的利潤追求の活動に属さない価値領域を守るとされていたのは国家であるとみなされてきた。しかし、これからは社会によってその有用性を認知された事業体が市民社会の新しい媒介組織となり、私的でも国家的でもないもうひとつのセクターとして、柔軟に財政活動を展開できるようになる必要がある」（一五五頁）[22]。

資本の循環＝蓄積過程に諸市民社会の多様な人間的諸権利を組み込むことによって経済を多元化し、新しい市民的公共空間を再構築する。それがエコノミー・ソシアルの歴史的意義である。

世界の開発途上地域においても同じ動きがある。一九六〇年代、先進工業諸国に成立したフォード主義の蓄積戦略は、開発途上地域では開発独裁国家主導の周辺部フォード主義として展開した。しかし、経済成長を至上命題とする開発政策が途上諸国内部の二極分化や環境破壊を深刻化するにいたって、フォード主義に代わるオルタナティブな開発が模索されはじめた。オルタナティブな開発とは、経済開発の単なる技術学ではない。それは市民社会の政治的実践として展開する。つまり、国家や国連の官僚主導型開発や利潤追求を第一義とする私企業主導の開発とは異なり、むしろそのようなフォード主義的開発過程でパワーを剝奪された人びとのエンパワメントをめざす開発である。それは「再生産の空間としての市民社会」のエンパワーである。J・フリードマン［一九九五］はそれを「人権、市民権、人間性の開花」のための開発といい、次のように指摘する。

「市民権が主張されるのは、いかなる人間のコミュニティにもそれ自身で生き続けようという意志があるからだ。…市民権の基盤は人間が共に住まうということであり、この意味での市民権から排除されることとは、最も基本的なものを奪われるということである」（四七頁）。

冒頭で述べた「再生産の空間としての市民社会」という概念が、ここでは西欧的限定性を超える普遍的な意義において問題化している。このような市民社会のエンパワメントが模索されている。

それは、共に住まうという人間の最も根源的な活動のためのソシエタルな協同空間と市民権を確立する政治的実践であり、ピープルがピープルになるという根源的社会形成の過程である。この市民的へゲモニーにもとづいて、国家と市場経済を方向づけていく。バングラディシュのグラミン銀行は人間の基本的ニーズと自律を可能にするコミュニティづくりのための内発蓄積戦略を展開し、三〇〇〇以上のNGOが参加するフィリピンの開発NGOのネットワーク連合（CODE－NGO）は循環型経済の構築や女性起業活動への融資や教育活動を展開する。世界の草の根で無数に試みられる市民的開発プロジェクトは、社会的剰余資本の新しい回路を開拓することによって、新たな市民的公共空間を創造しようとする政治的実践である。

結語にかえて――時間解放社会の確立へ――

一九八九、ベルリンの壁の崩壊とともに、二〇世紀の冷戦体制は幕を閉じた。旧社会主義諸国はいっせいに再資本主義化の道を歩み始めた。グローバル資本主義は、ポスト社会主義とポスト第三世界の凄まじい大競争時代に突入したかにみえる。それは生産性をめぐる経済的理性の競争である。新自由主義はこの大競争社会を〝活力ある社会〟と展望する。しかし、市場中心主義の経済的理性が社会的理性を圧倒し、政治社会の指導理念となるとき、最大の野蛮状態が出現する。無節操なコスト・ダウン競争は大多数の人びとを労働から排除ないし周辺化する一方、中枢部分の雇用労働層にも激しい競争を強いる。稀少な雇用資源をめぐって北の先進諸国内部では二極分化が進行し、さらに北と南が対立する。「全員が全員を相手に戦う戦争状態」（ホッブス）のグローバル化である。さらに、大競争の労働社会は過剰消費社会を生み出し、人間と自然の生命循環に破局的終末を結果する。それを回避しうるのは、絶対的威力をもつかにみえる市場競争の社会的制御であり、新しい蓄積体制の構築である。それは、市民的自律と連帯を理念とし、「自由時間の増大に基礎をおく新たな蓄積体制」の構築である（A・リピエッツ［一九九〇］一二五頁）。

資本の循環＝蓄積過程における社会的生産力の発展は社会的必要労働量を減少させ、膨大な剰余労働を剰余価値として実現する。それは必要労働からの解放と自由時間の可能性を潜在化させながら、しかもなお膨大な商品資本循環の物象化された経済空間としての〈消費社会〉を創出する。フォード主義の蓄積体制とレギュラシオン様式が、社会的生産力の発展を所得増加と欲望増殖の回路に方向づけるからである。〈労働社会〉のシステム化された他律的労働と〈消費社会〉の無限増殖する私的欲望、この両者が相互に前提しあい相互に促進しあう経済として、現代資本主義の循環＝蓄積体制はますますグローバル化しつつある。[23] これに対応して生産と再生産の総過程における市民社会の生活時間が市場競争の渦に翻弄され、性別役割分業による家父長制市民社会の岩盤が強固に形成される。

社会的生産力の発展が生み出す膨大な剰余の循環を、商品資本循環に規定された労働と欲望の悪循環にゆだねるのではなく、富としての自由時間を構想しつつ、新しい労働と欲求と消費の文化の創出に生かすこと、[24] 必要と剰余の時間総体に対する自己決定権の回復とジェンダー・エスニシティ・エコロジーを視野に入れた市民的連帯のコミュニティづくりをめざすこと、要するに社会から突出した市場経済を再び社会に埋め込もうとする試み。これが現代における市民的レギュラシオンとしての政治的実践の核心である。

だから、A・ゴルツ［一九九七］は単刀直入にいう。いま問題になっているのは「生産第一主義の労働社会から時間解放社会への転換」(三〇四頁J)である、と。現代のあらゆる変革は自由時間の問題に収斂せざるをえない。[25]時間に対する個体的かつ共同的な自己決定権の樹立、それが市民社会としての成熟の第一歩である。

「現代市民社会の成員たちが資本主義社会の勤労者として『時間の主人公』となること、つまり基本的市民権および人権として時間主権を個体的かつ共同的に樹立することが、ブルジョア的な資本主義的社会構成のさなかにあってラディカルな民主主義の発展を実現させるものである。このような時間主権の確立を制度化された妥協=合意として推進することこそが、市民社会(société civile)としての社会の成熟にほかならないのである。この意味での成熟こそが、新しい経済的社会構成の内実を形成していくのである。そのようなものとして歴史的に展望される市民社会の発展は『自由な人格的自立』を『自由に連合した生産者たちの連合』のうちに普遍化することを可能にするであろう。」(平田清明[一九九三]三四九頁)。

付論　多元的市民社会の世紀へ
――斉藤日出治『国家を越える市民社会』を読む――

世紀転換期の今日である。年代記としての二〇世紀はいまだ進行中だが、二〇世紀を支配したシステムはすでに終わりを告げた。投機的グローバリズムと流血的ナショナリズムのうねりの中で、そして足下では非情なまでの雇用破壊の嵐の中で、私たちは日々それを実感させられている。だが、幕の向こうが見えない。二一世紀を見つめる私たちの気持ちには、期待より不安が、希望より絶望が過る。重苦しい閉塞感が漂う所以である。

この閉塞の時代に切り込む一冊の書物が出た。斉藤日出治『国家を越える市民社会―動員の世紀からノマドの世紀へ―』（現代企画室）である。私たちはどのような二〇世紀を生きてきたのか。そして、どのような未来に入り込みつつあるのか。「動員の世紀からノマドの世紀へ」、と著者はいう。ひとびとが国民国家と資本を軸とする巨大組織に組み込まれ、政治的権力と経済的生産力の担い手として動員された時代が二〇世紀。この二〇世紀システムは七〇年代以降徐々にほころび始め、八〇年代の社会主義崩壊とともに完全に行き詰まった。自己のアイデンティティと利害の拠り所となる安定した共同空間が消滅し、人びとの生活はデラシネ（根無し草）と化した。そしていま、情報通信のネットワーク化はサイバー・スペースの新しい空間を出現させ、この空間をサイバー・マネーが徘徊し、〃ネティズン〃が闊歩している。新しい中世の時代ともいわれる。

「人生無根蔕　飄如陌上塵」

膨大な数の難民や移民が飢餓線上を流浪する一方で、携帯電話やカードからパソコンにいたる

〝ノマド・グッズ〟の大量消費が私たちの生活の絶対的条件となりつつある。確かに、自己の拠り所となる根も蔕もなく、塵のように世界を浮遊する姿が、私たちの現在である。だが、この〝虚構の詩人〟（陶淵明）は続けてこうもいう。

「落地成兄弟　何必骨肉親」

生まれ落ちた後、私たちのアイデンティティ形成の基礎は必ずしも親族や民族といった絆である必要はない。ましてや、国民やカイシャへの帰属が必然なわけでもない。つまり、根も蔕も失った私たちは、二〇世紀的共同性に代わる新しい社会形成原理の構築を迫られているということである。と同時に、それを迫られた自己とはいったい何物なのという問いの前に、私たちは立たされてしまった。ノマド化とはそういうことだ。この問いを積極的に引き受けた人間を、著者は「リフレキシブ（自己反省的）な個人」と呼ぶ。それはアイデンティティの複合性を積極的に生きる個人である。つまり、自己を「国民」や「消費者」や「生産者」いった抽象的存在に還元するのでなく、むしろそのような抽象化が排除してきたあらゆる多様なものの承認を要求する。二一世紀は、そのような反省的個人によって形成される「ノマドの世紀」である。それは二〇世紀的な国民国家と資本の諸組織から自律した社会空間を、自らの住まう足元に、しかもグローバルなネットワークとして創造することを要請された時代である。著者は「国家を越える市民社会」の創造という。市場の価格シグナルや国民国家の排他的共同性に吸収されるのでなく、地域社会の企業や組合などの非貨幣的な相互信頼関係（NGO・NPOなど）とそのローカル／グローバルなネットワークを柱としつつ、もうひとつの市場と政治を生活の基礎として創造する。だから、リフレキシブな個人による新しい市民社会は多元的市民社会であるほかない。これは著者の勝手な空想ではない。二〇世紀の資本と国家そのものが、思わざる結果として生み出した「最大の生産力的成果」である。これが著者のメッセージである。

このような弁証法的構想力において「二〇世紀システムに対するオルタナティブな社会形成の方向づけ」を提起すること、これが本書の目標である。だから本書の性格は、世の中の仕組みと問題点を整理しその処方箋を提示するといった、書店に山積みされたサラリーマン向けマニュアル本のそれとは全く無縁である。著者は二〇世紀システムの成長と危機のメカニズムを分析し、同時にこのメカニズムが生み出すオルタナティブな社会形成の萌芽を提示しようとする。

著者が最も重視するのは経験への内在とその概念化である。危機とそれを克服する可能性の洞察は、もしそれが人びとの経験の内に共有されているのでなければ、悪しき空想でしかない。しかもなお、経験は普遍的なものでなければならない。そのような経験と概念による新しい社会形成の提示が、著者にとっての問題である。それゆえ著者の思考と理論展開は優れて弁証法的であり、そこには歴史的選択の道筋を模索しつつ社会形成に自ら積極的に参加したマルクスの方法が躍動している。

この弁証法的構想力を導く著者の方法概念は、グラムシの「ヘゲモニー」、レギュラシオン・アプローチの「レギュラシオン」、ラディカル・デモクラシーの「節合」である。これらはいずれも、マルクスに内在しつつマルクスを越えるという理論的格闘の中から生み出された貴重な方法概念である。これらの中核的諸概念の回りに、さらに多様な中間的諸概念を駆使しつつ、次のような「二〇世紀システムを特徴づける四つの主題」が提起される。

制度の政治経済学による動員体制の分析（第Ⅰ部）

国民国家の危機と近代的市民権の再審（第II部）
二〇世紀システムの空間編成（第III部）
新しい市民社会形成と民主主義のプロブレマティーク（第IV部）

第I部では、蓄積体制とレギュラシオンの視座に基づいて、冷戦構造下の資本主義と社会主義が「動員経済」の二類型として分析される。二〇世紀は動員の世紀であった。動員されたのは生産手段や物的諸資源だけではない。人間の最も根源的な欲求する力と労働する力が社会の生産力および消費力として動員され、大量生産・大量消費の蓄積体制を構築した。それはひとびとの能動的参加意識をひとつの国民国家へと政治的に統合する要であった。この動員と統合をめぐって西側フォード主義の言説と東側マルクス・レーニン主義の言説が凌ぎを削って闘争した。結果は後者の敗北である。が、まさにそのとき前者の発展様式そのものが危機に陥った。著者はこの文脈で、《六八年五月》に象徴されるグローバルな《異議申し立て》の運動を二〇世紀システムへの反乱と理解する。その性格は国民国家からの市民社会の自律であり、東欧の市民革命とも密接に呼応しあっていた。この市民社会が一九世紀的市民社会と異なるのは、それを担う主体としての市民の複合的性格と社会の多元性である。つまり二〇世紀の国民的市民権が再審に付されているのである。

それゆえ第II部では、国民国家の揺らぎの中で市民権概念をめぐって展開されるヘゲモニー闘争の多様なベクトルが分析される。二〇世紀の国民国家は多様な個人をひとつの文化・利害・アイデンティティにまとめあげることによって社会統合を成し遂げきたが、著者はこの社会統合の重要な媒介装置として「都市」に着目する。そして都市的生活様式による労働と欲望の動員過程と賃労働者の国民国家的統合の過程を詳細に分析した上で、文化的差異を根拠にした現代の新しい人種主義的市民権概念を国民国家による社会統合の危機の倒錯した表現に他ならないと批判する。求められているのは、国民化された市民権の擁護や古典的な市民権の復活ではない。ましてや、異文化排除の人種主義的市民権ではない。グローバル化する市民社会の統合原理としての「グローバルな市民権」「国籍を越えた市民権」である。それは単純なコスモポリタンではなく、多様性を承認しつつ「共に住まう」ことを〝根蔕〟とした新しい都市市民権である。

第Ⅲ部では、この新しい市民権が「空間と身体」の生産という独創的な視点でとらえ直される。ここではフォード主義的資本循環＝蓄積過程が「空間と身体」の伝統的結びつきをいかに解体・再編してきたか、そしてフォード主義の危機の中から身体的自己反省能力を獲得した新しい社会的個人と社会空間がどのように生成しつつあるかということが、レギュラシオン・アプローチやルフェーブルの都市論、またスコットの社会的分業論などを駆使しつつ、実にスリリングに叙述展開される。リフレキシブな個人と新しい市民権の構想は企業やコミュニティを貫く社会的分業の変革と自由時間を基礎とするリフレキシブな蓄積体制の構築、多元的ガバナンスによって制度的な反省能力を備えた社会空間の形成、これらのグローバルかつローカルなネットワーク化による新しい発展様式の展開といった動きの中で展望されている。

そして第Ⅳ部では、新しい市民社会形成と民主主義のプロブレマティークが理論的に反省され、かつ具体的に提起される。理論的反省を導くものは「ヘゲモニー」・「レギュラシオン」・「節合」という方法概念である。著者によれば、これらの概念は政治学・経済学・社会学などの諸領域を越えて密接に呼応しつつ社会認識に根本的革新をもたらしており、批判的政治経済学が偏狭な経済還元主義や安易な文化相対主義に陥らないための基礎的方法概念である。と同時に、著者はこれらの概念が「社会システムにおける行為主体と制度とのダイナミックな相互作用」を解き明かし、そのことによって「社会システムの発生論的認識」を可能にするとして、これらの概念を自らの弁証法的構想力を支える方法概念に練り上げている。このような方法論的反省に立脚して、著者はグローバル資本主義の投機的暴力性や流血的ナショナリズムの危機の深層に分け入り、「動員の時代からノマドの時代へ」向かう世紀転換期の大きな潮流を浮かび上がらせている。

それは国民的に統合された国家と経済と社会の枠組みの揺らぎの中から、グローバルなネットワークとして組織された多元的市民社会が社会形成の新たな場として復権しつつあるという動きである。国民経済のフォード主義的蓄積体制と国民国家の民主主義的政治過程の節合が脱構築され、国民的アイデンティティ形成の言説的実践がその社会的統合力を喪失する一方で、リフレキシブな蓄積戦略とラディカル・デモクラシーの戦略が再節合し、リフレキシブな個人による複合的アイデンティティの言説的実践が展開しつつある。著者の弁証法的構想力に裏づけられたこの展望は、世紀末の絶望的閉塞状況を生きる私たちにかすかな希望と勇気を与えてくれる。

以上、著者の基本的メッセージとその叙述展開を簡単に紹介したが、この素描の多くは私自身の読み込みである。そこには著者の意図を越えているものや、あるいは誤解もあるだろう。それを了解していただいた上で、以下に本書の意義と思われる点を思いつくまま三点ほど挙げておきたい。

第一に、著者が初めて紹介した「動員経済」論および「貨幣」論はレギュラシオン・アプローチから派生した最も重要な理論のひとつだが、これは二〇世紀の資本主義と社会主義を「市場と計画」という二分法的視点で分析してきた比較経済体制論に代わって、新たな制度の政治経済学の地平を開拓する可能性をもつ。比較経済体制論の問題圏に市民社会論が介入しうる素地が、初めて整ったといえる。

第二に、レギュラシオン・アプローチとの関わりいえば、このアプローチは経済（economy）と政治（politics）と言説（discourse）の三つの次元を備えていると思われるが、著者はこのうち言説の次元を新たに開拓したといえる。蓄積体制やそれに照応するレギュラシオンの制度的諸装置は言説的実践に媒介されて初めて機能しうるという著者の主張は、制度の政治経済学を構築するうえで決定的に重要な論点である。B・ジェソップも政治学の領域から同様の問題提起をしているが、今後の理論構築においてはこれらの次元の節合関係が不可欠の課題となるだろう。

第三に、「リフレキシブな（自己反省的）蓄積戦略」と「リフレキシブな個人」としての主体形成は著者の情報―言説理論に裏打ちされた最も独創的で魅力的な視点だが、エコロジー・ジェンダー・エスニシティの問題領域でシングル・イッシューを追求する新しい社会運動にとっても、自らの運動を普遍化していく上で貴重な羅針盤になりうると思われる。この論点は「階級社会からシステム社会へ」というプロブレマティークとも共振するが、いずれにせよ、著者が制度の政治経済学の中から提起したこの論点は、今後の政治経済学の立脚点を問うものとしての意味をもつだろう。社会形成における言説的実践としての学問の存立基盤が問われているからだ。

「二一世紀における市民的公共圏の一翼を大学が担いうるか」

著者のこの自問は限りなく重い。

注

第一章

(1) 一九二〇年代以降、「サラリーマン」という和製英語で呼ばれる労働者が誕生し、戦後の高度経済成長とともに国民化したという経緯については田中秀臣［二〇〇二］を参照。だが、この現象は日本独自のことではなく、先進諸国の一般的傾向であり、しかもその誕生の時期が一九二〇年代の世界的総動員体制の確立にある。

(2) Nicholas Kalldor: "The Role of Taxation in Economic Development", Essays on Economic Policy. Vol. 1, 1964, p232.

(3) 以上の論点は、宮崎義一［一九九五］による。「平行四辺形型の昇進人事」の明快な図解（三一頁）も併せて参照。

(4) このシステムの全体的見取図とその歴史的源流については、岡崎哲二・奥野正寛［一九九三］を参照。

(5) 「国民経済」という概念はドイツ歴史学派のF・リストがイギリス古典経済学を批判する過程で練り上げられてきたものだが、日本では大塚久雄［一九六九］の「国民経済」論（第六巻）が最もよくまとまっている。その「原型」を大塚は「国民的規模において必須な財貨がすべてほぼ十分に生産され、その結果ある自給自足への傾向がみられること、そして、それを生みだすような多角的分業の、国民的規模において均衡のとれた、いわば《balanced national economy》の状態」と定義する。しかし、それは閉鎖的経済空間を意味するのではなく、「国民的規模をこえて国外の経済をその産業構造の中に捲き込んでおり」、この国際的構図の中で「はじめて独立な、ある自給自足への傾向をもつ産業構造として存立する」（九〇―九一頁）。そして、この国民経済をささえる主体こそ、国民のもつ歴史的労働倫理としての「国民的生産力」ととらえる（第八巻、三一八頁）。大塚はこの「国民的生産力」の構想を一九四四年戦時総力戦下において「サイパン島激戦の報を耳にしつつ」書き下ろしている。

(6) 「複合不況」とは従来の「国民経済」の枠組みにおける循環性の景気調整にとどまらず、経済的枠組みそのもののの転換によって発生した不況、つまり「新旧二つの経済的枠組みの転換期における不況」（宮崎義一［一九九五］二六三頁）という意味である。第四章の注二を参照。私も同じ立場だが、本稿ではこの「国民経済／国民国家」を統合する社会的アイデンティティ形成としての表象と言説に着目した。

（7）佐口は一九四〇年代総動員体制の「勤労」イデオロギーが第二次大戦後における日本の労働組合の国家による承認のされ方、社会での受容のされ方を考える上で決定的に重要であるという（一九四頁）。戦後日本の産業民主主義は、その出発点から強制的均質化としての国民化の論理と無媒介的国家依存の志向をはらんでいたからである（二五二頁）。戦後改革のなかで労働組合が継承した勤労民主主義の理念は、このような「勤労規範」であったと言うわけである。

（8）中岡哲郎［一九七〇］一一九頁を参照。中岡は当初からテーラーとフォードが単に工場や企業のミクロ的空間にとどまらず、「社会的生産過程」に大きな影響を与えるということに注目していた。そして、テーラー＝フォード主義が「労働者の意欲と積極性を高める」という点で限界をもち、その限界を克服する努力が日本の中で展開したということを、適切に分析している。

（9）「産業報国の精神」は戦後民主主義における経営者の多くが、いや優秀なサラリーマンの多くが最も愛唱する社訓のひとつであった。毎日「朝会」と「夕会」で斉唱された〝七精神〟はこうである。「産業人タルノ本分ニ徹シ社会生活ノ改善ト向上ヲ図リ世界文化ノ進展ニ寄与センコトヲ期ス　向上発展ハ各員ノ和親協力ヲ得ルニ非ザレバ得難シ　各員至誠ヲ旨トシ一致団結社務ニ服スルコト　一　産業報国の精神　二　公明正大の精神　三　和親一致の精神　四　力闘向上の精神　五　礼節謙譲の精神　六　順応同化の精神　七　感謝報恩の精神」（松下電器）

（10）だから、次のように言うことができる。敗戦直後、曲がりなりにも形成されつつあった市民的社会形成過程の一翼を労働運動も担っていたが、三池闘争（一九六〇年）の敗北を境に、労働運動は市民社会形成における自律的核としての地位から撤退し、カイシャ社会の自動安定装置となっていった。企業内労働組合は企業内においてさえ自律的たりえず、個々の労働者は業績競争と昇進競争を強いられる従業員として、今度は「御真影」に代わって「社訓」の前にひれ伏すことになった。「国家への能動的貢献の主体としての位置付け、そしてそれを条件とした国家による生活保障」という産業報国会の理念は、戦後には終身雇用と年功序列と企業内生活保障に引き継がれた。以上の点については、佐々木政憲［一九九七］における「II　日本型動員経済の展開」を参照。三池闘争が切り開いた労働運動の歴史的意義は正当に評価されるべきである。にもかかわらず、その「労働社会」の将来展望が企業社会の枠を乗り越えられず、市民社会の多様な運動との連帯において限界をもったという点については、黒沢惟昭［二〇〇〇］と本書第五章の付論を参照。三池闘争に内在し、その意味を問いつづける黒沢の著書には、研究者が持つべき厳しく深い自己省察の姿勢が感じられる。

(11) J・ショアー［一九九三］一六四頁を参照。また、見田宗介［一九九六］は労働管理におけるホーソン実験と消費戦略におけるGMに象徴させて、一九二七年を二つの側面から「現代的転回の日付」と把える。ひとつはテーラー的科学主義からホーソン的人間中心主義への転回によって労働のシステム管理が貫徹するという労働の転回であり、もうひとつはフォード的画一消費主義からGM的情報消費主義への転回による大量消費の貫徹という欲望の転回である。この転回とともに、労働の動員と欲望の増殖を原理とする現代社会の自己調整的システムが出現する。

(12) 戦後的というのは、「一九四〇年体制」における労働動員が民衆自身の相互監視による私的欲望の国民的自粛（一九四〇年「奢侈品等製造販売制限例」の国民的標語「ぜいたくは敵だ」）と一体化していたのに対して、戦後のカイシャ主義的労働動員が丸山真男のいう「欲望自然主義」の国民化と結びついて「内包的蓄積体制」を可能にしたからである（佐々木政憲［一九九七］）。そして、日本的というのは、同じ資本主義でも市場主導型（アメリカ）や国家主導ないしコーポラティズム型（ヨーロッパ）と違って、日本は企業主導型とでも特徴づけうる「企業主義的レギュラシオン」を装備しているからである（山田鋭夫［一九九四］二二六頁）。

(13) この視点は熊沢誠［一九九二］八七頁を参照。

(14) 大沢真理［一九九三］は、「年齢別生活保障型賃金」を「家父長制」という女と男の非対称的権力関係を前提した「戦後の企業経営と労働運動の間の政治過程の産物」という（六七頁）。

(15) 「電気産業型賃金体系」は戦後の労資妥協の典型であるということができる。だが、資本と労働の間には「家父長制的賃金制度」の確立を暗黙の合意としていたということこそ重要である。それは「電気産業型賃金体系」にひそむ「皇国賃金観」ということができる。戦時動員経済体制の『勤労規範草案』は、賃金についてこう記す。「生活の本拠は家に在り、人長ずるに随って夫々斉家の責任を担う。これ給与の支給に当たり年齢と家族とに考慮を払う所以にして、之を基本給となし、給与の根幹たらしむべし」。ここにいう「人」とは妻子を養う男であり、女ではない。戦後の職能給化された年功賃金体系はこれを継承している（朝日新聞［一九九五］）。

(16) 佐々木政憲［一九九七］の「三　新しい市民的公共圏の創造へ」を参照。そこでは、地域再投資法（CRA）による新しいコミュニティづくりの運動や社会的剰余循環に対する市民的レギュラシオンとしての社会的責任投資の動向、またEUの「エコノミー・ソシアル」の潮流や発展途上地域の市民的開発戦略などが紹介されている。

(17) このようにEU諸国は労働時間短縮と労働諸条件の保護規制に積極的に取り組んでいる。これは一九九三年にEU理事会が採択した「労働時間編成に関する指令」に基づいており、「基本的人権としての男女の働く権利の確立、男女労働者の職業・家庭生活の調和」を基本理念としている。この指令は労働時間編成における安全と健康の最低基準の規制を目的とし、①男女同一の基準、②経済効率を労働の安全・衛生・健康に優先させない、③一日・一週・一年単位での休憩や休暇の最低基準を定めて労働時間の編成を行う、④ILOの労働者保護原則に基づく夜間労働時間編成などの点を柱としている。EU諸国はこの「指令」を受けて国内法を整備中であるが、こうしたEU路線は市場経済の社会的制御と法的規制による「人間の顔をしたヨーロッパの建設」（柴山恵美子［一九九七］九五頁）ということができる。つまり、ここでも企業経営における働く者の「公正」と「参加」を尊重しつつ、新たな市民社会形成の中に市場経済を織り込む制度設計が模索されているのである。若森章孝［一九九九］はフランスの労働政策をめぐる論争と社会闘争の諸類型を紹介しながら、フォード主義時代に普遍化した「労働社会」からの脱却、その戦略として労働時間短縮とワークシェアリングおよび多様な働き方を可能にする市民社会の多元的組織の制度化を提示している。もちろんアメリカとヨーロッパでは大きな違いもある。特にアメリカはヨーロッパのような保護政策的介入や法制度化を回避し、労資の自主努力による問題解決をはかる傾向が強い。だが、新たな市民社会形成を通じた市場経済の制御調整という方向では共通する。

(18) 中央労働基準審議会のあるメンバーは今回の労働基準法改正案の審議を終えて、「日本の場合は、労働組合のある職場でも、時間外協定の締結を巡り組合が上限について争議をかけて争った例もみられないし、労働省の調査で明らかにされている時間外協定の実例を見る限り、労働者が毅然として長時間労働を拒否する姿勢が希薄である」と指摘し、法制化などの「国家的規制に頼らず自主努力」で長時間労働を克服する努力をすべきであるとアメリカ的競争モデルの労働ビッグバン路線を追認している。そして、こうたたみかける。「過労死というと、日本ではもっぱら経営者と国の責任が問われるが、先進国では日本の労働者は働き過ぎの変わった人種と不思議がられている」(花見忠「労働制度、弾力的・創造的に」日本経済新聞一九九八年二月二四日)。日本の労働者は会社頼みや国家保護を脱して自己の権利確立のためにもっと努力せよというわけだ。日本の企業内労働組合は、この批判に返す言葉もない。市民社会に開かれた労働運動が必要だ。

(19) 家事労働を含めた「総労働時間」でみると、世界一の働き者は日本の男性ではなく、女性であると、『女性白書』(一九九四年)は指摘する。白書によれば、女性の労働時間と家事時間を合計した週の総労働時間は七四・四時間で、男性の六一・七時間に比べて一二・七時間も上回っている。だが、この「総労働時間」が男性より女性の方が多いという点は、日本に限ったことではない。労働時間短縮が進んでいるヨーロッパでも同じ傾向がある。日本よりは労働時間短縮が進み、かつ日本の男性より家事労働を負担しているフランスでも、女性の総労働時間は六七・八時間で、男性は六一・四時間である。このことは、家事労働を含めて考えた場合、雇用労働時間の短縮が自由時間に対して著しいジェンダーバイアスを生み出しているということを意味する。つまり、労働時間短縮は資本と労働の闘争を超えて、家事労働を含めた女と男の総労働時間の配分をめぐる闘争としても明示化される必要がある。以上の点は、佐々木政憲[一九九七](特に、一七五頁以降)を参照。

(20) 今日、日本の多様な非正規労働者のネットワークとしての「コミュニティ・ユニオン」が既成の労働運動の一角を占めつつある。正社員のクミアイが排除してきた人々との連帯がなければ、もはや労働運動は立ち行かなくなっている。社会的労働運動として再生しつつあるアメリカの労働運動の歴史的意味が、日本においても承認されようとしている。東京ユニオン[二〇〇〇]を参照。

(21) 「私たちが望む社会とは、男性と女性に、家事労働と生計労働の後に、教育、芸術、スポーツまたは社会参加のための時間のゆとりが残されていることであり、そのためには、何よりも第一に労働時間を短縮しなければならない」(西ドイツ社会民主党「EC市場統合下での自由・公平・連帯の新しい社会の創造—西ドイツ社会民主党の新

しい基本綱領草案」柴山健太郎訳『経済評論』一九八九年七月号）

第二章

（1）この造語は一九九四年に誕生したが、その経緯については公文俊平［一九九六］を参照。また、この造語の意味は、単にサイバー空間上の住民ということにとどまるのではない。もし、それだけなら、「市民」を行政区画としての「市」の住民と定義するのと同じである。公文は「ネティズン」を近代市民革命における「市民」の意義がそうであったように、社会の進化における情報化の段階における市民という意味で使い、「智民」と訳している。

（2）今日の市場はパーソナル化され（カスタマナイゼーション）、マーケット・オブ・ワンとなりつつある。そして、このビジネス戦略の延長線上で生産システムが再編成される。このようなビジネス戦略と生産システムの先陣を切った企業に、アメリカのデル・コンピュータがある。デルはパソコン生産で顧客との間に仲介業者を介さないダイレクト・モデルを採用し、九〇年代に急成長を遂げた。それまで巨大なパソコン市場では、大量生産した商品在庫を順次市場に放出するというのが通常のビジネススタイルであった（BTS：Build to Stock）。それに対してデルは巨大マーケットに対して個々の商品をカスタマイズし、それを個々の顧客に直接販売するという注文生産方式（BTO：Build to Order）を実現した。

（3）SCMで重要なことは、サプライ・チェーンがプッシュ型からプル型に逆転するという点にある。生産システムにおける管理と作業が川上の調達・生産から川下の販売へという流れで行われるのが「プッシュ型」生産システムとすれば、SCMでは川下から川上へと流れが逆転する。需要が供給を引っ張るという「プル型」の生産システムである。資材の調達や生産は注文が来た時点で始まる。川下から求められた数量だけを生産し、それに必要な分だけの部品や原材料を川上から調達するという仕組みである。このプル型生産の直接的効果はゼロ・ストックである。注文が来てから生産を行うことによって、完成品の在庫だけでなく、部品・資材の在庫もゼロに圧縮できるからである。製品陳腐化のスピードが速いコンピュータ業界において、とりわけ在庫圧縮は死命を制する問題である。もちろん、このようなプル型生産の仕組みはトヨタのカンバン方式になじみのものである。カンバン方式は需要の変動に生産現場を柔軟に対応させるための在庫管理方式であるが、そのカギをなしているのは、川上から川下への「モノの流れ」と、川下から川上への顧客「情報の流れ」を同期化したことである。この方式によって自社工場内のスペースと資金を有効に活用し、合わせて製品管理を徹底する。それがトヨタのカンバン方式であった。デルのダイレクト・モデルはこの方式を製造現場の在庫管理を超えて、さらに個別企業の枠も超えて、サプライ・チェーン全体のコントロールに応用したものといえる。しかし、その場合でもポイントは、カンバン方式の基礎にある情報を徹底して重視するという点にある。「情報を得ることがすべてである」とデルは言う（マイケル・デル［二〇〇〇］一三六頁）。「何かを作っておいて最善の結果を期待するのではなく、明確な顧客ニーズや顧客からのインプットに基づく製品設計を目指す」という姿勢である。顧客と直接に接するダイレクト・モデルによって、顧客ニーズの正確な情報を直接手に入れる。そして、顧客から得られる情報でサプライ・チェーン全体を設計し、それをコントロールし、マーケット・オブ・ワンを創造する。なお、SCMについての解説と実践例は、タスクＩＴ新書編集部［一九九九］を参照。

（4）デルは情報ネットワーク化された諸企業をつなぐ「指令塔」としての位置にある、と國領二郎［二〇〇〇］はいう。「顧客が発する情報をとらえ、編集し、それをもとに顧客が欲する商品のイメージをつくり、それを提供するために必要な技術をもつパートナーを探し、複数パートナー間で調整し、顧客に価値ある製品を届ける」（三五四頁）。その一連の情報の流れを統合するという意味での「バーチャル・インテグレーション」をビジネスにするのが、デル・モデルである。だから、デルは研究開発や部品の供給を積極的に外部の企業に委ね、それによってソリューションやシステムを構築し、それを顧客に届けることに集中するというアウトソーシングを基本戦略とする。このようなアウトソーシングを徹底するのは、情報の流れを軸にビジネスモデルを組み立てているからである。

（5）たとえば航空券に関して、従来のように旅行代理店を通して顧客が予約しチケットを購入する場合は一件当たり八ドルのコストだが、顧客がインターネットで直接購入するなら約一ドルで済み、コストは八八％削減されるといわれる。銀行業務でも平均してほぼ八八％、生命保険の書類作成では約五〇％のコスト削減率といった具合である（日本経済新聞一九九九年一二月八日）。

（6）ＩＴ革命が取引費用の削減を通じて、市場経済化を推し進めるという点については、篠崎彰彦［二〇〇一］を参照。ただし、インターネットが市場経済化を徹底するのは取引コストの削減という理由だけではない。経済学が従来から問題にしてきた「外部経済」の問題と関わる。インターネットとともに「ネットワーク外部性」という現象が進展し、均一化への圧力が生じるからである。ここでは時間ゼロの「ネットワーク隣接性」を特徴とするサイバー空間が生じる。ＩＴ革命がマスの経済を個人の経済に変革することによって市場経済化を推し進めるという論理については、伊藤元重［二〇〇一］を参照。

（7）デジタル経済下におけるネットワーク外部性の進展は、ドットコムで整備されたサイバー空間上の「ワイヤード wired」と情報ネットワークに接続されていない「アンワイヤード unwired」の新しい格差を決定的なものにする。それが人種、性、世代を反映した所得格差となって現れるのが、デジタル・デバイドである（木村忠正［二〇〇一］）。アメリカ商務省報告書［二〇〇一］も参照。

（8）グリーン［二〇〇一］を読むなら、アメリカの九〇年代の労働運動が社会運動をめざしてきたこと、いや労働運動はもともと社会運動であったし、今後もそうであることによって存在意義をもつのだということがよくわかる。篠田の訳（「労働運動をよみがえらせた社会運動の伝統」）はそれを適切に伝えている。ちなみに、原題は Taking History to Heart : The Power of the Past in Building Social Movements である。

（9）柴山恵美子［一九九七］を参照。また本書第一章の注16を参照。

（10）以上の点に関するより立ち入った考察は、本書第三章を参照。

（11）七〇年代、イギリスに発祥したコミュニティ・ビジネスは、いま二一世紀の新しい地域コミュニティ形成の経済的戦略として注目されてきている。教育、福祉、文化、環境、医療などの社会サービスを市民事業として起こす市民社会のビジネスとして展開される（ヘントン［一九九七］）とともに、日本でも地域が抱える問題解決に向けた住民主体の生活ビジネスとして多くの実践例が出てきている（細内信孝［二〇〇一］）。そして、このビジネスの裾野に、国民通貨とは異なる地域通貨が広がるとき、従来の資本と国家の経済とは異なるオルタナティブ・エコノミーの可能性が広がる。経済的疲弊と人口減が著しい北海道でも、取り組みが始まっている（北海道自治政策研修センター［二〇〇一］）。なお、数あるコミュニティ・ビジネスのグループの中でも、プレスオルタナティブグループ（http://www.p-alt.co.jp/）が興味深い。

(12) 加藤敏春［一九八九］［二〇〇二］は、無数にある地域通貨一般と区別して「エコマネー」という表現を使っている。そのポイントのひとつは、国民国家の通貨に連動させないという点である。日本でも急速に浸透しつつあるが（http://www.ecomoney.net/）、北海道では栗山町のくりやまエコマネー「クリン」が最も注目されるとして、「エコマネー de Net」（http://www.mskk.gr.jp/ecomoney/）がある。また、コミュニティ・ビジネスとエコマネーを有機的に結びつける試み(http://www.netv.ne.jp/nets/)がある。

(13) ヨーロッパのエコノミー・ソシアルの運動は、エコマネーやコミュニティ・ビジネスの提起する問題と密接に結びついている。従来の国民通貨とグローバルマネーの経済においてはGDPに貨幣換算されるモノやサービスが価値あるものであったが、しかし私たちの世界はGDPに換算されないエコノミーが極めて大きい。このインフォーマル・セクターで営まれる暮らしが価値となり、人々の絆の源になることを目指すのが「エコノミー・ソシアル」の原点である。エコノミー・ソシアルについては川口清史［一九九四］を参照。また、その理念と実践過程はエリティエ［一九八八］が参考になる。

(14) 岡部一郎［一九九六］は、IT革命が推し進めるグローバル資本主義の暴力に対抗して、新たな市民運動がインターネット上に展開し、それがリアルワールドを変えつつあることを示している。

第三章

(1) ここで意味している「自由主義的生産第一主義 liberal productivism」とは、一九八〇年代に「経済的自由主義への復帰によって（フォード主義の）危機から脱出する道を切り開くことを目指した資本主義発展モデル」（リピエッツ［一九九四］五八頁）である。

(2) J・ショア［一九九三］は「消費主義のトレッドミルと長時間労働は互いに結びついて労働と消費の悪循環を形成している」と指摘する（一六頁）。以下では、このような悪循環が大衆的現象となる社会を「消費社会」と定義する。ショアは、この悪循環が一九二〇年代のアメリカで大衆的現象になったという。この意味で、「消費社会」は二〇世紀に固有の現象である（ショア［二〇〇〇］二七八頁）。

(3) 日本における『要綱』研究は平田清明［一九七二］に始まるが、これに触発されてその全体像の解明が進んだ。

その成果は、山田鋭夫・森田桐郎［一九七四］と内田弘［一九八二］に集約される。本稿は、平田清明［一九八二］の循環論視座に多く依拠しているが、自由時間というテーマでは内田弘に多く学んだ。また、日本の労働社会状況を超える具体的な自由時間の構想については、内田弘［一九九三］を参照。

（4）K・マルクス『経済学批判要綱』（高木幸二郎監訳、大月書店、Ⅲ、四七〇頁）。以下では、『要綱』からの引用頁はこの形式で本文中に記す。

（5）「自由処分可能時間」の「過剰労働時間」への転化という論点についての考察は、平田清明［一九八二］におけるⅣ 個体的所有概念との出会い」を参照。平田は、『要綱』における「過剰労働時間」は「政治経済学の具体的展開にとってもっとも重要な範疇」であると指摘し、「過剰労働時間を語ることなしに自由処分可能時間を語ることはできない」と注意する。この視点を抜きにして自由時間論を語るとき、それは一九七〇年代の未来社会論と同じ運命をたどる。

（6）植村・磯谷・海老塚［一九九八］は、資本主義経済がシステムとして持続しうるための制度的媒介項の核心に賃労働関係を位置づけ、この関係の分析を通じて資本主義の多様性を提起する。

（7）「もともと労働力の社会的再生産とは、狭い意味での生産過程の事象ではなく、流通・分配・消費の全過程に及ぶものである」（平田清明［一九九三］二九〇頁）。だから、「労働力再生産組織をいかに形式的実質的に構築するかは、資本主義国家の最重要課題をなす」のであり、グラムシの時代では「アメリカニズムとフォード主義」がこの課題の解決形態となった（二六九頁）。平田は「レギュラシオン・アプローチの原点」をここに求め、ヘゲモニー概念からレギュラシオン概念へという展開を展望する。平田がグラムシの società regolata を「レギュラシオン社会」と訳する（二七一頁）のも、この視点においてである。本書第五章注12を参照。

（8）二重の意味で自由な労働と欲望の社会的関係という論点については、見田宗介［一九九六］に学んだ。見田は「二重の意味で自由な労働の主体の形成」が「資本制システム一般の存立の前提」だとすれば、「二重の意味で自由な欲望の主体の形成」は「消費社会としての資本制システムの存立の前提」であり、後者こそが「情報化／消費化社会」としての「現代社会」の特徴と捉える（三〇頁）。だが、両者の関連を捉えることが重要である。

（9）「一九世紀の外延的蓄積体制とは、労働ノルムや消費ノルムの大きな、そして不断の変革が伴わず、消費財部門を置き去りにした投資財部門の一方的発展が顕著で、かつ全体として生産性も低いといった体制であった。つまり、経済成長が主として労働時間の外延的延長や雇用の拡大に依存した体制であった」（山田鋭夫［一九九四］六二頁）。

（10）「全般的好況の場合にはブルジョア社会の生産力がブルジョア的諸関係の内部で発展しうるかぎりの旺盛な発展をとげるのだから、本当の革命は問題にならない。本当の革命は、近代的生産力とブルジョア的生産形態という二つの要因が、互いに矛盾におちいる時期にだけ可能である。……新しい革命は新しい恐慌に続いてのみ起こりうる。しかし革命はまた、恐慌が確実であるように確実である」（「評論」一八五〇年五月―一〇月『マルクス・エンゲルス全集7』大月書店、四五〇頁）。

（11）山田鋭夫［一九九四］は、マルクスが五〇年代『要綱』から六〇年代の『資本』に進むにつれて、「恐慌＝革命」論的な構図を乗り越えて「資本主義の変革や危機の超克にむけての新しい視点」が確立されたと述べ、この転換の核心に「自由時間論」を位置づけている。

（12）この点については、若森章孝［一九九八］を参照。

（13）以下、アグリエッタからの引用は、訳書の当該頁を本文中に記す。

（14）フォード主義の展開とともに、社会闘争は機動戦から陣地戦に転回する。「消費社会」が成立するはるか以前に、グラムシはフォード主義とアメリカニズムに着目しつつ、次のように指摘していた。「一八七〇年以後の時期になると、これらすべての要素が変化し、〈永続革命〉の四八年定式は政治学では〈市民的ヘゲモニー〉に練り上げられ、のりこえられた。機動戦はますます陣地戦になっている」（グラムシ［一九八六］第一巻一九六頁）。後に、カレツキは次のようにいう。「主導的な資本主義諸国においては、高い雇用率の維持によって一般的に労働者に対して実質所得の満足すべき水準が与えられた。国民所得における分配の低下によって相殺されないかぎり、高い安定的な雇用とともに、少なくとも長期において、実質賃金は労働生産性の上昇と共に上昇した。結果として、反資本主義的態度は相当程度に弱められた。」そして、「帝国主義戦争の結果として展開する社会主義革命の理論は今日においては、ほとんどの点において、歴史的遺物である（第三世界諸国を除いて）」（訳は、山本英司［二〇〇一］一六五頁を借用）。

(15)(16)ショア[一九九三]の一六八―一七〇頁から引用。

(17)これがフォード主義的労資妥協のひとつの帰結である。もちろん、この妥協が労働者の市民権を確立し、資本主義の根本問題である販路の問題を解決したという意味で、歴史的に好ましいものであった点は承認されるべきである。本書の第四章を参照。

(18)リピエッツ[二〇〇〇]は、この対立によって「永続可能性の二つの側面の違い」が明確になったという(九三頁)。第一の意味での永続可能性は「現在の世代のすべての人々の欲求を満たすことができる」という意味での資本主義システムとしての持続可能性である。現在の世界が著しい不平等のために分裂しており、それを解決することが資本主義システムとしての持続可能性の試金石である。そして、フォード主義は生産性上昇のテンポに購買力上昇テンポを合わせるという労資妥協システムによって、この問題に一定の解決の形態を与えた。だが、この解決の形態そのものがエコロジー的に持続不可能であり、現在のあらゆる人々の欲求を満たす社会は限りなく危険だということが明確になった。言い換えるなら、一九世紀の資本主義は、賃金労働者のほとんどが正常に再生産されないという意味で、「人類最初のエコロジー危機」(八六頁)を引き起こし、そのことによって資本主義としての持続可能性をも危機にさらすという自己矛盾に直面した。それに対して、フォード主義的発展様式は賃金労働者を幸福な階級にすることによって資本主義の自己矛盾を解決したが、新しいタイプのエコロジー危機、つまり「過剰消費によるエコロジー危機」(九三頁)をもたらした。こうして、消費社会の饗宴に乗る労働運動(「より多く稼ぐ」)とそれを批判する社会運動(「より少なく働く」)との意見の分離が生じる。両者が連帯し得る道は「自由時間」を人間の富としうる発展様式の構築である。

(19)Joan Robinson, "The second crisis of economic Theory", in American Economic Review, May, 1972.

(20)ポール・バラン、ポール・スイージー『独占資本:アメリカの経済・社会秩序に関する試論』岩波書店、一九六七年

(21)J・ウイリアムスン[一九八五]は、広告の意味生成やそのイデオロギー構造にまで踏み込んで広告の記号論的分析を試みている。

(22)ポスト・フォード主義の潮流が顕著になり、消費社会が高度化する過程で産業構造の「サービス化」が顕著にな

ってきた。と同時に、「製造業」そのものが変容してきた。木村忠正［二〇〇一］は製造業に属する企業内部で、商品開発、販売管理、事務管理などの比重が高まり、製造業は第二次産業というより、「二・七次産業」となってきたと指摘する。電気メーカーの場合、モノづくりの現場にいる従業員は全体の三割以下で、研究開発、ソフトウェア、企画、デザインなどの知的サービスが五割、営業、経理、人事、警備などの支援事業部分が二割という構成である（九二頁）。

(23) 日本の場合、一九七〇年以降の動きを見ると、労働力人口は一九七〇年の五三〇〇万人から一九九五年の六七〇〇万人へと二六％増加している。だが、同じ期間中に、卸売業・小売業の従業員は八一五万人から一二〇〇万人へと約五〇％増加している。つまり、多種多様な商品の流通過程が重層的に広がり、そこに労働力が吸収されていったのである（木村忠正［二〇〇一］九三頁）。ついでに指摘すると、ポスト・フォード主義における「消費社会」の展開における顕著な傾向のひとつとして、家事のアウトソーシングがある。それが膨大な労働集約的サービス産業を生み出し、そこに「マーケット・オブ・ワン」のサービスと規模の経済性が追求される。そして、このサービスを担う労働においてこそ、少数のコア人材とパートタイム労働への二極分化が著しい。

(24) 山根伸洋［二〇〇一］は、「生産様式のポスト・フォーディズムへの転換」が〈IT革命〉下の一九九〇年代には「流通機構の大規模かつ緻密な整備」として展開し、この「流通部門の再編成をもって、生産と消費の諸形態を逆に規定していく」という形で展開したと指摘する。そして、この動向を端的に示す概念が「ロジスティックス」であるという。

(25) 「（ホーソン）実験は、それ以前の段階の資本主義の、規格化する合理主義の極限の形ともいうべき、「科学的管理法」の一環として開始されながら、その自己否定、自己転回として、労働者たちの感情と動機と欲望に敏感な、ソフトであると同時にいっそう包括的な、管理のシステムの開発に道を開くこととなった。生産システムの内部に起こったこの現代的転回の日付となった、一九二七年はまた、流通と消費の局面をも含む、社会的な生産の巨大なサイクルの場面でも、じつは同様の構造をもった現代的転回の日付でもあった」（見田宗介［一九九六］二〇一―二一頁）

(26) 見田宗介［一九九六］は、ボードリアールとバタイユの《消費》概念を検討しつつ、マテリアルな「消費」というコンセプトの中に、その否定的自己転回として、〈生の直接的な充溢と歓喜〉という〈消費〉のコンセプトが実現してくる可能性を探っている。見田も言うように、確かに「消費」のコンセプトは近代的「生産」の自己目的化という狂気から人を自由にした。しかし、この「生産」と「消費」の対抗軸の先に〈消費〉を構想するとき、それを可能にする人間と自然の、また人間相互の関係行為（それを〈生産〉というかどうかは別にして）を検討することが必要だろう。

(27) 西部忠［二〇〇〇］は、現代のグローバリゼーションを「市場の内包的深化による資本主義経済の進化」と捉え、「労働力の商品化」の進展を基軸に分析している。そして、現代のグローバリゼーションを「労働力の内部商品化」から「労働力の一般商品化」への移行と捉える。「労働力の内部商品化」とは、本文で述べたように、家事労働がペイド・ワークとしての賃労働時間を失うことに対する機会費用として意識され、家事労働と賃金労働の比較計算で効率的に家事労働をアウトソーシングする傾向である。そして、「労働力の一般商品化」とは文字通り労働力が利潤を生むモノ＝「人的資本」となる。つまり、労働者一人ひとりが技能や知識や健康という資産を資本として自己に投資する「起業家」となる。現代のグローバリゼーションはこのような「資本のユートピア」を生み出そうとしている。それゆえ、このようなユートピアに対して、それに対抗し得るオルタナティブなコミュニティ形成やコミュニケーション能力の形成が重要になる。こうした「資本のユートピア」の姿については、ピンク［二〇〇二］を参照。彼は個人の情報リテラシーを資本とすることによって「雇われない社会」を「デジタルマルクス主義」という表現で構想している。それはグローバル資本主義の極北である。

(28) 日本ではいま、労働市場を流動化させるための手がかりとしてオランダのパート労働が注目されている。また、各自治体レベルでは、失業対策としてワークシェアリングらしきものが導入されている。しかし、均等待遇原則が意図的に無視されている。それはフルタイムがないから仕方なく条件の悪いパートをという現状を追認し、働く人々の間に差別を拡大するだけである。大切なことは、労働の時間差差別を撤廃することによって、各人のライフサイクルに合わせて自発的にパートタイムを選択でき、しかもそのことによって社会的に不利にならないという制度づくりである。日本におけるワークシェアリングの実像については、竹信三恵子［二〇〇二］を参照。

(29) オランダモデルについては、それを日本に最初に紹介した長坂寿久［二〇〇〇］が最も参考になる。真下俊樹

［一九九九］は、労働時間短縮とワークシェアリングを通じて経済のゼロサム・ゲームをウィン・ウィン・ゲームに転換したオランダの「ポルダー・モデル」（政府・労働・資本の新しい調整様式）を紹介している。

（30）この論点については、朝倉むつ子［二〇〇二］と均等待遇アクション二〇〇三女たちの調査団［二〇〇三］を参照。後者では、ケアが労働運動の中心テーマとなっているオランダの状況が、労働運動の現場の声として紹介されている。また、「新しい公・共圏をつくる政策・制度研究会」の情報誌『UNPAID WORK』一一号（一九九八年）を参照。

（31）オランダでは、女性のペイド・ワーク参加の機会を保障するためにアンペイド・ワークを男女に平等に配分するという四つのシナリオが、一九九六年に提起されている(Marga Bruyn-Hundt［一九九六］)。その中で、男女がアンペイド・ワークを分担しながら、しかも新しい短時間労働の生活スタイルを進めるという第三のシナリオがオランダに最もふさわしいものとして提起された。これがオランダモデルである。

（32）マルクスの「アソシアシオン」概念については、平田清明［一九八二］の「IV 個体的所有概念との出会い」がその内容を最もよく紹介している。また、田畑稔［一九九四］は「アソシアシオン」概念をルソーにまで遡り、初期マルクスからのアソシアシオン論を丹念に追跡している。本章との関連では「アソシエーションと自由時間」を検討している第四章を参照。

（33）斉藤日出治［二〇〇一］は、マルクスのアソシアシオン論にみられる労働中心主義的限界を指摘し、労働社会を超えるアソシアシオンこそ二一世紀の社会主義像であるという。

第四章

（1）宮崎義一［一九九七］は経済的枠組みとしての「国民経済」を、①国内におけるフルセットの内部成長型産業構造の確立、②国内市場に重点をおいた価格形成メカニズム（ナショナル・プライシング）の維持とそれを許容する市場構造の形成、③主権国家による「国民的産業」の育成をめざす経済的制御（governance）とマクロ経済政策の実施という三つの側面から規定し、日本の九〇年代不況の意味をこのような二〇世紀的国民経済のトランスナショナル経済への転換という大きな文脈に位置づけて、次のように図示している（三五頁）。そして、新しい枠組みでは、①国民国家を越えた広域経済圏内部における水平的分業と②広域市場にまたがった価格形成メカニズム（いわゆるトランスナショナル・プライシング）が確立し、③主権国家による規制の大幅緩和が基調となると予測する。

社会体制／経済的枠組み	資本主義	社会主義
国民経済	資本主義的国民経済（A）	社会主義的国民経済（B）
トランスナショナル経済	資本主義的トランスナショナル経済（C）	

（2）宮崎義一［一九九五］は、グローバル資本主義の激流の中でドルを基軸とする国際通貨体制が直面している危機の様相を分析し、「基軸通貨につきまとう特権と負担から解放され、国家主権からも自由な新しい世界共通貨幣」の構想を紹介している。

（3）以下の論点を含めて、国民国家における「社会的セーフティーネット」という問題は、金子勝［一九九七］に学んでいる。

（4）ダンテも顔をそむける残虐極まりない近代的工場における過労死と世代の再生産を不可能にする精神と肉体の国民的衰弱の状況を、マルクス［一九六七］は工場検査官の調査資料を丹念に追いながら、詳細に描き出している。そして、こう指摘する。「資本は労働力の寿命を問題にしない。それが関心を持つのはただひとつ。一労働日の内に流動化されうる労働力の最大限だけである」（二一八頁）。「だから、資本は労働者の健康と寿命に関しては、それを考慮することを社会によって強制されるのでなければ、けっして考慮しない」（二二一頁）。

（5）レギュラシオン理論は、「賃労働関係にかんする公的介入」という基礎視座に立脚しつつ、「福祉国家」を「大量生産―大量消費型の蓄積体制（内包的蓄積体制）の矛盾や不均衡を吸収することによって、この蓄積体制の長期的な規則性を保証した管理主義的調整様式の一制度」ととらえる。若森章孝［一九九八］は、レギュラシオン理論の「福祉国家」論が国民国家と資本主義的発展の密接な結びつきを解読する理論装置を提供したとしてその積極的意義を認めた上で、更に現代の福祉国家は「社会保障」と同時に「社会監視」という「両義性」を備えており、この国家の最大の問題は「コミュニティの不在」にあると問題提起する(一五三頁)。福祉国家を越える新たな社会形成の必要性と可能性が問われているといえよう。

(6)この「労働者主義」について、私たちは次のことに注意する必要がある。労働運動は自らの自律的生活圏と職能における協働を基盤としつつ、自らに向けられた社会的差別を問い直し、新しい対抗的文化形成と政治的オルタナティブを提起するひとつの社会運動である。だが他方、この対抗運動は自ら獲得した地位や闘争の伝統を維持するために「労働者中心主義」の閉鎖的社会集団に転化する可能性もはらんでいる。そして、この閉鎖性への反転の可能性が国民化あるいは国家化という形態で現実化するとき、そこに再び新たな労働中心の社会的差別を生み出す。所得を生み出す賃金労働が人間労働一般と等置され、技術革新や社会進歩の担い手として、あるいは階級闘争の先頭部隊として特権化し、果ては女性や社会的弱者を養う「男らしさ」の象徴となる。このような差別の弁証法的反転を、バリバール［一九九九］は「労働者階級の〈自己人種主義化〉」と批判する(三七六頁)。彼の批判を借りるなら、こうも言えよう。「日本人＝勤勉な国民」というのは私たちが日常的に耳にすることだが、ここでは「勤労規範」が「民族的ないし国民的起源をもった象徴」として提起され、この象徴へ向けて働く人びとを国民的に組織する強力なエートスとして作用している。だから、問題は両義的である。現代の労働運動は国民化された社会のナショナリズムやジェンダー差別を克服するかぎりにおいて社会闘争の一翼を担い、政治的なオルタナティブを提起しうる。しかし、この運動が市民社会の中で自己中心化し、女性・障害者・非差別者・外国人に対して特権化するとき、働く者の間に支配と従属関係を再生産する最強の国家装置となる。今日、男性正社員中心の日本の労働運動の多くが女性パート・派遣労働者・外国人労働者に対する賃金差別を当然のことと容認し、更にはこれらの労働層を自らの雇用を守るための踏み台としている。これは現代日本における最大のオストラシズムといえよう。バリバールの次のような批判は重要である。「階級の人種主義とエスニックな人種主義との間には相互補完的決定(関係)があり、両者は別々の問題ではない。この重層的決定関係こそ、注目すべき核心的問題である」(三七七頁)。

(7)姜尚中・吉見俊哉［一九九九］は、戦後の冷戦体制が「国民」の豊かさを保証する「成長の政治」を通じて、その底にうごめく「混成的な空間」を凍結させ、二〇世紀の国民的空間を構築したという(一五八頁)。確かに、

「国民国家／国民経済」は二〇世紀の支配的世界空間であった。

(8) 次のような金子［一九九九］の分析は、おそらく正しい。「現実の資本主義世界経済は、中心と周辺といった平板な図式で成り立っているのではなく、覇権国という一国民国家を中心とする国際制度、個別の国家間関係、そのメゾ・レベルに位置する地域（リージョナル）的経済圏、国民国家、その下にある中間諸団体やローカルなレベルのコミュニティや家族に至るまで、多層的な〈コミュニティ〉からできている。そして、この多層的な〈コミュニティ〉間の相互関係は、資本主義市場経済におけるグローバル化の歴史的進展とともに絶えず再編成されてゆくのである」（一八七頁）。

(9) ルフェーブル［二〇〇〇］の「Ⅶ 開口部と結論」を参照。グローバル化が単純に均質な市場経済化に行き着くのではなく、その均質化に対する多様な空間形成を呼び起こす。訳者（斉藤日出治）の解説も参照。

(10) 斉藤日出治［一九九九］は、二〇世紀のフォード主義的発展と福祉国家に代わるオルタナティブとして、リフレキシブな蓄積体制を基礎とした多元的市民社会形成を構想する（二五〇頁）。

(11) 樋口陽一［一九九九］は、この可能性を「Nation なき国家？」と提起する。それは国民国家に刻印されていたethnos の要素を国家から切り離し、demos の集合としての国家の可能性を意味する。国民国家を越える新しいデモクラシーである。

(12) 西部忠［一九九九］は、グローバル資本主義の潮流の中に、その流れを変容させるための「対抗ガン」を組み込む現代の社会運動として、「地域通貨制度LETS」を提起している。それは、グローバリゼーションの波を自らの中に取り込みつつ、地域経済の内生的・自律的成長を遂げるという戦略である。

第五章

(1) 石堂清倫［二〇〇一］は、ゴルバチョフの改革について、この分子的運動によってソ連社会が歴史的危機を迎えていることを理解したゴルバチョフが、それに対して「新しい思考」でソ連社会を変革しようとする試みであったと捉える（一三三頁）。しかも、これはソ連社会に固有のことではなく、西欧や第三世界をも貫くグローバルな運動であったという。それゆえ「新しい思考」は我々にも要請されていると、指摘する。「分子的運動」という表現については、注5を参照。

(2) 平田清明[一九六九]一四九—一五一頁を参照。そこでは、日本における翻訳語と文化的差異の問題として論じられているが、平田は最後の著作『市民社会とレギュラシオン』で再び議論している。だが、今度はアルチュセール、プーランザスが la société civile と la société bourgeoise を区別する必要性を見出さなかったように、洋の東西の問題ではなく二〇世紀のフォード主義をどう超えるかという普遍的問題として論じられている。同書第三部の第二章と第三章を参照。

(3) グラムシの著作からの引用は、合同出版の日本語訳『グラムシ選集』により、引用後の括弧に巻数と頁数を示す。グラムシ『獄中ノート』については近年、校訂版の研究が著しく進展しているが(松田博[一九九九][二〇〇〇]、小原耕一・松田博[二〇〇二])、私の以下の論考はそれらの研究の成果を踏まえたものとなっておらず、その意味で極めて不十分なものであることは認めなければならない。

(4) 私は陣地戦の歴史認識という視座を、二〇年ほど昔に石堂清倫訳『グラムシ獄中ノート』(一九七八年)の「あとがき」から学んだ。その拙い成果は、一九八七年「グラムシにおける市民社会と国家」(『現代市民社会の旋回』昭和堂)に発表した。石堂清倫[二〇〇一]は、その最後の著書で機動戦の陣地戦への歴史的転回がもつ深い意味を日本の天皇制の分析に活かしている。

(5) 石堂清倫[二〇〇一]は、次のように指摘する。グラムシは、どのような社会構成体も、その内部でまだ生産力が発展してゆく余地をもっているかぎり消滅しないであろうというマルクスの提言(『経済学批判・序言』の命題)にもとづいて、社会がまだその段階にあるのに、資本主義の急激な没落を前提とするコミンテルンの戦略を批判し、一八四八年型の「永続革命」方式と異なったヘゲモニー運動を重視した。そして、その基盤における妥協と改良の表現としての「分子的運動」、小さな波の重要性を説いたのである。なお、分子運動は、一九三一年後半にJ・ジーンズやJ・P・エディントンの著書のフランス訳から着想したものと思われ、ブルジョア的ヘゲモニーに見られる、微細な、伝統的革命定式と異なった運動のメタファーとして用いた言葉である(七三頁)。

(6) 片桐薫[一九九一]は、二〇年代前半のグラムシは「東方と西方」の対抗軸でヨーロッパを捉えていたが、一九二九年恐慌を契機に、新たに「アメリカとヨーロッパ」の対抗軸を設定し、二〇世紀資本主義の歴史認識を提起したと指摘している（三七四頁）。

（7）グラムシは、一九三一年三月『エコノミーア』の世界不況特集号におけるP・ヤンナッコーネの議論を参照しつつ、「一九二九—三〇年の危機」を「蓄積の危機」ととらえる（⑥一八七—九頁）。ヤンナッコーネによれば、資本主義的市場経済の循環過程は需要と供給のマクロ的連関を構築する「ダイナミックな均衡」の過程であり、この均衡が破壊されるとき危機が発生する。つまり、一方の需要側には「国民所得の消費部門と蓄積部門」があり、他方の供給側には「一定のリズムで増加する人口を、向上する生活水準において養っていくために必要な生産のリズム」がある。このうちで「蓄積部門（＝投資）」は短期的には需要要因であるが、同時に長期的には将来の生産増を保証する供給要因でもある。だから、「蓄積部門」を媒介とした需要と供給のマクロ的連関、つまり消費と投資と生産の「ダイナミックな均衡」が成立しなければならず、この均衡が破壊されているところに危機が発生している。そして、「危機の最初の原因」は「消費の過剰」にあるとして、次のように議論している。第一に、国民所得における消費と投資の関係では「消費所得部分」が異常に肥大化し、そのため「将来の生産のために蓄積され投資される所得部分」が食いつぶされている。「消費の過剰」による蓄積率の低下である。他方、供給側では「資本の生産性上昇率」が低下し、生産の伸びが停滞している。しかも、ここに「人口増加率が急速に上昇」しているため「平均所得」は横ばいから下降に転じている。平均所得の減少は当然ながら消費の減少となって跳ね返り、それが生産を縮小させる。こうして経済循環は縮小再生産の様相を示し始めているというわけである。この危機にどう対処すべきか。ヤンナッコーネの処方箋は、こうである。「人口増加率が低下しないとするなら、危機をくいとめる最上の策は、蓄積と新しい資本形成にふりむけられる所得部分を増加させることである。」（参考までに、この議論を単純な成長モデルの式で補足しておく。経済成長率：G、蓄積率（貯蓄率）：α、資本産出高比率：β、人口増加率：x、一人当たり国民所得増加率：yとするなら、定義上、$G=x+y=\alpha/\beta$が成立する。これを $y=\alpha/\beta-x$と書き換えれば、蓄積率（貯蓄率）αが低下し、資本産出高比率βが上昇（＝「資本の生産性上昇率の低下」）し、しかも人口増加率xが上昇すれば、一人当たり国民所得増加率yは急激に低下する。もし人口増加率と資本の生産性を所与とすれば、解決策は蓄積率の引き上げしかありえない。）グラムシはヤンナッコーネが提起した「消費の過剰」による「蓄積の危機」という分析を評価した上で、彼が指摘する「消費の過剰」の社会的意味を問題にする。蓄積資源を食いつぶすほどの過剰消費とは何か。「勤労大衆の生活水準の上昇」のことか。否。イタリアでは「労働者と農民大衆は（その所得水準の余りの低さのゆえに）市場になりえていない。」つまり、寄生的諸階級の過剰消費が問題なのである。だから、蓄積体制と社会諸階級の関係を分析する必要がある。と同時に、人口の変化率よりもむしろ人口構成の内容を点検する必要がある。だから、グラムシは「蓄積の危機」と「人口構成」および「過剰消費」の階級的性格との密接な連関を問い直す。

（8）かつて、A・スミスは生産資本循環視座から社会諸階級を「地主―資本家―賃労働者」の三階級に分類した。そして、生産的階級と不生産的階級の問題を提起した。これが二〇世紀になると、「金融資本―産業資本―労働者」となる。それは「投資階級―企業階級―労働者階級」というケインズの三階級論にも見られる。ケインズの場合は、所有と経営の分離という二〇世紀的現実のなかで、財市場から分離した金融市場の動向が雇用水準を不安定化するという問題に対して、金利生活者の安楽死と生産的階級（企業階級と労働者階級）の主導する国民的経済を構想した。グラムシにおいても、同様の思考が見られるが、金利生活者の安楽死の先に展望する内容においてケインズとは一線を画する。注9を参照。生産資本循環視座によるケインズの三階級論については、佐々木政憲［一九八八］を参照。なお、片桐薫は「知識人の介入によっておこなわれる指導と支配の構造」という点から、グラムシが南部を①無定形で分散した広範な農民大衆、②農村中小ブルジョアジーの知識人、③大地主と大知識人という三つの社会階層からなる歴史的ブロックと整理し、南部農民大衆と北部プロレタリアートとの連帯を構想したと指摘する（二六五頁）。フォード主義を視野に入れるとき、この問題はどのように整理されるのだろうか。

（9）『要綱』マルクスの過剰労働時間論は、この問題に関わると思われる。本書第三章の「（二）自由処分可能時間と過剰労働時間」を参照。

（10）ヘーゲル―マルクス―グラムシを貫いて「政治社会の市民社会への吸収」がどのように問題構成されたかという論点については、黒沢惟昭［二〇〇〇］の第四章を参照。そこでは、ソ連崩壊という歴史的変革の中で、この論点が考察されている。

（11）ヘーゲル市民社会論の内実についての以下の解釈は、今井弘道［一九九八］に負っている。また、今井弘道・安部信行［二〇〇一］を参照。

（12）原語は società regolata だが、これまでの日本語訳は「規制社会」であった。「レギュラシオン社会」という訳語は、「規制緩和」という新自由主義的用語が流行しつつあった当時、平田清明が筆者といっしょにプーランザスとグラムシを読んでいた時に、平田がつくった訳語である。初期のプーランザスは、そのグラムシ論で国家の調整機能 la fonction de régulation との関わりで「レギュラシオン」概念を提起し、マルクスの communisme を société autorégléе と言い換えている（プーランザス［一九八三］九三頁）。プーランザスのこの言い換えは、明らかにグラムシの società (auto) regolata を意識していると思われるが、平田はヘゲモニー概念からレギュラシオン概念へという脈絡でこの訳語を作った（平田清明［一九九三］二八三頁）。またこの時、平田は石堂清倫氏からのはがきを手にしつつ、グラムシが società borghese と società civile を区別し、マルクス『経済学批判・序言』の bürgerliche Gesellschaft を訳し分けているということを石堂氏から教えられたと語っていた。なお、黒沢惟昭［二〇〇〇］はグラムシの società (auto) regolata の現代的意義を、二一世紀における「自治体の変革と市民社会形成」というテーマで問題提起している。本章の付論を参照。

（13）平田清明［一九九三］はグラムシ市民社会論の意義を、次のように指摘する。「彼（グラムシ）はマルクスにおける市民社会（société civile）の概念を改めて彼なりに再措定し、その上で、マルクスの独裁概念に「ヘゲモニー」という新範疇を鋳込んで国家論に新境地を拓いた」（二五六頁）。

第六章

（1）ここでの「ピープル」はさしあたり、国籍や民族などの境界を越えて成立しうる範疇という程度で考えたい。花崎皋平［一九九三］は「ピープル」を「国民としての権利や義務の網の目にかからずに暮らしてきた民と国民的市民とを対等に位置づけ、差異を捨象しない具体的普遍概念」（二九七頁）として定義し、そのような意味でのピープルの自己解放（ピープルがピープルになる）の道筋を模索している。なお「住まう」という概念については、斉藤日出治［一九九八］を参照。

（2）「タックスペイヤーとしては、同一自治体の外国人は日本人と同権」であり、これは国籍の問題ではなく、「人間としての同権の原理」の問題である。つまり、「国家とは位相を異にする自治体という共同生活空間における権利義務関係」（平田清明［一九八八］の問題である。都市や地方などの共同生活空間における住まう権利としての市民権と国家によって保証される国籍としての市民権は明確に区別されなければならない。この点は、国家への帰属意識と〝日本人〟という同質的国民意識とが強固に一体化し、「社会」が国家に吸収されている日本ではとくに重要である。徐龍達編［二〇〇〇］はこの二つの市民権を区別し、定住外国人の参政権の問題を提起している。

（3）「協同的な社会空間（le sociétal）」としての、さらにその現代的形態たるアーバニズムとしての「市民社会」については、平田清明［一九九三］［一九九六］および斉藤日出治・岩永真治［一九九六］を参照。

（4）日本におけるインペリアル・デモクラシーについては、アンドリュー・ゴードン［一九九六］を参照。戦前の天皇制は、一方での対外的な帝国の膨張・侵略と他方での国境内における国民の政治的関与および福祉増進が一体化した「社会国家」体制であるといえる。このインペリアル・デモクラシーを仕上げた一九四〇年の戦時動員体制は、敗戦後には、日本「内地」に在住する朝鮮人（韓国人）・台湾人から「国籍条項」を理由に参政権を剝奪することによって「君民一体の日本民族共同体」として純化され、カイシャ中心の産業君主大国として甦ったともいえる。戦後日本の民主主義が抱える市民権＝国籍の陥穽とその克服の可能性については、姜尚中［一九九六］を参照。

（5）総力戦体制とジェンダーの関係については、この体制が男女の役割分担を崩さず、むしろ男性性をもとに定義された国民性の中に女性が再編成され動員されたことが指摘されている（若桑みどり［一九九五］、上野千鶴子［一九九六］）。

（6）宮崎義一［一九九五］四頁と本書第四章の注（1）を参照。

（7）M・ウォルツァー［一九九六］は現代市民社会のプロジェクトに要請されていることは、①国家の非中央集権化②経済の社会化③ナショナリズムの多元化によって、国家と経済とナショナリズムを飼い慣らすことであるという（同、一八二頁）。

（8）以下の論点と「多様な集団的諸主体の政治的分節＝連節」としての市民的レギュラシオンという構想については、斉藤日出治［一九九七］に学んだ。

（9）日本太平洋資料ネットワーク・反差別国際運動編集［一九九二］は、メルティング・ポットからサラダ型に転換しつつあるアメリカにおける諸市民社会の再生を紹介している。

(10) ゴルツ［一九九七］八〇頁を参照。

(11) B・ジェソップ［一九九七］は、国民国家が主権性・政治システム・政策レジームなどにおいて侵食されつつあり、超国家的および下位国家的調整の必要性を生み出しているという。が、これは国民国家の消滅を意味するものではない。むしろ逆に、両者を媒介する政治的審級としての国民国家の意義の拡大である。また、金子勝［一九九七］は、国民国家の諸機能がリージョナブルな次元とローカルな次元に押し出され、前者の貿易・通貨分野における地域経済統合と後者の福祉・医療・教育等の分野における諸市民団体や地方自治体への分権化の動きを指摘する。

(12) シャンタル・ムフ［一九九六］は「多民族社会・多文化社会に適合したシティズンシップの見方の発展」が現代の課題であり、この新しい市民権は国民的同質性ではなく、「多様な民族的・文化的アイデンティティを考慮にいれた多元主義」でなければならないという（六七頁）。

(13) 若森章孝［一九九六］は、平田清明の「レギュラシオンとしてのヘゲモニー」という視点に注目して、「政治的レギュラシオン」の問題を提起する。それは狭義の政治や経済の利害調整を越えた新しい市民的社会形成としての政治的実践である（同、二三八頁）。

(14)「市民社会は家族的企業・公共企業体・労働者コミューン・消費者団体・多種多様な非営利団体など、さまざまな市場の行為者を包含し、またそうできる。これらはすべて市場の外に起源をもつにもかかわらず市場内で機能する。そして、民主主義の経験が国家に帰属するのでなくその内部の諸集団によって高められるように、消費者の選択も市場に帰属するのでなくその内部の諸集団によって高められる」（ウォルツァー、同、一七六頁）。

(15) ホーン川嶋瑤子［一九九二］五四頁を参照。

(16) この法律の内容とそれをめぐる具体的事例は、柴田武男［一九九七］を参照。

(17) 社会的剰余循環の転換と新しい市民的公共空間の創造という論点についての詳細は、佐々木政憲［一九九七］の第三章を参照。

(18) R・ローリー［一九九二］は、社会的責任投資の多様な形態を紹介し、市民がこの投資活動に参加するための具体的なノウ・ハウも伝授してくれる。また、水口剛他著［一九九八］を参照。

（19）エルンスト・U・V・ワイゼッカー［一九九四］は、このような労働の転換、つまり資本主義における雇用労働とシャドー・ワークの対立を越えた上位概念としての「働くことTätigkeit」の確立こそ、持続可能な地球環境政策の最も重要な柱の一つであるという（二七二頁）。

（20）ガタリは、グローバルに統合された資本主義の生み出す危機に立ち向かうには、「社会の大々的な再建」が必要であるという。だが、それは国家的官僚的改革ではなく、新しい政治的実践の推進、つまり「オルタナティブな経験の積み重ね」が「社会的差異の尊重や社会的諸主体の再生の営み」に収斂し、「それが社会全体に適切に分節＝接合されながら、自動的に行われていくことを通じて実現されなければならない」（五四頁）という。つまり、多様なアイデンティティと利害を構造化する新しい言説と表象空間の再構築である。そして、これこそA・グラムシ［一九八六］の「レギュラシオン社会 società regolata」（二〇七―八頁）としての市民的社会形成に他ならない。本書第五章の注（12）を参照。

（21）A・ゴルツは「労働者―消費者」としてのソシエタル・パラダイムの成立こそ「フォード主義的レギュラシオン」の基礎であるという（［一九九七］八〇頁）。

（22）「消費」概念の転換については、佐々木政憲［一九九七］における「消費社会の転回と自由時間」を参照。また、同じ問題を見田宗介［一九九六］は「情報・消費社会の転換」という問題で提起している。

（23）A・ゴルツはこの歴史的選択を「より少なく働き、より良く生きる」の一言に要約し、その具体的処方箋を提起する。その内容は生産性の配当をめぐる協定から雇用、教育、財政など、幅広いマクロ政策と構造政策に及ぶ。J・ショアー［一九九三］も「過剰労働と過剰消費の悪循環」を克服し、自由時間を富とする社会形成の具体的戦略を提起している。また日本については、内田弘［一九九三］が自由時間をめぐる闘争の具体的な諸形態とその意味を的確に分析している。そして自由時間をめぐる闘争こそが「資本主義後」ではなく、「洗練された日本資本主義へむかって」、しかし経済を越えて社会や政治をも巻き込む「もうひとつの日本（オルタナティブ・ジャパン）」を実現する鍵になるという（二三八頁）。

引用文献

青木昌彦［一九九三］「日本企業の経済モデル序説」（伊丹・加護野・伊藤編『日本の企業システム』有斐閣）

朝日新聞社編［一九九五］『カイシャ大国』朝日文庫

新しい公・共圏をつくる政策・制度研究会［一九九八］『生活時間調査報告』

新しい公・共圏をつくる政策・制度研究会の情報誌［一九九八］『ＵＮＰＡＩＤ　ＷＯＲＫ』

朝倉むつ子［二〇〇二］「労働法の魅力と無力―その五」『書斎の窓』№５１５

アメリカ商務省報告書［二〇〇一］*Digital Economy 2000*, US Department of Commerce（『デジタルエコノミー二〇〇一』ＦＩＦ叢書、邦訳二〇〇一年）

アグリエッタ（Aglietta, Michel）［一九八九］*Regulation et crises du capitalisme*,Calmann Levy, 1976（『資本主義のレギュラシオン理論』若森章孝他訳、大村書店、邦訳一九八九年）

アラート／コーエン［一九九七］（Arato, Andrew/Cohen, Jean L）「市民社会概念の生成・衰退・再構築と今後の研究のための指針」『立命館産業社会論集』三三巻四号

バリバール（Balibar, Etienne）［一九九九］*Race, nation, classe*（『人種・国民・階級』若森章孝他訳、大村書店、邦訳一九九九年）

―［一九九五］「市民権の新しい姿」阿部文彦訳、『現代思想』一一月号

バラン（Baran, Paul A）、スイージー（Sweezy, Paul Marlor）『独占資本：アメリカの経済・社会秩序に関する試論』岩波書店、邦訳一九六七年

ボードリヤール（Baudrillard, Jean）［一九七九］*La Societe de Consommation : ses mythes, ses structures*, Gallimard, Paris, 1970（『消費社会の神話と構造』今村仁司・塚原史訳、紀伊国屋書店、邦訳一九七九年）

ボワイエ（Boyer, Robert）［一九九六］*Pour la Critique de l' "economie politique" moderne*, Fujiwara-Shoten, Tokyo,1996（『現代経済学批判宣言』井上泰夫訳、藤原書店、邦訳一九九六年）

ビュシ＝グリュックスマン（Buci-Glucksmann, Christine）［一九八三］*Gramsci et L'Etat*, 1975, Fayard（『グラムシと国家』大津真作訳、合同出版、邦訳一九八三年）
デル（Dell, Michael）［二〇〇〇］*Direct from Dell*（『デルの革命』國領二郎監訳、日本経済新聞社、邦訳二〇〇〇年）
江原由美子［一九九一］『ラディカル・フェミニズム再興』勁草書房
エルマンジュラ（Elmandjra, Mahadi）［一九九九］「『グローバル化』を『再グローバル化』する必要性」（仲正昌樹訳）『アソシエ』創刊号
フリードマン（Friedmann, John）［一九九五］*Empowerment : The Politics of Development*, Blackwell,1992（『市民・政府・NGO』斉藤千宏・雨森孝悦訳、新評論、邦訳一九九五年）
ガタリ（Guattari, Felix）［一九九一］Les trios ecologies（『三つのエコロジー』杉村昌昭訳、大村書店、邦訳一九九一年）
ゴルツ（Gorz, Andre）［一九九七］*Metamorphoses du travail*, Editions Galilee, Paris, 1988（『労働のメタモルフォーズ』真下俊樹訳、緑風出版、邦訳一九九七年）
グリーン（Green, James）［二〇〇一］*Taking History to Heart : The Power of the Past in Building Social Movements*（「労働運動をよみがえらせた社会運動の伝統」篠田徹訳『生活経済政策』№50-57）
グラムシ（Gramsci, Antonio）［一九八六］*Quaderni Del Carcere*, Einaudi（『グラムシ選集第一巻―第六巻』山崎功監訳、合同出版、邦訳一九八六年）
花崎皋平［一九九三］『アイデンティティと共生の哲学』筑摩書房
ハーベイ（Harvey, David）［一九九九］*The Condition of Postmodernity*, Basil Blackwell, Oxford, 1989（『ポストモダニティの条件』吉原直樹監訳、青木書店、邦訳一九九九年）
エリティエ（Heritier, Pierre）［一九八八］*Nouvelle croissance et emploi*（『オルタナティブエコノミーへの道』若森章孝監訳、大村書店、邦訳一九九一年）
ヘーゲル（Hegel, G W F）*Philosophie des Rechts nach der Vorlesungsnachschrift* K. G. v. Griesheims, 1924/25

(『法哲学講義』長谷川宏訳、作品社、邦訳二〇〇〇年)
ヘントン(Henton, D/Melville, J/Walesh, K)[一九九七] *Grassroots Leaders for a New Economy*, Jossey-Bass Inc., Publishers, San Francisco, 1997(『市民企業家―新しい経済コミュニティの構築』加藤敏晴訳、日本経済評論社、邦訳一九九七年)
ホーン川嶋瑤子[一九九二]「アメリカの平等推進の焦点」(女性労働問題研究会編『国際シンポジウム・雇用平等の最前線』岩波書店)所収
樋口陽一[一九九九]『憲法と国家』岩波書店
平田清明[一九六九]『市民社会と社会主義』岩波書店
――[一九七二]『経済学と歴史認識』岩波書店
――[一九八二]『経済学批判への方法叙説』岩波書店
――[一九八八]「草の根で進む内なる国際化」『エコノミスト』一月一五日号
――[一九九三]『市民社会とレギュラシオン』岩波書店
――[一九九六]『市民社会思想の古典と現代』有斐閣
細内信孝[二〇〇一]『地域を元気にするコミュニティ・ビジネス』ぎょうせい
北海道自治政策研修センター[二〇〇一]『コミュニティ・ビジネスの豊かな展開』
今井弘道[一九九八]「Die Bürgerliche Gesellschaft/Die Zivilgesellschaft/Der Staat―ヘーゲル『法哲学』と平田「市民社会論」の視線の往復のなかで」八木紀一郎他編著『復権する市民社会論』(日本評論社)所収
今井弘道・安部信行[二〇〇一]「Zivilgesellschaft の社会哲学・法哲学」『新・市民社会論』風行社
石堂清倫[二〇〇一]『二〇世紀の意味』平凡社
岩井克人[二〇〇〇]『二一世紀の資本主義論』筑摩書房
――[一九九九]「ドル共同管理の推進力に」日本経済新聞「経済教室」一九九九年八月四日
池上岳彦[一九九九]「地方分権的税財政システムの構築を」(『「福祉政府」への提言』神野直彦・金子勝編著、岩波書店、一九九九年)所収

伊藤元重［二〇〇一］『デジタルな経済』日本経済新聞社
石塚良次「欲望と資本主義」［一九九九］（高橋洋児・石塚良次共著『二〇〇一年の事始め』実践社所収）
神野直彦［一九九七］『システム改革の政治経済学』岩波書店
――［一九九九］「三つの福祉政府と公的負担」（『「福祉政府」への提言』神野直彦・金子勝編著、岩波書店、一九九九年）所収
ジェソップ（Jessop, Bob）［一九九七］*The Future of the Nation State*「国民国家の将来」（篠田武司他訳）『立命館産業社会論集』第三三巻四号一九九七年三月
――［一九九八］「グローバリゼーションとその（諸）（非）論理についての考察」『情況』一九九八年一一月号
加藤敏春［一九八九］『エコマネー』日本経済評論社
――［二〇〇一］『エコマネーの新世紀』勁草書房
金子郁容・松岡正剛・下河辺淳［一九九八］『ボランタリー経済の誕生』実業之日本社
金子勝［一九九七］『市場と制度の政治経済学』東京大学出版会
――［一九九九］『反経済学』新書館
片桐薫［一九九一］『グラムシ』リブロポート
姜尚中［一九九六］「内的国境とラディカル・デモクラシー」『思想』一九九六年九月号
姜尚中・吉見俊哉［一九九九］「混成化社会への挑戦」『世界』一九九九年六月号
川口清史［一九九四］『非営利セクターと協同組合』日本経済評論社
経済企画庁［一九九七］「生活時間調査」
木村忠正［二〇〇一］『デジタルデバイドとは何か』岩波書店
均等待遇アクション二〇〇三女たちの調査団［二〇〇三］『均等待遇とワークシェアリング』
熊沢誠［一九九二］「二つのフレキシビリティ」『窓』No.12
黒沢惟昭［二〇〇〇］『国家・市民社会と教育の位相』御茶の水書房

――［二〇〇二］『疎外と教育の思想と哲学』理想社
桑原靖夫［一九九七］「労働コスト削減の限界を示したUPSスト」『エコノミスト』一〇月七日
公文俊平［一九九六］『ネティズンの時代』NTT出版
國領二郎［二〇〇〇］「デルとダイレクト戦略」（『デルの革命』日本経済新聞社、二〇〇〇年）所収
コーテン（Korten, David C）［一九九七］*When Corporations Rule the World*（『グローバル経済という怪物』西川潤監訳、シュプリンガー東京、邦訳一九九七年）
ラッツァラート［一九九六］（Lazzarat,Maurizio）"*Immaterial Labor*", in P.Virno and M. Hart. Eds., Radical Thought in Italy, (Minneapolis, University of Minesota Press, 1996.
リピエッツ（Lipietz, Alain）［一九八九］「レギュラシオンの経済学から政治学へ」（平田清明訳）『経済評論』一九八九年九月号）
――［一九九〇］*Choisir l'audance : Une alternative pour le vingt et unieme siecle*, La Decouvrte, 1989（『勇気ある選択』若森章孝訳、藤原書店、邦訳一九九〇年）
――［一九九四］Vert esperance : L'avenir de l'ecology politique, Editions La Decouverte, 1993（『緑の希望』若森章孝・若森文子訳、社会評論社、邦訳一九九三年）
――［二〇〇〇］*Qu'est-ce que l'ecology politique ?*, Editions La Découverte, 1999（『政治的エコロジーとは何か』若森章孝・若森文子訳、緑風出版、邦訳二〇〇〇年）
ルフェーブル（Lefebvre, Henri）［二〇〇〇］*La production de l'espace*, Editions Anthropos.（『空間の生産』斉藤日出治訳、青木書店、邦訳二〇〇〇年）
ローリー（Lowry, Ritchie P）［一九九二］Good Money, Norton, New York, 1991（『グッド・マネー』平野秀秋訳、晶文社、邦訳一九九二年）
真下俊樹［一九九九］「雇用対策としての時短―ヨーロッパの実験」『エコノミスト』一九九九年七月一三日～八月三日
松田博［一九九九］「グラムシ『獄中ノート』校訂版研究」『季刊唯物論研究』第六七号

――［二〇〇〇］「『獄中ノート』校訂版研究の意義と課題・再論」『季刊唯物論研究』七二号
マンツィオス（Mantsios, Gregory）［一九九九］*A New Labor Movement for the New Century*, Monthly Review Press, New York, 1998（『二一世紀に向けた新しい労働運動』連合総合組織局訳、邦訳一九九九年）
マルクス（Marx, Karl）［一九五九］*Grundrisse der Kritik der Politischen Okonomie*, 1857-1859『経済学批判要綱』高木幸二郎監訳、大月書店
――［一九六五］*Das Kapital*, 1867『資本論4』長谷部文雄訳、河出書房新社
マズアー（Mazur, Jay）［二〇〇〇］*Labor's New Internationalism*（「グローバル経済に挑む国際労働運動」『論座』二〇〇〇年三―四月号）
見田宗介［一九九六］『現代社会の理論』岩波新書
水口剛・國分克彦・柴田武男・後藤俊彦［一九九八］『ソーシャル・インベストメントとは何か』日本経済評論社
宮崎義一［一九九〇］『変わりゆく世界経済』有斐閣
――［一九九五］『国民経済の黄昏』朝日新聞社
――［一九九五］「基軸通貨ドルに代わるもの」『世界』一九九五年八月号
――［一九九七］『複合不況』岩波書店
武藤一羊［一九九三］「希望の連合と地球規模での民主主義の挑戦」『希望の連合―地球ネットワークの出会い』ジュネーブでの報告（一九九三年六月）
森岡孝二［一九九五］『企業中心社会の時間構造』青木書店
Marga Brunt-Hundt［一九九六］「オランダにおけるアンペイド・ワークの再分配シナリオ」Feminist Economics 一九九六年二巻三号
ミース（Mies, Maria）［一九九五］*Woman: the Last Colony*, Zed books, 1988（『世界システムと女性』藤原書店、邦訳一九九五年）
メーダ（Meda, Dominique）［二〇〇〇］*Le travail. Une valeur en voie de disparition*, Aubier, Paris, 1995（『労働社会の終焉』若森章孝・若森文子訳、法政大学出版局、邦訳二〇〇〇年）

ムフ（Mouffe, C）［一九九六］*Dimensions of Radical Democracy*, Verso, London and New York, 1992（「民主政治の現在」岡崎晴輝訳『思想』一九九六年九月号）
モロー（Moreau, Jacques）［一九九六］*L'Economie Sociale Face À L'Ultra-Libéralisme*, Paris, Syros, 1994（『社会的経済とはなにか』石塚秀雄他訳、日本経済評論社、邦訳一九九六年）
中岡哲郎［一九七〇］『人間と労働の未来』中公新書
長坂寿久［二〇〇〇］『オランダモデル』日本経済新聞社
中村健吾［一九九六］「現代ドイツの『市民社会』論争」『大阪市立大学経済学雑誌』九七巻一号
仲野組子［二〇〇〇］『アメリカの非正規雇用』青木書店
日本経営者団体連盟［一九九五］「新時代の『日本的経営』」
日本太平洋資料ネットワーク・反差別国際運動編集［一九九二］『みんながマイノリティ―アメリカにみる民族複合事情―』現代企画室
西ドイツ社会民主党［一九八九］「EC市場統合下での自由・公平・連帯の新しい社会の創造―西ドイツ社会民主党の新しい基本綱領草案」柴山健太郎訳『経済評論』一九八九年七月号
西部忠［一九九九］「〈地域〉通貨LETS―貨幣・信用を超えるメディア」『批評空間』No.21
―［二〇〇〇］「グローバリゼーションと地域通貨」『アソシエⅣ』御茶の水書房
野口真［二〇〇〇］「現代資本主義をどう観るか（上）」『情況』二〇〇〇年一二月号
野口悠紀雄［一九九五］『一九四〇年体制』東洋経済新報社
岡崎哲二・奥野正寛編［一九九三］『現代日本経済システムの源流』日本経済新聞社
岡部一郎［一九九六］『インターネット市民革命』御茶の水書房
大野耐一［一九八六］『なぜ必要なものを、必要なだけ、必要なときに提供しないのか』ダイヤモンド社
大沢真理［一九九三］『企業中心社会を超えて』時事通信社
大塚久雄［一九六九］『大塚久雄著作集』第一―一〇巻、岩波書店
小原耕一・松田博［二〇〇二］「日本におけるグラムシ研究：その到達点と今後の課題」東京グラムシ会会報『未来都

市』第二一号
ピンク〔二〇〇二〕(Pink, Daniel H) *Free Agent Nation*, 2001(『フリーエージェント社会の到来』玄田有史・池村千秋訳、邦訳二〇〇二年)
プーランザス(Poulantzas, Nicos)〔一九八三〕*Repéres, Hier et aujourd'hui, Textes sur l'Etat*, Paris, Maspero, 1980(『資本の国家』田中真人訳、ユニテ、邦訳一九八三年)
ロビンソン(Robinson, Joan)〔一九七二〕"*The second crisis of economic Theory*", in American Economic Review, May, 1972.
ルソー(Rousseau, Jean-Jacues)〔一九九一〕*Du Contra Social*, 1762(『社会契約論』作田啓一・原好男訳、白水社、邦訳一九九一年)
斉藤日出治〔一九九七〕「市民社会の発展とラディカル・デモクラシーの課題」『歴史としての資本主義』所収、青木書店
―〔一九九八〕「市民社会と空間形成」八木・山田・千賀・野沢編著『復権する市民社会論』所収、日本評論社
―〔一九九九〕『国家を越える市民社会』現代企画室
―〔二〇〇一〕「二一世紀の社会主義像を求めて」『QUEST』№11―16
斉藤日出治・岩永真治〔一九九六〕『都市の美学』平凡社
佐口和郎〔一九九一〕『日本における産業民主主義の前提』東京大学出版会
佐々木政憲〔一九八八〕「近代経済学の成立と展開」『政治経済学の古典的系譜』(古沢友吉編)三嶺書房
―〔一九九七〕『裸になったサラリーマン』現代企画室
サラモン(Salamon, Lester L)〔一九九四〕*The Rise of the Nonprofit Sector*「福祉国家の衰退と非営利団体の台頭」『中央公論』一九九四年一〇月号
坂本義和〔一九九七〕『相対化の時代』岩波新書
社会開発研究所〔一九八五〕「二〇〇〇年に向けて激動する労働市場:報告書概要」(経済企画庁総合計画局)

柴田武男［一九九七］『地域再投資法入門』日本太平洋資料センター
柴山恵美子［一九九七］「『規制』か『自由』か、労働時間短縮でEU対アメリカの攻防」『エコノミスト』一一月四日
篠崎彰彦［二〇〇一］『IT経済入門』日本経済新聞社
ショア（Schor, Juliet B）［一九九三］*The Overwoked American*, Basic Books, 1992（『働きすぎのアメリカ人』森岡孝二他訳、窓社、邦訳一九九三年）
――［二〇〇〇］*The Overspent American*, Basic Books, New York, 1998（『浪費するアメリカ人』森岡孝二他訳、岩波書店、邦訳二〇〇〇年）
徐龍達［二〇〇〇］『多文化共生社会への展望』日本評論社
竹信三恵子［二〇〇二］『ワークシェアリングの実像』岩波書店
田中秀臣［二〇〇二］『日本型サラリーマンは復活する』ＮＨＫブックス
タスクＩＴ新書編集部［一九九九］『ＳＣＭ』タスク・システムプロモーション
田畑稔［一九九四］『マルクスとアソシエーション』新泉社
遠山弘徳［一九九〇］「日本における高度成長と危機」『経済評論』通巻四五号
東京ユニオン［二〇〇〇］『君はアメリカ労働運動の挑戦を知っているか』
寺島実郎［二〇〇一］『正義の経済学』ふたたび』日本経済新聞社
上野千鶴子［一九九六］「『国民国家』と『ジェンダー』」『現代思想』一〇月号
内田弘［一九八二］『「経済学批判要綱」の研究』新評論社
――［一九九三］『自由時間』有斐閣
山田鋭夫［一九九四］『二〇世紀資本主義』有斐閣
――［一九九二］「マルクスの自由時間論」（永井義雄編著『経済学史概説』ミネルヴァ書房）所収
山田鋭夫・森田桐郎［一九七四］『コメンタール「経済学批判要綱」』
山本英司［二〇〇一］「『根本的な改革』から『決定的な改革』へ――カレツキにおける史的唯物論――」（経済論叢（京

都大学）第一六七号第一巻第一号二〇〇一年一月）
山根伸洋［二〇〇一］「〈IT革命〉に関する覚書」『現代思想』Vol.29—I
ヤング（Young, I.M）［一九九六］*Polity and Group Difference*, Beiner R., ed. Theorizing Citizenship, Albany : State University of New York Press（「政治体と集団の差異」施光恒訳『思想』一九九六年九月号）
山之内靖［一九九六］『システム社会の現代的位相』岩波書店
若森章孝［一九九六］『レギュラシオンの政治経済学』晃洋書房
—［一九九八］「マルクス的資本主義認識の革新は可能か？」『大航海』№25
—［一九九八］「福祉国家は越えられるか」『復権する市民社会論』日本評論社
—［一九九九］「政治による社会的きずなの構築と国家の再定義」八木紀一郎編集『制度の政治経済学の体系化』（基礎研究B1）
若桑みどり［一九九五］『戦争がつくる女性像—第二次世界大戦下の日本女性動員の視覚的プロパガンダ』
ウォルツァー（Walzer, M）［一九九六］*The Civil Society Argument*, in Mouffe C., Dimensions of Radical Democracy, London and New York, Verso, 1992「市民社会論」高橋康浩訳、『思想』九月号
ワイゼッカー（Weizsacker, Ernst U v）［一九九四］『地球環境政策』宮本憲一他監訳、有斐閣
ウイリアムスン（Williamson, Judith）［一九八五］*Decoding Advertisements*, Marison Boyars, London, 1982『広告の記号論I・II』山崎カヲル・三神弘子訳、柘植書房、邦訳一九八五年）

あとがき

本書は一九九七年以降に書き上げたいくつかの論稿を素材にして、一冊の書にまとめあげたものである。この年、私は『裸になったサラリーマン』という著書を、同じ現代企画室から出版した。そこでは、二〇世紀資本主義を規定したフォード主義の展開と危機の特質を自由時間論の視点から考察すると同時に、その変種としての日本的カイシャ中心社会の問題点を検討し、それらの作業を通して自律と連帯を価値とする新たな市民的公共空間の可能性を探った。この本の若干くだけたタイトルに込めた意図はそこにあった。それに対して本書では、二一世紀資本主義を規定するグローバル化と情報ネットワーク化の動向を見据えつつ、それに対するオルタナティブな社会形成の方向性を考察した。基本的な視点を自由時間論に置いているという点は前著と同じだが、本書ではヘーゲル－マルクス－グラムシの古典に内在しながら理論的に考察した。その意味で、前著の継続編という性格をもっている。本書の各論稿について、簡単にコメントしておきたい。

第一章は『経済と社会』という季刊雑誌からの依頼に応じて書き下ろしたものだが、その継続出版が困難になって、この論稿も公表されないままになっていた。その後、『稚内北星学園短期大学紀要№12』（一九九九年）への掲載の機会を得ることができた。今回はそれを元にしている。本書の内容全体との調整をするため、後半部分の内容をかなり書きかえたが、論旨は変わっていない。

第一章の付論は、名古屋市勤労女性センターの冊子『WORK』（№35、一九九九年九月）に「人間らしさ、自分らしさを生かせる暮らし方・働き方とは!?」というタイトルで掲載されたインタビューの元になった原稿である。名古屋のフェミニスト・ジャーナル『Ｆｉｆｔｙ：Ｆｉｆｔｙ』を主催する女性たちが『裸になったサラリーマン』を読んで、私へのインタビューを行い、それが『WORK』に掲載されたという経緯である。なお、このジャーナルのvol.35には、同様の論旨の「労働のトランスジェンダーな地平へ」という私の論稿が掲載されている。

第二章は、以下の三つの論稿を素材にして、今回改めて書き上げた。素材になった論稿は、「二一世紀資本主義と新しい生活スタイル」（『アソシエⅣ』御茶の水書房、二〇〇〇年）、「情報ネットワークとシビルソリューション」（『情報メディア論』八千代出版、二〇〇〇年）、「情報技術の進展と企業行動の変化」（『稚内北星学園大学紀要№１』二〇〇一年）である。それぞれは異なった読者層を想定して書いた独立の論稿だが、共通の問題意識から内容的に重複している部分が若干あるため、改めてひとつの論稿に仕上げた。その意味で、新しい論稿である。

第三章は、今回全く新たに書き上げた論稿である。ただし、これを書くことになったきっかけは別にある。二〇〇一年六月、私が所属する経済学史学会から『経済学史学会英文論集・第四集（マルクス）』の出版に関して執筆依頼があり、私はその英語論文を二〇〇二年一〇月に提出した。そして、これを素材に全く新しく書き直したものが、この第三章である。英語論文は五六〇〇語以内という厳格な制限のもとで仕上げたコンパクトなものだが、本論稿はそれを遥かに上回る分量になっており、内容も大幅に書きかえられている。その意味で、英語論文とは完全に独立の論稿である。なお、英文論集はMarx for 21st Centuryというタイトルで、ロンドンのRoutledge社から二〇〇四年一〇月出版の予定である。

第三章の付論は、図書新聞（二〇〇一年二月一〇日）掲載の書評である。そこに登場する「労働社会」という表現は、栗田健『日本の労働社会』（東京大学出版会、一九九四年）を読んで以来気になっていた。そこでは、「労働社会」はヨーロッパの「市民社会」と対比されつつ、戦後日本のカイシャに囲い込まれたカイシャ内労働者平等主義を批判する用語として使われている。だが、私はこの用語を日本的特殊性の表現としては使っていない。むしろ、二〇世紀資本主義の普遍的形態と考えている。その「労働社会」が、いま揺らいでいる。D・メーダはそれを教えてくれたように思う。

第四章と五章は、『新・市民社会論』（風行社、二〇〇一年）に掲載された論稿である。北海道大学大学院法学研究科の今井弘道さんが中心となって、〈日本における市民的政治文化〉の現代的展開という問題関心を共有しつつ、一九九七年以来メーリングリストで意見交換してきた成果である。法哲学を共通の土台とする研究集団への参加は初めてのことであり、膨大な量になったメールでの二年に及ぶ議論の過程は過酷ともいえるほど努力を要する作業であったが、私にとってはメーリングリストという形式で共著を出すという初めての経験自体が大きな喜びであった。

第四章の付論は図書新聞（一九九九年七月三日）掲載の書評であり、第五章の付論は月刊雑誌『情況』（二〇〇二年五月号）掲載の書評である。後者における黒沢惟昭氏は、一九七六年「グラムシの市民社会概念―N・ボッビオ『グラムシと市民社会概念』の紹介にかえて―」を『現代の理論』に発表したが、それを読んで以来、グラムシの市民社会論は私の問題関心の中心に位置してきた。しかし、私がこれまでグラムシについて書き記したのは「グラムシにおける市民社会と国家」（『現代市民社会の旋回』昭和堂、一九八七年）と本書五章のみである。今回、書評を書くにあたって黒沢氏の鋭いグラムシ論を何度も読み返したが、時代の問題を古典に内在しつつ批判的自己認識と社会的実践の契機として包摂していく黒沢氏の強靭な意志に改めて感銘を覚えた。黒沢氏とは、氏の著作と私の恩師である平田清明を間においての交流だが、三〇年の歳月で一度もお会いしていないというのは不思議な気持ちである。

最後の第六章は、恩師平田清明の追悼論文集『復権する市民社会論』（日本評論社、一九九八年）に同じタイトルで掲載された。その意味で、本書の中で最も初期の論稿である。これを執筆していた当時は、グローバリゼーションとインターネットという言葉がやっと日本のマスコミ用語になりはじめたばかりであった。そして、その後のスピードは凄まじいの一言に尽きる。しかし、この論稿で展開されている〈国民〉の揺らぎと新たな市民社会形成という構想は、いまでも修正の必要は全くないと思っている。そして、本章の付論（季刊雑誌『カオスとロゴス』第一四号、一九九九年六月掲載）でとりあげた斉藤日出治さんの著書は、「多元的市民社会」というひとつの言葉で、私の論旨を要約してくれている。私の市民社会論の原型は平田清明にあるが、その思想の真髄を教えてくれたのは、数十年におよぶ社会闘争の経験の中で練り上げられた斉藤日出治さんの市民社会論である。

＊

現在、私は大学で教育・研究に携わると同時に、市街地再生のための委員会と新たな産業の創造を目的とした会議の仕事にも関わっている。それぞれ別個の活動だが、いずれも時代に共通する大きなテーマの渦の中にあり、本書で示した時代認識の中で再構築する必要性を痛感している。

いま、市街地再生とは、商店街の活性化と直接にはイコールではない。また、行政による公共施設の建設や街路の整備でもない。何よりもまず、住まう空間としてのまちづくりであり、生活街の創造である。住まう空間の創造とは、たとえば、夏には通りや空き地を花と緑で飾るために、近くの住民が親子一緒にプランターで花を植え、厳しい冬には氷の灯篭を作って色とりどりの明かりを灯し、商店街の一角に自分たちの手で憩いとふれあいの場を創るということである。それは都市計画の道路整備や公園とはまったく異なる空間である。また、家庭の食卓や学校給食を素姓の知れた地域の食材でまかない、子どもたちが安心して暮らせる環境をつくる、そのために市民による様々な手づくりの学習の場と機会を創造する。それは学校教育を超えた学びの空間である。しかも、そのまちには実に多様な人々が住まう。多様なということは、国境を越えてというのが今日ではあたりまえになってきている。北海道の最北の地域でさえ、いや都市から離れた地域こそ、地域経済を支える人びとのかなりの部分は「外国人」だからである。彼ら、彼女たちの働きなくして、地域の経済は成り立たない。その多様な人びとが共に住むまちづくりを進めるというのが、市民による市街地再生の重要なテーマである。

これらの活動の多くはボランタリーである。自分たちが住んでいて楽しいまちをつくりたいという想いから、各人が自主的に始め、その想いを共有する市民が集い、アイデアを出し合いながら住まう空間を創造する。これは市民とまちの新しい関係づくりである。人が住むに値する場を自分たちでつくり、維持する。これが市街地再生の今日的テーマだ。商店街の活性化があるとしても、その基礎となる生活空間の創造が先であり、また行政が関わる場合でも、あくまで主役は市民である。

地域における新しい産業の創造は、このような地域づくりと一体となって進みつつある。市民による新しいコミュニティ形成の上に新しい産業創造が展望される。だから、この場合の新産業とは、中央政府の補助金と中央の大資本の誘致による画一的開発や、大消費地向けの食料供給基地という二〇世紀型システムの対極にある。このような外部依存型産業を脱却して、自律した地域を形成するという試みである。その典型として、地域通貨と連動したコミュニティ・ビジネスがある。コミュニティ・ビジネスとは、たとえば一人暮らしのお年よりに、慣れ親しんだ地域の食材でつくった弁当を配達する。そうした関係づくりを、地域のコミュニティ・ワークによって行い、持続性のあるビジネスとして立ち上げるということである。地域における政策課題は行政より、市民がよく知っている。だから、地域に住まう人自身が地域の抱える課題を発掘し、それを市民のビジネスとして解決する。地域通貨は、そうした問題発見のためのメディアである。そこにあるが、しかし見えてこない問題を浮上させる。それがこのマネーの重要な役割だ。

九〇年代以降、グローバル資本主義がカジノ資本主義としての様相を帯びつつあるなかで、にわかに地域通貨が主題となってきたが、その地域通貨の代表ともいうべきアメリカの「イサカアワーズ」には、次のようなメッセージが記されている。

「イサカアワーズは、私たちの富を地域で循環させることによって地域のビジネスを刺激し、新しい雇用を創出しようというものである。イサカアワーズは、私たちの技術、私たちの時間、私たちの道具・森林・土地・川などの真実の資本によって支えられている」

地域の資源を地域で循環させる。真実の資本を形成し、それを地域の社会的共通資本とする。これはいま、二一世紀の力強い底流になっていると思われる。もちろん、このような地域づくりは地域で閉じられるわけではない。情報ネットワークの時代にふさわしい開かれた市民社会形成である。

北海道の最北の地に、レラ・ファームというスペースがある（〝レラ〟はアイヌ語で〝風〟を意味する）。そこに住む人たちが毎年、エコツアーを開催している。名称は「カニをたべないカニツアー」である（rera@poplar.ocn.ne.jp）。多くの人たちが、北海道＝カニというイメージをもち、その「北海道の味覚」を求めて多くのツアーが組まれる。そういう食材提供の仕方を商売にする観光産業も多くある。しかし、北海道の人はカニを食べて生活しているわけではない。北海道の魅力はカニ以外のものにある。しかも、北海道は本州の一つの県をいくつも合わせた以上の広さであり、多様さをもつ。その多様な北海道を知ってもらう。そして、最北の地で、語り・食べ・観ることを通して地域の自律性と持続性と豊かさを共に考え、自律した地域のネットワークを形成する。そのためのもうひとつの観光を体験する企画が、このツアーの内容である。このような開かれたネットワークの中で行われる地域づくりの模索と努力の先に、自立的な地域経済も展望される。

この国の経済の暗澹たる姿をみて、失われた一〇年といわれることがある。九〇年代日本は、不良債権処理の先延ばしに終始し、少子高齢化を前にシステムの転換をなしえぬまま、巨額の貯蓄を食いつぶし、衰退に向かっているというわけだ。そして、日本再生のためには、市場原理を徹底しつつ、国家を市場型国家に転換する必要がある、と声高に提唱される。だが、私たちに要請されているのは、それとは別の選択肢ではないのか。二〇世紀につくりあげた大量生産と大量消費の社会に終わりが見え始めている。人々がお金を使わない理由は将来の不安から貯蓄するという以上に、むしろモノを大量に買って捨てるという生活に多くの人びとが疑問をいだき、もうやめようとしているということではないのか。

確かに、到来しつつある情報メディアの時代には、モノを所有することが意味を喪失し、創造的知性が富の源泉となりつつある。このような文化も含めた人類史的変化が最も先鋭的、先端的に表れているのが私たちの国ではないのか。その意味で、失われた一〇年どころか、実りある一〇年と捉えてもよい。モノの「消費」から充実した時間の〈消費〉への転換。これが時代のもうひとつの潮流だ。

そして大学はといえば、そのような大きな転換を見据えつつ、地域が抱える問題を発見し、創造的に解決する能力を育て、自律した地域づくりの一翼を担っていく。それが、これからの大学が果たすべき大きな役割だろう。そして確かに、そのような試みが各地で進んでいるし、それを担う学生たちも育っている。それにチャレンジする彼女たちや彼らの生き生きとした姿は、私たちの明日に希望を与えてくれる。

＊

以上は、二〇〇二年六月、北海道自治研修センターにおいて、市町村の地域政策担当者を対象に行った講演（「地域における政策課題の発見と市民社会」）の一部である。

最後に、現代企画室の太田昌国さんには、厳しい状況にもかかわらず、前回に引き続き出版を引き受けていただいた。編集や校正にとどまらず、内容にいたるまでの適切なアドバイスに、心からお礼を申し上げたい。また、名古屋市立大学の森正さんには、本書の執筆に必要な資料の面で実に多くのお世話をいただいた。ここに記して感謝したい。

なお、本書についての意見は、sasaki@wakhok.ac.jp 宛てにいただければ、ありがたい。

【著者紹介】

佐々木政憲（ささき　まさのり）

1947年、北海道に生まれる。

経済学史・市民社会論・現代資本主義論。

現在、稚内北星学園大学情報メディア学部教員。

著書――『現代市民社会の旋回』（共著、昭和堂、1987年）

『政治経済学の古典的系譜』（共著、三嶺書房、1988年）

『裸になったサラリーマン』（現代企画室、1997年）

『情報メディア論』（共著、八千代出版、2000年）

「21世紀資本主義と新しいライフスタイル」（『アソシエIV』御茶の水書房、2000年）

オルタナティブ・ソサエティ

時間主権の回復

発行……二〇〇三年三月二〇日　初版第一刷　二〇〇〇部

定価……二五〇〇円＋税

著者……佐々木政憲

装丁……本永惠子

発行者……北川フラム

発行所……現代企画室

住所……101-0064東京都千代田区猿楽町二―二―五　興新ビル302

電話03-3293-9539　FAX03-3293-2735

Email：gendai@jca.apc.org

URL http://www.jca.apc.org/gendai/

振替……〇〇一二〇―一―一一六〇一七

印刷・製本……中央精版印刷株式会社

ISBN4-7738-0219-7　C0033　Y2500E